富水隧道复合结构体系防排水技术

吴祖松　王元清　何春梅　张开顺　编著

北京理工大学出版社
BEIJING INSTITUTE OF TECHNOLOGY PRESS

内 容 简 介

本书从地下水与隧道复合结构之间的相互作用对复杂地质环境下隧道渗流特性及防排水技术的影响进行了分析，详细阐述了富水隧道结构在腐蚀环境下的劣化作用；从防渗的角度，对隧道衬砌复合结构的防水材料、施工工艺、施工技术及措施进行了细致的分析；同时对高水压作用下衬砌结构防水试验和岩溶灾害数值预测模型作了详细的介绍和分析。

本书共分十章，内容翔实，逻辑较严密，语言通俗易懂，论述由浅入深、循序渐进，注重实践，具有一定的针对性，适合相关专业技术人员学习借鉴。

图书在版编目（CIP）数据

富水隧道复合结构体系防排水技术 / 吴祖松等编著. —北京：北京理工大学出版社，2020.7

ISBN 978-7-5682-8599-5

Ⅰ. ①富… Ⅱ. ①吴… Ⅲ. ①富水性-隧道-防水 ②富水性-隧道-排水 Ⅳ. ①U453.6

中国版本图书馆 CIP 数据核字（2020）第 106508 号

出版发行 / 北京理工大学出版社有限责任公司
社　　址 / 北京市海淀区中关村南大街 5 号
邮　　编 / 100081
电　　话 / (010) 68914775（总编室）
(010) 82562903（教材售后服务热线）
(010) 68948351（其他图书服务热线）
网　　址 / http：//www.bitpress.com.cn
经　　销 / 全国各地新华书店
印　　刷 / 三河市天利华印刷装订有限公司
开　　本 / 787 毫米×1092 毫米　1/16
印　　张 / 12
字　　数 / 246 千字
版　　次 / 2020 年 7 月第 1 版　2020 年 7 月第 1 次印刷
定　　价 / 65.00 元

责任编辑 / 高　芳
文案编辑 / 赵　轩
责任校对 / 刘亚男
责任印制 / 李志强

前　言

随着我国交通基础设施建设的发展，隧道的应用地位愈加重要，特别是在山岭地区的公路工程中，隧道率一般为25%～35%，局部路段可达到50%，隧道工程的广泛应用推动了隧道工程技术的快速发展。隧道穿越的地层具有水文地质复杂、地形地貌多样等特点。在修建隧道时常常遇到一系列地质问题，如地下水、断层、软弱破碎带、高地应力、高水压及岩溶等，其中地下水引起的工程地质问题是隧道工程施工及运营中最具危害的问题之一，该问题处理得是否得当直接关系着隧道施工及运营期间的安全。为了满足交通建设新形势的需要，不断提高隧道工程技术水平，本书作者结合我国隧道实际建设情况，将富水隧道地下水渗流及结构防排水技术编写成《富水隧道复合结构体系防排水技术》一书，以满足长期从事岩溶富水地区隧道设计、施工及灾害防治技术人员的需要，同时也可作为公路工程、桥梁隧道工程，以及地下工程等相关专业大中专、高职在校师生的学习参考用书。

本书从隧道工程技术人员的角度出发，充分分析了隧道防排水的设计要点，详细阐明了富水及岩溶地区隧道施工、灾害治理的要点和措施，突出了“实用性、先进性、可操作性和示范意义”的原则，力求反映现代隧道工程设计施工新技术及新工艺，以满足新时期人才培养和专业的需求。

本书结构合理、内容翔实，基于地下水与隧道复合结构体系之间的相互作用，从模型试验、数值分析及处治方法上对岩溶富水隧道复合结构体系防排水技术进行了深入论述。本书共十章，主要内容包括隧道衬砌微裂隙渗流理论基础及腐蚀劣化作用、止水带抗水压模型试验、有限元及非连续变形数值计算方法在衬砌结构抗水压能力和突水突泥分析中的应用，并结合实际项目，对岩溶隧道在渗流作用下的处治措施及方法进行了实例讲解。

本书引用了较多的参考书籍和文献，在此，谨向这些文献资料的作者表示衷心的感谢！同时，感谢重庆交通大学的山区桥梁及隧道工程国家重点实验室对本书提供的大力支持！

由于本书作者的水平和能力有限，书中难免有疏漏之处，恳请各位同行专家不吝赐教、批评指正。

编著者

目　录

第一章　绪　论 …………………………………………………………………………… (1)
1.1　衬砌结构的作用及结构形式 ……………………………………………………… (1)
1.1.1　衬砌结构的构成及作用 ……………………………………………………… (1)
1.1.2　衬砌结构的分类 ……………………………………………………………… (3)
1.2　地下水与衬砌结构的关系 ………………………………………………………… (5)
1.2.1　地下水及含水层 ……………………………………………………………… (5)
1.2.2　地下水对隧道的影响 ………………………………………………………… (11)
1.3　隧道衬砌耐久性与地下水的关系 ………………………………………………… (13)
1.3.1　地下水对隧道衬砌结构耐久性的影响 ……………………………………… (13)
1.3.2　隧道防排水的作用 …………………………………………………………… (13)
1.4　本章小结 …………………………………………………………………………… (14)
第二章　地下水与隧道复合结构的化学物理作用 ……………………………………… (15)
2.1　工程与水文地质特征对衬砌结构的影响 ………………………………………… (15)
2.2　地下水与混凝土的化学作用 ……………………………………………………… (17)
2.2.1　盐类腐蚀对结构的影响 ……………………………………………………… (17)
2.2.2　电化学腐蚀对结构的影响 …………………………………………………… (18)
2.2.3　酸性腐蚀对结构的影响 ……………………………………………………… (19)
2.3　地下水与隧道复合结构的物理作用 ……………………………………………… (20)
2.4　孔隙水压作用下混凝土结构的力学特性分析 …………………………………… (21)
2.4.1　孔隙水压作用下混凝土材料的有效应力 …………………………………… (21)
2.4.2　衬砌结构抗水压能力数值模拟试验 ………………………………………… (22)
2.5　本章小结 …………………………………………………………………………… (27)
第三章　隧道防排水系统及水害治理 …………………………………………………… (29)
3.1　隧道衬砌微裂隙渗流计算 ………………………………………………………… (29)
3.2　隧道衬砌结构的防排水系统 ……………………………………………………… (31)
3.3　隧道防排水设计及规范要求 ……………………………………………………… (34)
3.3.1　隧道防排水对结构使用寿命的影响 ………………………………………… (34)
3.3.2　隧道防排水分类及特点 ……………………………………………………… (36)

3.3.3 隧道防排水技术规范及其要点 …… (38)
3.3.4 隧道防排水设计要求 …… (39)
3.4 衬砌渗透常见病害及处治 …… (46)
3.4.1 隧道衬砌水害诱因 …… (46)
3.4.2 隧道水害处治技术 …… (47)
3.4.3 隧道防渗新技术及其应用 …… (52)
3.5 本章小结 …… (53)
第四章 隧道防水材料及应用 …… (54)
4.1 概 述 …… (54)
4.2 隧道防水材料分类及应用 …… (54)
4.3 混凝土防渗新材料及其应用 …… (58)
4.3.1 Intercrete …… (58)
4.3.2 透水混凝土 …… (60)
4.3.3 防水宝 …… (60)
4.3.4 XYPEX（赛柏斯） …… (61)
4.4 本章小结 …… (63)
第五章 高水压作用下衬砌结构防水试验研究 …… (64)
5.1 止水带抗水压试验工况设置 …… (64)
5.1.1 加压系统设计 …… (64)
5.1.2 试验模型设计与制作 …… (65)
5.2 止水带抗水压试验分析 …… (70)
5.2.1 不同侧边距下止水带抗水压试验 …… (70)
5.2.2 溶腔段施工缝抗水压模拟试验 …… (75)
5.3 本章小结 …… (78)
第六章 钻爆法隧道防排水施工技术 …… (79)
6.1 概 述 …… (79)
6.2 防水系统设计 …… (81)
6.2.1 防水要求 …… (81)
6.2.2 衬砌结构自防水 …… (82)
6.2.3 防水布及防水板防水 …… (85)
6.2.4 其他防水辅助措施 …… (90)
6.3 结构缝防水处理 …… (90)
6.3.1 防水材料的选取 …… (90)
6.3.2 防水技术措施 …… (91)
6.4 排水系统设计 …… (94)
6.4.1 技术要求 …… (94)
6.4.2 中心排水管（沟）排水 …… (95)

6.4.3　边沟排水 …… (98)
6.5　注浆堵水技术 …… (99)
6.5.1　技术要求 …… (99)
6.5.2　小导管预注浆 …… (102)
6.5.3　超前帷幕注浆 …… (103)
6.6　本章小结 …… (104)
第七章　盾构隧道防排水施工技术 …… (105)
7.1　盾构施工的特点 …… (105)
7.2　地层分段注浆堵水技术 …… (106)
7.2.1　密封掘进模式下壁后回填注浆 …… (106)
7.2.2　敞开掘进模式下壁后回填注浆 …… (107)
7.2.3　分段隔水方案及效果分析 …… (108)
7.3　管片结构防水要求 …… (112)
7.4　管片接缝密封防水 …… (114)
7.5　涌水抽排技术方案研究 …… (118)
7.6　涌水抽排系统设计 …… (119)
7.7　本章小结 …… (130)
第八章　岩溶隧道高压区施工工艺分析 …… (131)
8.1　岩溶地质状况预测技术 …… (131)
8.2　高压岩溶开挖方案分析 …… (132)
8.2.1　工况介绍 …… (133)
8.2.2　施工方案设计 …… (133)
8.3　高压溶腔泄压开挖技术 …… (141)
8.4　本章小结 …… (147)
第九章　高水压岩溶地层释能泄压技术 …… (148)
9.1　释能泄压基本原理 …… (148)
9.2　释能泄压力学特性分析 …… (149)
9.3　释能泄压技术应用分析 …… (151)
9.3.1　高位独立释能泄压泄水 …… (151)
9.3.2　穿越溶腔群超前支护技术 …… (152)
9.3.3　局部限量定位爆破开挖及双层衬砌综合施工技术 …… (154)
9.4　本章小结 …… (158)
第十章　岩溶灾害数值预测模型研究与应用 …… (159)
10.1　DDA 方法应用简介 …… (159)
10.2　岩溶分类及灾害诱因 …… (160)
10.2.1　岩溶分类 …… (160)
10.2.2　岩溶灾害诱因 …… (163)

10.3 突水、突泥数值模型理论分析 …… (164)
10.4 突水、突泥 DDA 建模及效果分析 …… (168)
10.5 本章小结 …… (178)
参考文献 …… (179)

第一章 绪 论

隧道衬砌是赋存于地质体中的结构物，地下水、地应力和地热温度场等因素都会对其正常运营与功能产生影响。其中，地下水是隧道正常施工与运营永远面临的难题，它不仅单独影响隧道结构性能的正常发挥，还与地热温度场、地应力等产生耦合作用，共同影响隧道结构的受力特征及耐久性。在不同环境下，地下水含有不同矿物成分，对隧道结构有不同程度的腐蚀作用，严重影响隧道结构的防水效果及使用寿命。因此，深入了解隧道结构与地下水之间的相互作用，明确隧道结构防排水的重要性，对隧道建设及其结构功能的发挥具有重要作用。

1.1 衬砌结构的作用及结构形式

隧道洞室按设计尺寸开挖成型后，将对开挖面进行稳定处理，根据围岩的稳定情况，其处理方式也不尽相同，导致衬砌结构的作用也随之发生变化，但其核心是保持隧道围岩的稳定，确保隧道运营安全。

1.1.1 衬砌结构的构成及作用

隧道衬砌是指支持和维护隧道长期稳定的结构物。衬砌简单说来就是内衬，其结构形式有整体式模筑混凝土衬砌、装配式衬砌、锚喷式衬砌、复合式衬砌，其作用包括支持和维护隧道稳定、保持隧道运营所需的空间、防止围岩的风化等。因此，隧道衬砌必须有足够的强度，必要的耐久性，一定的抗冻、抗渗和抗侵蚀性。

隧道衬砌结构主要由拱圈、边墙、仰拱或底板几部分构成，图 1.1 所示的复合式衬砌结构，其附属设施还包括排水沟（中心排水沟或侧沟）、电缆沟及其他装饰结构物，图中数值单位为 cm。山区公路隧道衬砌一般分两次浇筑，分别是初次支护和二次衬砌。支护体系与隧道壁紧密接触，与松动岩体协调变形，支护结构与围岩相互作用产生形变压力，即围岩对衬砌的挤压力。初次支护骨架一般为钢拱架或格栅拱架，采用喷射的方法喷射混凝土进行覆盖成型，初次支护一般分为喷射混凝土支护、锚喷式衬砌；而二次衬砌则是以钢筋骨架为核心，整体浇筑成型；初次支护和二次衬砌统称为复合式衬砌。装配式衬砌主要用在城市隧道等采用机械开挖的隧道结构中，其管片预制成型后在现场组装而成。

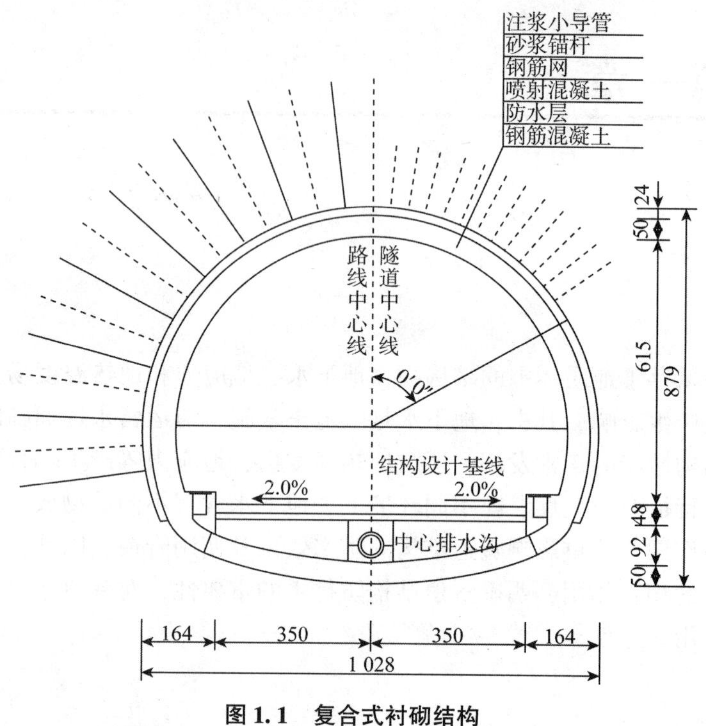

图 1.1　复合式衬砌结构

作用在支护体系上的荷载通常分为偶然荷载、可变荷载和永久荷载三类。可以将支护体系看作一种闭合环形或拱形的结构体，衬砌与松动区围岩贴合，产生协调变形。同时，衬砌为隧道壁岩体提供支护阻力，挤压松动区围岩，改善了失稳围岩的受力状态。由于设计时，为围岩预留了一定的变形空间，使得岩体位移在径向具有富裕的空间来释放聚集的变形能，因此衬砌自身所承受的压力将大大减少。支护体系与围岩的相互作用，目前有两种主流观点：一种是地层-结构模型，将衬砌视为承载拱或组合梁，与围岩一起组成承载体系，共同承担外荷载及自身重力；另一种是荷载-结构模型，支护体系承担地层荷载和结构自身重力，并反作用于松动区围岩，改善了隧道壁附近岩体的受力状态。衬砌同时能起到加固的效果，提高松动区围岩的强度指标，进而提高隧道松动区围岩的承载能力。

为了保证衬砌支护结构的支护效果，必须同时满足两个条件：一是衬砌自身具备足够的强度；二是衬砌与围岩之间必须具备足够的黏结强度。具体来说，随着衬砌厚度增加，刚度显著提高，约束隧道位移效果好，但衬砌厚度过大不利于围岩与衬砌结构协调变形，围岩内力所产生能量释放也会受阻，容易引起衬砌结构局部压碎或开裂；当衬砌厚度一定时，随着衬砌弹性模量的增大，其承载能力也随之增强；衬砌或支护混凝土与围岩黏结紧密，且填满了围岩临空面的空隙和裂隙，增强了围岩块体之间的咬合力，使围岩整体性变强，提高了围岩自稳能力，有助于隧道结构的整体稳定。

1.1.2 衬砌结构的分类

常用的隧道衬砌材料有钢筋混凝土、现浇素混凝土、喷射混凝土、混凝土预制块、片石混凝土、料石等。隧道衬砌的结构形式主要是根据隧道所处的工程地质条件，考虑其结构受力的合理性、施工方法和施工技术水平等因素来确定。隧道衬砌的构造、形状和尺寸因其用途，地形、地质、施工和结构性能等条件的差异而不同。

一般来说，隧道衬砌可按其结构、功能等划分为多种形式。按构件类型可分为半衬砌、无仰拱的衬砌及有仰拱的衬砌，其中半衬砌仅由拱圈组成；无仰拱的衬砌由拱圈和边墙组成，也称非封闭式衬砌；有仰拱的衬砌由拱圈、边墙及仰拱组成，也称封闭式衬砌。按使用功能，可分为饰面衬砌、构造衬砌、承载衬砌以及特殊承载衬砌。按位置，可分为洞口段衬砌及洞身衬砌。常用的隧道衬砌有以下几种。

1）整体式衬砌

整体式衬砌是指在隧道开挖后，以较大厚度和刚度的整体模筑混凝土作为隧道主要结构的一种衬砌。整体式衬砌按照工程类比法，针对不同的围岩类别采用不同的衬砌厚度，其形式主要有直墙式衬砌和曲墙式衬砌两种。直墙式衬砌由上拱圈、两侧直边墙和下部铺底三部分组成，主要用于地质条件较好，以垂直围岩压力为主而水平围岩压力较小的情况；曲墙式衬砌由顶部拱圈，侧面曲边墙和底板组成，适合于地质条件稍差，有较大水平围岩压力的情况。除了在无地下水且基础不产生沉降的情况下可不设仰拱，只做平铺底外，一般均设仰拱，使衬砌形成一个环状、封闭的整体结构，从而提高衬砌的承载能力，以抵制隧道底部围岩压力和防止衬砌沉降，图 1.2 为整体式衬砌结构浇筑完成后的现场效果图。

图 1.2 整体式衬砌结构浇筑完成后的现场效果图

2）装配式衬砌

装配式衬砌是指在工厂或现场预先制备成若干构件，运入隧道内，用机械将其拼装成环的衬砌。装配式衬砌的优点是：一经装配成环，不需要养护时间，即可承受围岩压力；

构件是预先在工厂成批生产的，可以保证质量；在洞内采用机械化拼装，缩短了工期，改善了劳动条件；拼装时不需要临时支撑，可节省大量的支撑材料和劳力。但装配式衬砌在实际应用中也存在着一些缺点，如需要坑道内有足够的拼装空间，制备构件尺寸要求一定的精度，接缝多，防水较困难等。基于以上原因，装配式衬砌多用在盾构法施工的城市隧道中，在我国的铁路和山区公路隧道中还未能推广应用。图 1.3 为装配式衬砌组装示意。

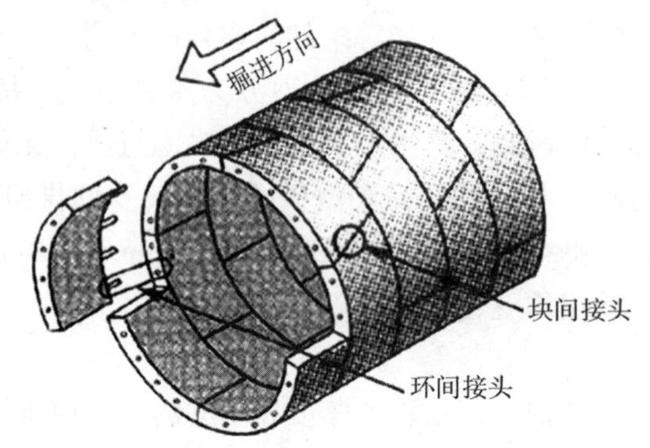

图 1.3　装配式衬砌组装示意

3）锚喷式衬砌

锚喷式衬砌是指锚喷结构既作为隧道临时支护，又作为隧道永久支护结构的衬砌，具有隧道开挖后支护及时、施工方便和成本低廉等显著特点，特别是其采用了纤维喷射混凝土技术，显著改善了喷射混凝土的性能，广泛应用于围岩较好的军事工程和各类使用期限较短、重要性较低的隧道中。在现有公路和铁路隧道设计规范中，都有根据隧道围岩地质条件、施工条件和使用要求确定是否采用锚喷式衬砌的规定。《铁路隧道设计规范》（TB 10003—2016）规定，锚喷式衬砌设计应满足下列要求：一方面，锚喷式衬砌内轮廓比整体式衬砌要适当加大，除考虑施工误差和位移量外，应再预留 10 cm 作为必要时补强用；另一方面，当具备地下水发育或大面积淋水、能造成衬砌腐蚀或特殊膨胀的围岩、最冷月平均气温低于 5 ℃的情况之一时，不能采用锚喷式衬砌。

4）复合式衬砌

复合式衬砌是由两层或两层以上可以用同一种形式、方法和材料施作的衬砌组合而成的，根据围岩条件不同可分别采用不同的断面形式和支护衬砌参数，目前已成为世界各国以及地区高速铁路、山岭隧道衬砌结构的主流。在我国客运专线铁路隧道衬砌结构类型的选择中，针对围岩稳定性差、地下水发育地段推荐采用复合式衬砌。

复合式衬砌是先在开挖好的洞壁表面喷射一次早强混凝土，混凝土凝固后形成薄层柔性支护结构，既容许围岩有一定的变形，又限制围岩产生有害变形，其厚度多在 5～20 cm，待支护与围岩变形基本稳定后再施作内衬（即二次衬砌）。为了防止地下水流入或渗入隧道内，可在外衬和内衬之间施作防水层，其材料可采用软聚氯乙烯薄膜、聚异丁烯片、聚乙烯等防水材料，或者喷射防水涂料等。复合式衬砌可以满足初次支护施作及时、刚度小、易变形的要求，且与围岩密贴从而保护和加固围岩，充分发挥围岩的自承作用。二次衬砌施作后可以防止外层风化，衬砌内表面光滑、平整，经过装饰后能增加安全感，是目前公路、铁路隧道的主要结构形式。

5）连拱衬砌

连拱衬砌是洞室衬砌结构相连的一种特殊双洞结构形式，两隧道之间的岩体用混凝土替代，中间的连接部分通常称为中墙。此结构主要用于隧道施工场地狭窄、双线隧道无法独立施工的场所；同时，连拱衬砌结构具有较强的抗偏压能力，适于偏压严重的地质地貌区域施工。图1.4为连拱隧道洞门断面结构图。

图1.4 连拱隧道洞门断面结构图

1.2 地下水与衬砌结构的关系

隧道衬砌结构体系施工完成后，衬砌结构与围岩形成受力共同体，相互影响、相互作用。围岩的工程与水文地质特征决定了隧道衬砌结构的受力状态，如围岩的物理特性、力学状态及水文地质情况等都将影响隧道结构的应力-应变特性。其中，地下水的存在形式是造成隧道结构运营过程中出现常见灾害的主要因素之一。

1.2.1 地下水及含水层

地下水在岩体中的赋存形式与岩体的物理特性、岩体力学特性、流体的物理性质等都有关。以不同形式存在于岩体中的地下水，在岩体中的渗流特性和规律也不同，对岩体的整体稳定也会产生不同程度的影响。下面对含水地层的一些概念和性质作简要叙述。

1. 定义

1）含水层

含水层是具有下述两种性质的地层和岩层：（1）含有水；（2）在一般的野外条件下允许大量的水在其中运动。

2）阻水层

与含水层的意思相反，阻水层是一种可以含水，甚至大量含水，但在一般的野外条件下不能大量导水的地层，黏土层就是一个例子。从实用的观点来看，阻水层可以认为是不透水的地层。

3）弱含水层

弱含水层是一种导水速度十分缓慢的半透水层。如果在大的水平范围内，相邻含水层之间有弱含水层存在，则弱含水层可以大量导水，这种弱含水层通常称为越流层。

4）非含水层

非含水层是既不含水又不导水的地层。

5）地下水系

地下水系指地面以下的所有水。在本书中，地下水主要表示饱和带中的水。

6）空隙空间

空隙空间指岩体中没有被固体颗粒占据的那一部分空间（或孔隙空间、孔隙、空隙、裂隙）。空隙空间含有水和空气，在地层内只有连通的空隙才能起导水通道的作用。空隙的大小可以从巨大的石灰岩洞穴变化到亚毛细孔洞，其中的水主要靠自身的吸着力存在。岩石的空隙一般分为两种：(1) 原生空隙，主要在沉积岩和火成岩中，是岩石形成时的地质作用产生的；(2) 次生空隙，主要是节理、裂隙和岩溶通道，它们是在岩石形成之后逐渐发展而成的。图 1.5 为岩石孔隙的几种类型。其中，由于砾石本身是多孔的，因此整个沉积物孔隙率较高；而胶结物的存在会使整个沉积物孔隙率降低。

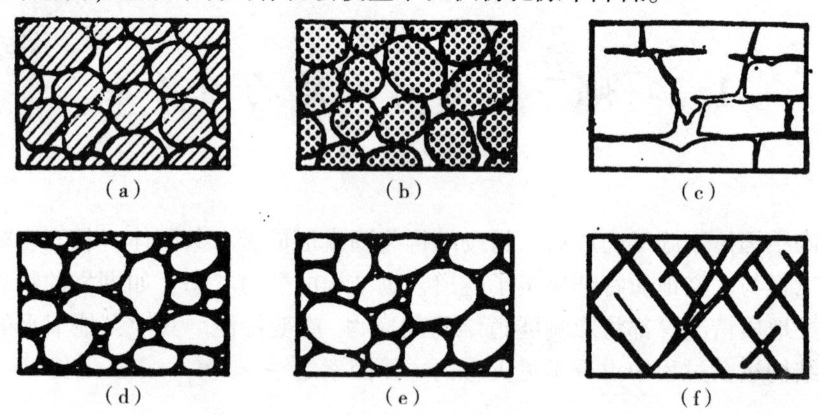

图 1.5　岩石孔隙的几种类型

(a) 分选好、孔隙率高的沉积物；(b) 分选差、孔隙率低的沉积物；(c) 砾石组成的沉积物；(d) 分选好、有胶结物的沉积物；(e) 溶蚀作用形成的多孔岩石；(f) 断裂形成的多孔岩石

2. 地层中水分分布状况

地面以下的水在垂直剖面上的分布可以按照空隙空间中含水的相对比例划分成两个带：饱和带和充气带。饱和带中的全部空隙充满了水；充气带位于饱和带之上，其中同时包含着气体（主要是空气和水蒸气）和水。

图 1.6 为地面以下水的分布状况。大气降水和（或）灌溉水自地面渗入，在重力作用下运动和聚集，最后存在于某些不透水层之上、充满岩石且相互连通的空隙中，这样就在

不透水层之上形成了饱和带。饱和带的上界面为潜水面（见图 1.6），潜水面是一个表面上压力等于大气压力的面。如果井孔打入基本上为水平流动的含水层中，则井孔中的水面就是潜水面。实际上，饱和带要高出潜水面一定距离，此段距离的大小与土的种类有关，因为不同种类的土，其毛细作用不同。井、泉和某些河流靠来自饱和带的水补给。

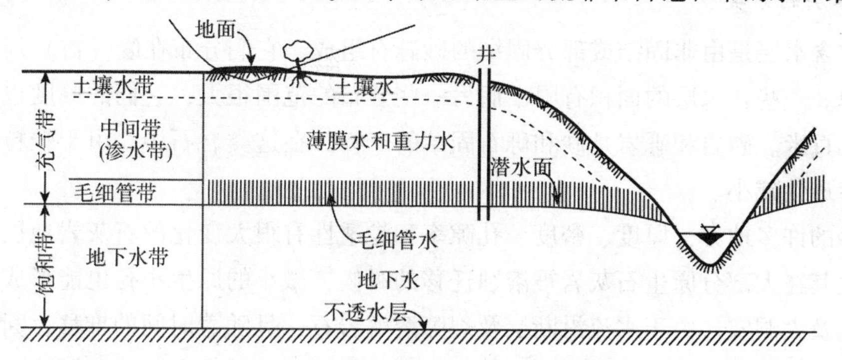

图 1.6　地面以下水的分布状况

充气带从潜水面延伸至地面，它通常由 3 个亚带，即土壤水带、中间带（渗水带）和毛细管带组成。土壤水带邻近地表，向下延伸通过植物根系带。土壤水带水分分布不仅受降水、灌溉、空气温度及湿度、季节性变化和日照变化等地表条件的影响，而且受埋藏浅的潜水位的影响。在渗水期（如降水、地面洪泛和灌溉时期）该带的水向下运动，而蒸发与植物的蒸腾作用则使该带的水向上运动。在过量渗水的短时期内，该带土壤可以暂时完全为重力水所饱和。

在土壤表面没有供水的情况下，经长期排水之后残留于土中的水分含量称为野外容水率。在野外容水率以下的土壤中包含着毛细管水，它靠表面张力保持在土壤颗粒周围形成连续水膜，在毛细作用下运动，对植物有用。当水分含量小于吸湿度的时候，土壤中所含的水称为吸着水。所谓吸湿度就是在 20 ℃时使原来的干土与相对湿度为 50% 的大气接触所能吸收的最大水分含量。由于吸着水形成极薄的薄膜牢固地黏附在土颗粒表面，因而对植物无用，但对土颗粒之间的相互作用有一定影响。

中间带自土壤水带的下缘延伸至毛细管带的上缘。如果潜水面太高，致使毛细管带扩展到土壤水带，甚至达到地表时，中间带便不复存在。中间带中停止着的水（即薄膜水）靠附着力及毛细力保持在空隙中。重力水可暂时通过该带向下运动。

毛细管带自潜水面向上扩展，其厚度取决于土的性质及空隙大小的均匀性。毛细上升高度从粗粒物质中的零变化到细粒物质（如黏土）中的 2 ~ 3 m 或更高。通常，毛细管带内的水分含量随着潜水面高度的增加而逐渐减小。稍高出潜水面的空隙实际上是饱和的；再向上，只有较小的、连通的空隙含水；在更高的地方，饱和的只是那些连通的最小的空隙。因此，毛细管带的上界具有不规则形状。实际上取某个平均的光滑曲面作为毛细管带的上界面，而在这个曲面以下可以认为土是饱和的（如土体饱和度大于 75%）。

在毛细管带中，压力小于大气压力，水可以发生水平流动及垂直流动。当潜水面以下饱和带的厚度比毛细管带大得多时，通常忽略毛细管带的流动。但在许多排水问题中，研究非饱和带的流动具有重要意义。

很明显，上述水分分布剖面是从空隙大小的多变性、透水地层的存在及暂时性渗入水的运动等许多复杂情况中概括出来的。

3. 含水层的分类

大多数含水层是由非固结或部分固结的砂砾石组成，它们分布在废（古）河道、平原和山谷之中。一些含水层的面积有限，而另一些分布的范围很大，它们的厚度也可以从几米变化到几百米。砂岩和砾岩是砂和砾石固结的产物，在这类岩石中，由于颗粒被胶结在一起，故渗透性减小。

在世界的许多地方，厚度、密度、孔隙率和渗透性有很大变化的石灰岩地层是重要的含水层，尤其在大部分原生石灰岩被溶蚀迁移的时候，微小的原生小孔也能形成地下河道般的大裂缝及大洞穴。由于水流沿断层及裂隙溶解岩石，且随着时间的推移，断层和裂隙不断扩大，因此增大了岩石的渗透性。最后，石灰岩地区发展成岩溶（喀斯特）地区。就大范围而言，喀斯特含水层的宏观性状大致与砂砾石含水层相似；但从小范围来看，相似性能否成立还是一个问题。

火山岩可以构成含水层，如玄武岩是较好的含水层。玄武岩含水层的空隙即使比松散砂砾石含水层小，但由于大多数孔穴具有连通的特性，其透水性可以比砂砾石含水层大很多倍。以岩床、岩脉和岩颈等形式出现的许多浅层浸入岩，其透水性都很小且绝大多数不透水，因此可以作为地下水流的阻隔边界。

结晶岩与变质岩属于相对不透水层，它们构成弱含水层。当这类岩石出现在地表附近时，由于风化与破碎，渗透性会逐渐变大。

黏土及黏土与粗粒物质的混合物，虽然孔隙率一般很高，但由于空隙小，故为相对不透水层。

含水层可以看成是受降水和河流自然补给或通过井孔及其他人工方式补给的地下水水库，其中的水可以通过泉和河流自然的排泄，也可以用人工方法从井中排出。

含水层的厚度及其他垂向尺寸通常比所研究的水平长度小得多。因此在本书中表示含水层中流动的所有图形都不是按比例绘制的，读者不应当由此产生误解。

含水层的类型如图 1.7 所示，根据是否存在潜水面，将含水层划分为无压含水层和承压含水层两大类。

承压含水层又叫压力含水层，这种含水层的上部和下部均被不透水层封闭。当井孔揭露承压含水层时，水位会上升到封闭层底面以上，有时甚至达到地表。打入含水层的许多观测孔中的水位确定了一个假想的面，这个假想的面称为测压面或等压面。如果含水层中的水基本上为水平流动，那么等势面是垂直的，此时观测孔打入含水层中的深度并不重要。否则，观测孔深度的标高不同，得到的测压水位也不一样。除了在非完整井或泉之类的出水口附近以外，含水层中的水基本上是水平流动的。

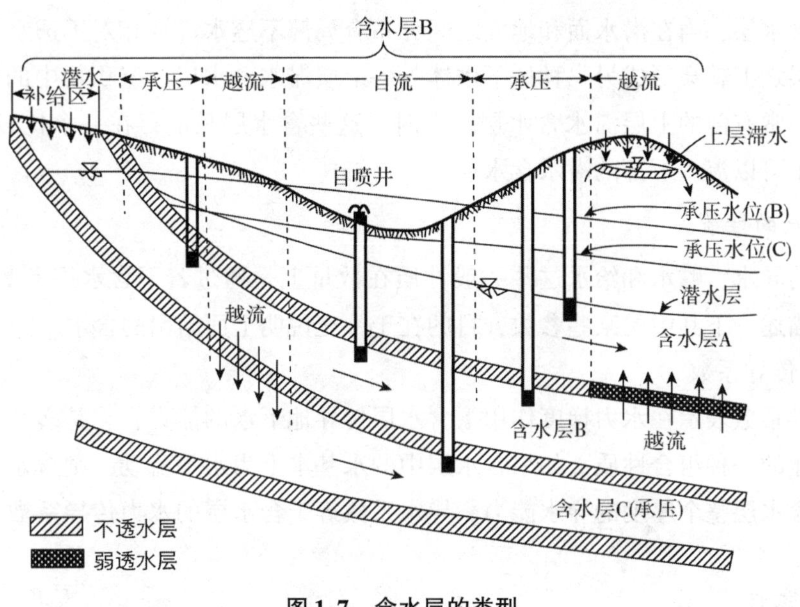

图 1.7 含水层的类型

自流含水层是一种测压面高度（相对于封闭层底面的高度），是高出地表的承压含水层或承压含水层的一部分。因为这种含水层中的水在井孔不抽水的情况下也会自由出流，所以称为自流井或自喷井。有时候人们也用自流含水层这一术语表示承压含水层。

地表水和大气降水通过承压含水层在地面出露地区，或者通过不透水层在地下尖灭而使承压含水层变为无压含水层的地区流入承压含水层。这样的地区通常称为补给区。

无压含水层又叫潜水含水层，是一种具有潜水面的含水层，潜水含水层的上部边界就是潜水面，潜水面以上为毛细管带，在地下水研究中通常忽略不计。除了在潜水面和地表之间局部存在水平不透水层的地区以外，潜水含水层的补给一般来自地表。

不论是承压含水层还是无压含水层均能通过其上或（和）其下的封闭地层获得水或漏失水，这种含水层叫越流含水层。虽然这类封闭地层具有较高的渗透阻力，但是当它们在大范围内与所研究的含水层接触时，大量的水可以通过它们流入或流出含水层。在各种情况下，越流量和越流方向均受弱透水地层两侧测压水头差的控制。显然，在每一种具体条件下，决定含水层上覆的某个地层是不透水层还是弱透水层或仅仅是渗透性与所考虑的含水层不同的另一种透水地层并不是一件容易的事情。通常，考虑成弱透水层的地层（及越流层）都比主含水层的厚度小。

位于弱透水层之上的潜水含水层（或其一部分）是有越流的潜水含水层，至少有一个弱透水封闭层的承压含水层（或其一部分）称为有越流的承压含水层。

图 1.7 中还表示了几种含水层和观测孔。上部为潜水含水层，其下部有两个承压含水层。在补给区，含水层 B 变为潜水含水层；含水层 A、B 和 C 的一部分是有越流的，越流方向及越流量的大小取决于每个含水层的测压水面高度。由于潜水位和承压水头高度的变化，各含水层承压和无压部分之间的界限可以随时间而变化。潜水含水层的一种特殊情形

是上层滞水含水层，当在潜水面和地面之间分布有局部不透水（或相对不透水）层时，在这种不透水层之上就会形成另一种地下水体——上层滞水含水层。沉积物中的黏土及亚黏土透镜体上经常有薄的上层滞水含水层。有时，这些含水层只能存在一个比较短的时间，因为上层滞水可以流入下部的潜水含水层。

4. 含水层的性质

含水层的导水、贮水和给水这些一般性质在数量上是通过若干含水层参数来定义的。在此扼要地描述一下其中的某些参数，目的在于补充说明上面给出的含水层的定义。

1）水力传导系数

水力传导系数表示在水力梯度作用下含水层传导地下水的能力，它是多孔介质和其中流动着的流体的一种组合性质。如果含水层中的水基本上为水平流动，则含水层的导水系数表示通过含水层整个厚度的导水能力。导水系数等于含水层的水力传导系数与含水层厚度的乘积。

2）贮水系数

含水层的贮水系数表示贮在含水层中的水量变化和相应的测压面（或潜水含水层的潜水面）高度变化之间的关系。图 1.8 为定义贮水系数的示意。

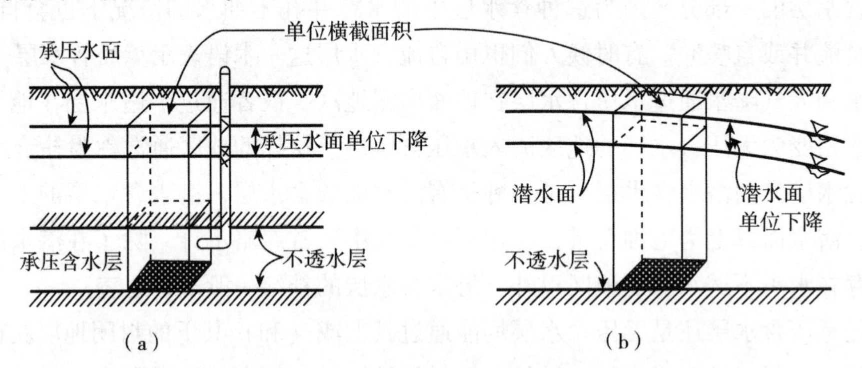

图 1.8　定义贮水系数的示意

（a）承压含水层；（b）潜水含水层

承压含水层的贮水系数定义为水头降低（或升高）一个单位时，从水平横截面积为一个单位的含水层垂直柱体中释出（或存入）的水的体积。承压含水层的贮水性质是由水的压缩性和作为整体的含水层的弹性引起的，固体颗粒和微粒等的弹性一般可忽略不计。

在潜水含水层中，除了降低的是潜水面这一点以外，上面给出的贮水系数在定义本质上没有变化。但是，潜水含水层造成含水层柱体内贮存水量变化的机理却不同。在潜水含水层的情况下，水实际上是由于潜水位降低而从空隙空间中排出并被空气所代替。然而，重力排水（由抽水所引起的地下潜水位的降低）并不能排出包含在空隙空间中全部的水，一定量的水在分子引力与表面张力的支持下能够抗住重力从而保持在固体颗粒之间的空隙中。因此，潜水含水层的贮水系数比孔隙率小，其差值称为持水率（土样中反抗重力作用而保持下来的水分与土样总体积之比）。为了反映这种现象，通常把潜水含水层的贮水系数称为给水度。

由含水层和水的压缩性所引起的弹性贮水系数要比给水度小得多。具体地说，大多数承压含水层的贮水系数变化范围为 $10^{-5}\sim10^{-3}$，而大多数冲积层的给水度为 10% ~25%。这说明排出（或注入）相同体积的水，承压含水层中水头高度的变化要比潜水含水层中水头高度的变化大得多。

在定义承压含水层的贮水系数时，我们假定不存在时间延迟问题，并且认为水是随着水头的下降而瞬间释出的。然而，在细颗粒物质中，由于低水力传导系数限制着水自贮存中释放，因而可以发生明显的时间延迟现象。对于潜水含水层来说也是如此，因为疏干过程也需要一定的时间。

3）阻力系数

表示越流含水层特征的其中一个参数是弱透水层（又称半封闭层）的阻力系数，其定义为弱透水层厚度与其水力传导系数之比。当阻力系数较大时，通过弱透水层的越流量则较小。

4）越流因数

另一个表示越流含水层的参数称为越流因数，它等于含水层的导水系数与弱透水层的阻力系数的乘积的平方根。

在确定某一地层是否为含水层以及为何种类型的含水层时，上述各种参数均可以作为指标。

1.2.2 地下水对隧道的影响

隧道衬砌是埋置于地层结构中维护隧道稳定、保证隧道正常工作的结构体，不同的地质条件对隧道衬砌会产生不同程度的影响。其中，地下水的作用是导致隧道结构灾害的常见因素，因为地下水与隧道衬砌结构的相互作用复杂多变，故其治理难度大，治理效果不理想。

1. 隧道衬砌水害现状

随着我国交通运输业的蓬勃发展，运营隧道的数量和里程快速增加。根据原铁道部与交通运输部统计资料，截至 2019 年底，我国铁路营业里程达 139 000km。其中，投入运营的铁路隧道 16 084 座，总长 18 041 km；2019 年新增开通运营线路铁路隧道 967 座，总长 1 710 km，其中长度 10 km 以上的特长隧道 27 座，总长 369 km；在建铁路隧道 2 950 座，总长 6 419 km；规划铁路隧道 6 395 座，总长 16 326 km。根据《2020—2026 年中国公路隧道行业产业发展动态及投资方向分析报告》统计，截至 2019 年末，全国公路隧道 17 738 座，总长 17 240 km。其中，特长隧道超过 815 座，总长超过 3 622.7 km，长隧道超过 3 520 座，总长超过 6 045.5 km；全国公路隧道总量年增长率的波动非常剧烈，从 2014 年到 2019 年，增长率经历了“大升-大降-大升”的过程。在 1997 年年底前建成的 5 000 余座铁路运营隧道中，有水害的隧道占隧道总数的 70% 左右。其中，因渗漏水严重而影响运营的达 1 520 座，占隧道总数的 30% 左右。隧道涌水是一个潜在的灾害，不但影响隧道稳定和安全、影响施工进度、增加建设费用，还会引起地下水位下降，影响周围居民的生活用水和农业用水，危害隧道周边生态环境。运营过程中渗漏水造成的危害主要有损坏衬砌、降低隧道使用年限、加速钢轨和扣件锈蚀、损害道床和基础、影响线路稳定、降低机车的牵引力等，特别是在寒冷与严寒地区，还会引发各种冻害，影响衬砌结构稳定，造成安全隐患或中断正常行车。

目前，我国铁路、公路的越岭隧道，尤其是岩溶山区长隧道的防排水设计，基本上仍然贯彻“防排结合，以排为主”的综合治理原则。“以排为主”虽能减小衬砌水压力，但不能根治隧道的各种水害，而且可能直接导致洞顶地下水位下降、地表水和井泉枯竭、地面岩溶塌陷、生态环境恶化，严重影响人民的生产和生活，相关隧道部门也苦于补救和巨额赔偿，因而隧道防排水“以堵为主”的呼声日渐升高。但是，隧道完全封堵地下水会带来巨大水压力，尤其是深埋岩溶长隧道，水压力往往高达若干兆帕，使衬砌难以承受，最终导致隧道衬砌开裂或塌陷，影响隧道施工安全和正常使用。

2. 水害对隧道的危害

隧道水害是指在隧道修建或运营过程中，水对隧道施工和正常工作的干扰和危害。水害是隧道中一种常见的灾害，调查资料表明，大部分隧道都存在不同程度的水害。水害不仅直接对隧道结构产生危害，降低衬砌结构的可靠性，导致衬砌失稳破坏，还会引发其他灾害，对隧道结构的整体稳定产生严重影响。

施工期间，地下水作用将降低围岩的稳定性，尤其是对软弱破碎围岩影响更为严重，导致开挖困难，因此需采取超前支护或预注浆堵水对围岩进行加固处理，有时甚至会被迫停工，影响工程施工进展，增加了支护难度和施工成本。在一些隧道内，由于地下水丰富，使得隧道开挖后影响围岩稳定的主要因素已不仅仅是围岩破岩程度，地下水的作用上升也成为影响岩体稳定的主要因素之一。即使岩体的单块强度比较高，但由于地下水的作用，衬砌也会出现裂缝，甚至坍塌。每当下雨，地表就积水，随即有地下水出现，即地表水将通过岩石与土层中的孔洞流进隧道。出现大量涌水、渗水情况，带走裂隙间充填物，降低了围岩整体强度。

隧道渗漏水的普遍性和水害带来的严重危害性引起了工程界的高度重视，隧道工程渗漏水的原因很多，概括起来主要分为施工技术的原因和防水技术本身的原因。由于地下水运移环境复杂，当水源丰富、围岩渗透性好时，无法全面、准确控制地下水的影响，导致衬砌背后排水系统失效，造成衬砌背后积水，甚至水头升高，对隧道防水带来严峻考验。

隧道渗漏水与其他灾害是密切相关的，而且由于水的可流动性和水压的传递性，隧道的衬砌结构往往都要承受较高的水头压力。在这样的条件下，衬砌中的任何缺陷都可能成为渗漏水的通道。反过来，渗漏水又会加速各类灾害的发生和发展，影响隧道的使用性能和使用寿命。所以，可以认为隧道渗漏水实际上是隧道各种灾害的综合反映。对于隧道渗漏水问题，必须仔细分析其成因，从根本入手，采取针对性的措施，才能使灾害治理效果达到设计要求。

1.3 隧道衬砌耐久性与地下水的关系

地下水在地层中的存在形式多样，当隧道穿越不同含水层时，隧道结构受地下水的影响也不尽相同，当水位较高时，作用在隧道结构上的静水压力较大，将影响衬砌结构的受力状态。另外，地下水分布地区不同，水中含有的矿物成分也不同。如岩溶地区，地下水中含有较多的CO_3^{2-}和OH^-离子，部分地区地下水中SO_4^{2-}和Cl^-离子的含量较高，不同矿物成分将对衬砌结构表面产生不同的化学腐蚀作用，导致衬砌结构的功能部分或全部丧失。

1.3.1 地下水对隧道衬砌结构耐久性的影响

隧道所处地质环境复杂，各种因素均将对衬砌混凝土的耐久性产生影响，其中围岩的水文地质条件是主要影响因素之一。

1. 富水隧道衬砌结构耐久性

富水区水源丰富，隧道结构常年处于地下水中，如水底隧道穿越介质常为饱和含水层。当隧道穿越淡水江河时，地下水组成成分中侵蚀性物质含量极低，一般不会对混凝土衬砌的耐久性产生严重的腐蚀作用。衬砌钢筋锈蚀常常主要由混凝土碳化引起，在设计基准期内，主要考虑龄期对混凝土碳化程度的影响。海底隧道周围地层中的地下水含有各种腐蚀性盐，将对混凝土及钢筋产生严重锈蚀作用，影响衬砌混凝土的耐久性。与此同时，经通风系统进入隧道的气流也将因风井靠近海岸而可能把含有腐蚀性的物质带入隧道，从而对隧道结构临空面产生影响，加速混凝土结构的碳化速度，缩短混凝土衬砌结构的使用寿命。

水下隧道衬砌结构与围岩介质的接触面通气条件较差，空气密封性较好，氧气（O_2）和二氧化碳（CO_2）都不易进入，因此，大气的碳化腐蚀作用主要发生在隧道结构临空面上。

2. 山岭隧道衬砌结构耐久性

山岭隧道可分为越岭隧道和旁山隧道两类。其中越岭隧道多为长大隧道，一般穿越地形陡峻地段，沿线工程地质和水文地质条件多变，隧道衬砌结构可能会因地下水含有氯盐和硫酸盐而受到侵蚀，从而影响混凝土结构的耐久性。例如，在我国青海地区建造隧道时，常需通过盐碱地层，因此混凝土衬砌易受到盐类的侵蚀。旁山隧道一般埋深较浅，地层受风化作用的影响较大，而含侵蚀性盐类的可能性则相对较小。显而易见，山岭隧道的围岩地层含有侵蚀性盐类，衬砌混凝土与围岩的接触面易于受到侵蚀，使其耐久性显著降低。

1.3.2 隧道防排水的作用

由于地下水对隧道结构产生了不容忽视的影响，地下水的治理问题便成为隧道结构耐久性关注的重点。当地下水渗流以静储量为主时，采用以排为主的方式进行治理；当隧道涌水以静储量为主时，初期涌水量很大，表现为突水，随着时间的推移，涌水量不断衰减，最后仅为滴水或渗水，这类涌水对隧道施工影响很大，对运营影响相对较少，由于隧道围岩与其他水体水力联系较弱，以裂隙水为主要补给，防排水设计时多采取以排为主的形式。

当地下水渗流以动储量为主时，采用以堵为主的方式进行治理。以动储量为主的含水围岩发生隧道涌水时，涌水量的变化往往由小到大，然后趋于动储量相当的稳定值，即隧道的涌水量等于补给量。这类隧道涌水以岩溶水为主，并与其他水体发生水力联系，如地表水等。防排水主要作用是切断水力联系通道，堵住地表水体补给，因此防排水设计采取以堵为主的方式。

对于涌水量大、水压力高的断层破碎带，因其山体内蓄水量大，且有充足地表水源供给，一般情况下采用超前钻孔排水和长管棚注浆堵水。

综上所述，隧道与地下水环境有着密切联系，隧道建设与运营阶段，地下水将对隧道结构耐久性及洞内设施正常运转等造成严重影响，合理的隧道防排水措施，将有助于隧道结构使用寿命的延续。

1.4 本章小结

本章主要介绍了衬砌结构的常见形式、功能与作用，在不同受力特征和施工方式下，选择不同的衬砌结构形式，有利于衬砌受力及维护围岩稳定。同时，地下水存在于地层结构中，根据地下水的存在形式及地层的结构特点，可将地下水分为不同的存储方式。不同存储方式的地下水具有不同的特点，如承压水的静水压力大，对结构的抗渗和内力影响较大。地下水不同的存在形式影响了衬砌结构的耐久性和防渗难易程度。

第二章 地下水与隧道复合结构的化学物理作用

隧道衬砌是埋置于一定地质环境中确保隧道功能得以充分发挥的构筑物。地质环境的复杂性导致隧道结构在不同工作环境下受到不同程度的影响，其中包括矿物成分对衬砌结构的腐蚀作用，地下水对衬砌结构的侵蚀作用，地应力对衬砌结构的物理作用，地热能对衬砌结构的热物理化学作用。因此，隧道工作环境中的一种或多种外界因素同时作用于衬砌结构上，使得衬砌结构的耐久性或功能性受到不同程度的影响。

隧道衬砌结构长期受地下水作用后，一部分地下水通过混凝土结构微裂纹渗入结构体中，使得混凝土结构一定厚度范围内的水与外部环境形成联通流经，地下水对混凝土结构逐步侵蚀，直至混凝土结构的抗压能力减弱甚至消失。同时，地下水静水压力对混凝土结构微裂纹产生扩张作用，减小了结构内部的有效应力作用，导致混凝土结构微裂纹的宽度和延伸长度逐渐增大；另一部分地下水在静水压力作用下沿隧道衬砌结构施工缝流入隧道排水沟排出隧道，或沿施工缝渗入衬砌内表面造成结构漏水等灾害。很多情况下，隧道衬砌和围岩并非完全密贴，存在部分孔隙，由于孔隙的存在，作用在隧道围岩的渗透力将不能直接传递到衬砌上，所以此部分的隧道衬砌就变成了承受水压力的独立结构物。由于隧道衬砌和围岩均为透水介质，因此可以认为水的渗流在衬砌和围岩间的运动是连续的。本章将渗入混凝土结构内部的静水压力视作渗流体积力，利用有效应力理论考虑静水压力的影响；为了有效避免通过施工缝渗入隧道内的地下水带来的灾害问题，本章将通过试验手段研究施工缝防水模型，提出有效的防水参数及措施。

2.1 工程与水文地质特征对衬砌结构的影响

地壳岩石经历了极为漫长的成岩和改造过程，岩体内部包含了数量众多的裂隙、孔隙、节理等不连续面，这些不连续面的存在为地下水提供了存储和移动的空间。岩体是由固相、液相和气相三部分交织组成的多相物质，而水正是沿着这些大小各异、形态不一、弯弯曲曲的裂隙通道渗流，最终影响岩体结构的工程性质。单独研究某个孔隙或裂隙中的地下水运动规律是很困难的，研究的意义也不明显。因此，研究者们选择避开研究单个裂隙地下水的运动特性，将孔隙介质及裂隙等效地转化为连续均质多孔介质，采用连续介质渗流理论研究影响整个区域内地下水的渗透规律。

现实中的地下水仅存在于岩体的空隙中，为了便于研究地下水的渗透规律，用虚拟水流来代替实际的水流。虚拟水流的各种物理性质和实际水流完全一致，虚拟水流不仅分布在岩块间的各种孔隙、裂隙中，还存在于岩体中。虚拟水流有下列 3 种假设：

（1）虚拟水流通过任一断面的流量与真实水流的流量完全相同；

（2）在任一断面上的压力或水头高度和真实水流的压力或水头高度相等；

（3）在任意岩土体内所受的阻力和真实水流在相同岩土体内所受的阻力相等。

上述虚拟水流被称为渗透水流，也简称渗流。虚拟水流所占据的空间区域称为渗流区域，即渗流场。渗流场最基本的表征向量有两个，即流速和水头，流速是矢量，水头是标量。

地下水渗流以渗透力作用于裂隙介质，渗透应力场和裂隙岩体的应力场相互影响，岩体应力场的改变往往使孔隙或裂缝发生变形，这种变形反过来又会影响到岩体裂隙的渗透性能。另外，岩土体内部各相之间还存在着物理、化学和温度场等变化，这些变化之间又相互影响。因此，岩体是多相、多场耦合并相互作用的复杂混合体。

围岩的工程及水文地质条件是隧道设计、施工的重要依据，其地质条件的变化直接影响隧道设计及施工的成本和安全，同时也决定了隧道开挖过程中围岩的地层响应敏感性。其对围岩地层响应特性的影响主要体现在以下几个方面。

（1）岩体结构的完整性，即岩体破碎程度，是决定隧道围岩稳定与否的关键。岩体越破碎，隧道就越容易发生失稳，地层响应就越强烈。

（2）岩体物理力学性质。虽然岩体结构状态是控制地层响应的主要因素，但在较为完整的整体巨块状结构或大块状结构中，其岩体的物理力学性质，如吸水率、饱水率、渗透系数、风化程度指数、弹性模量、泊松比、抗压强度、抗拉强度、抗剪强度、浸水软化系数、抗冻稳定性系数、化学指标及溶解度等都将影响围岩的变形及位移参数。由于这类围岩裂隙较少，结构面强度高，所以岩石强度在一定程度上与岩体强度接近，此时岩体的物理力学性质成为控制围岩变形的主要参数。

（3）地下水体。地下水的存在，降低了岩体结构面及岩块的强度，特别是水理性较差的岩体，如石膏、蒙脱石等遇水软化的岩体，使得围岩地层响应更为明显。

由于隧道衬砌结构与围岩密贴后，在力学分析上常常将围岩与衬砌结构视为复合体，一起受力、变形，相互影响，相互约束。因此，在工程地质与水文地质条件影响围岩特性的同时，将间接影响隧道结构的承载能力、抗腐蚀能力、抗渗能力等。

2.2　地下水与混凝土的化学作用

地下水对岩体的化学作用是多样性的，地下水的氧化、溶蚀、水化等作用都是化学作用的表现。地下水对结构的各种化学作用均同时进行，且作用时间较长、速度较慢。地下水的化学作用通过改变结构状态而改变结构力学性质。

隧道衬砌有木结构、砌体结构、钢结构和钢筋混凝土结构，现代隧道衬砌的建设以钢筋混凝土结构为主。钢筋混凝土结构是由碱集料和钢筋浇筑而成，不同地质环境矿物成分的含量或腐蚀性物质的含量均不同，衬砌结构所受到的腐蚀程度也不尽相同，本节主要介绍钢筋混凝土衬砌常见的腐蚀作用。常见腐蚀作用有盐类腐蚀、电化学腐蚀及酸性腐蚀。

2.2.1　盐类腐蚀对结构的影响

地下水及盐沼水等矿物水中，常含有大量的硫酸盐类，如硫酸镁（$MgSO_4$）、硫酸钠（Na_2SO_4）、硫酸钙（$CaSO_4$）等，对混凝土均有严重破坏作用。硫酸盐侵蚀混凝土是复杂的物理化学作用过程，主要是硫酸盐通过与混凝土的化学成分发生化学反应，生成具有膨胀性质的化学产物，随着化学产物不断积累，导致孔隙内部膨胀应力不断增加，使得混凝土发生起皮、开裂、剥落等现象，从而进一步推动了硫酸盐对混凝土腐蚀的进程。根据硫酸盐的来源不同可将硫酸盐侵蚀分为来自混凝土内部的硫酸盐侵蚀（ISA）和来自自然环境的硫酸盐侵蚀（ESA）。

1. 混凝土内部的硫酸盐侵蚀

来自混凝土内部的硫酸盐侵蚀（ISA）是指混凝土粗骨料中铁的硫化物与水、氧气的作用产生具有膨胀作用化合物的现象，或由于高温导致水泥浆释放的硫酸盐腐蚀，也称作延迟钙矾石作用（DEF）。

2. 自然环境的硫酸盐侵蚀

来自自然环境的硫酸盐侵蚀（ESA）是指自然环境中含有的硫酸盐溶液使混凝土发生物理化学反应，产生具有膨胀性腐蚀产物所导致的腐蚀。根据其侵蚀机理不同，可划分为硫酸盐结晶腐蚀、钙矾石晶体的侵蚀破坏、石膏晶体的侵蚀破坏和碳硫硅钙结晶破坏。外部硫酸盐侵蚀混凝土的主线均是混凝土在硫酸盐侵蚀溶液中长期浸泡，从而导致溶液中的硫酸根离子不断向内部传输，使得混凝土内的成分与硫酸根离子发生反应，导致混凝土内部腐蚀结晶，随着结晶的不断增加，混凝土内部产生膨胀、裂纹和损伤。混凝土受硫酸盐侵蚀的特征是表面发白，损害通常在棱角处开始，接着裂缝开展并剥落，使混凝土成为一种易碎甚至松散的状态。

绝大多数硫酸盐对混凝土都有显著的侵蚀作用（除硫酸钡外），这主要是由于硫酸钠、硫酸钾等多种硫酸盐都能与水泥石中的 $Ca(OH)_2$ 作用生成硫酸钙，硫酸钙再与水泥石中的固态水化铝酸钙反应生成三硫型水化硫铝酸钙（$3CaO \cdot Al_2O_3 \cdot 3CaSO_4 \cdot 3H_2O$，简式Aft，又称钙矾石）。以 Na_2SO_4 为例，其反应方程式为

$$Na_2SO_4 \cdot 10H_2O + Ca(OH)_2 = CaSO_4 \cdot 2H_2O + 2NaOH + 8H_2O$$

$$3(CaSO_4 \cdot 2H_2O) + 4CaO \cdot Al_2O_3 \cdot 12H_2O + 14H_2O$$

$$\longrightarrow 3CaO \cdot Al_2O_3 \cdot 3CaSO_4 \cdot 3H_2O + Ca(OH)_2$$

钙矾石是溶解度极小的盐类矿物，在化学结构上结合了大量的结晶水（实际上结晶水为30~32个），使固相体积显著增大（约为原水化铝酸钙的2.5倍），加之它在矿物形态上是针状晶体，固又被称为“水泥杆菌”，在原水化铝酸钙的固相表面成刺猬状析出，放射状向四方生长，互相挤压而产生极大的内应力，致使混凝土结构物受到破坏。钙矾石膨胀破坏的特点是混凝土试件表面出现少数较粗大的裂缝。

当侵蚀溶液中 SO_4^{2-} 浓度相当高（大于1 000 mg/L）时，水泥石的毛细孔立即为饱和石灰溶液所填充，则不仅有钙矾石生成，而且在水泥石内部还会有二水石膏（$CaSO_4 \cdot 2H_2O$）结晶析出，生成石膏。反应方程式为

$$Na_2SO_4 \cdot 10H_2O + Ca(OH)_2 = CaSO_4 \cdot 2H_2O + 2NaOH + 8H_2O$$

硫酸盐的侵蚀不仅取决于水中 SO_4^{2-} 的浓度，而且与水中 Cl^- 的含量有关。Cl^- 能提高硫铝酸钙的溶解度，阻止其晶体的生成与长大，从而减轻破坏作用。究其原因是由于 Cl^- 的渗透速度大于 SO_4^{2-}，在 SO_4^{2-}、Cl^- 共存时，对于表面的混凝土，水泥石中的水化铝酸钙先与 SO_4^{2-} 反应生成钙矾石，当 SO_4^{2-} 耗尽后才与 Cl^- 反应。而对于内部的混凝土，由于 Cl^- 的渗透速度大于 SO_4^{2-}，因此 Cl^- 先行渗入并与 OH^- 置换，反应方程式为

$$Ca(OH)_2 + 2Cl^- = CaCl_2 + 2OH^-$$

当 Cl^- 浓度相当高时，Cl^- 还可与水化铝酸钙反应生成三氯铝酸钙（$3CaO \cdot Al_2O_3 \cdot 3CaCl_2 \cdot 3H_2O$），反应方程式为

$$3CaO \cdot Al_2O_3 \cdot 6H_2O + 3CaCl_2 + 25H_2O \longrightarrow 3CaO \cdot Al_2O_3 \cdot 3CaCl_2 \cdot 3H_2O$$

由于水化铝酸钙的减少，使钙矾石结晶数量减少，从而减轻硫酸盐侵蚀破坏程度。

当侵蚀溶液中 SO_4^{2-} 浓度小于1 000 mg/L时，只有钙矾石晶体形成；当 SO_4^{2-} 浓度大于1 000 mg/L并逐渐增大时，钙矾石和石膏两种晶体并存。SO_4^{2-} 浓度在很大范围内，石膏结晶侵蚀只起从属作用；只有在 SO_4^{2-} 浓度非常高时，石膏结晶侵蚀才起主导作用。混凝土若处于水分蒸发或干湿交替状态，即使 SO_4^{2-} 浓度不高，石膏结晶侵蚀也往往起着主导作用。因为水分蒸发使侵蚀溶液浓缩，从而导致石膏结晶的形成，引起混凝土的破坏。在流动的硫酸盐溶液里，反应可一直进行下去，直至 $Ca(OH)_2$ 被完全反应，从而导致混凝土孔隙率增大，强度降低。如果NaOH被积聚，反应可达平衡，则只有部分 $Ca(OH)_2$ 沉淀成石膏。

2.2.2 电化学腐蚀对结构的影响

氯盐会促进钢筋电化学腐蚀的进程，但事实上，并不是在混凝土中引入微量的氯离子后，就会造成锈蚀的危害，只有当氯离子引入量增加到一定值时，才会使钢筋表面的钝化保护膜剥离。关于控制氯离子引入量的问题，我国《混凝土结构工程施工质量验收规范》（GB 50204—2015）中规定：处于露天的钢筋混凝土或预应力混凝土结构不得掺氯化物，

这样的规定没有提出明确的数量概念。国际上已有许多国家制定标准，提出建议值，限制、规定了氯含量，这是十分必要的。英国在混凝土外加剂标准中制定的关于氯含量的规定中指出，“混凝土氯化物总含量，以无水氯化钙计，超过水泥质量0.1%时，或对于某些水泥，当混凝土中埋有金属时，存在着潜在的危害，必须有某种防范措施”。

氯离子对于混凝土内部钢筋的锈蚀作用机理，主要有以下几方面。

（1）氯离子导致钢筋钝化保护膜失效。由于钢筋的钝化保护膜是在混凝土原有的碱性环境下形成的，氯离子进入混凝土后会导致碱性环境的破坏，氯离子不断吸附于钝化保护膜附近形成酸性环境，导致其保护作用逐步减弱。

（2）氯离子在混凝土内部形成腐蚀电流，导致钢筋的电化学腐蚀。由于钢筋混凝土钝化保护膜的破坏会导致腐蚀电位差的出现，而氯离子则大大降低了混凝土的电阻值，造成钢筋钝化保护膜边缘的腐蚀电流最大，加剧了钢筋腐蚀。此外，氯离子与钢筋中的铁结合形成具有水溶特性的氯化铁，氯化物不仅是一种钢筋腐蚀的催化剂，还属于较强吸湿作用的盐，会导致氯离子在混凝土内部的不断渗透，最终导致钝化保护膜被彻底破坏。

（3）氯离子与水泥化学反应对钢筋锈蚀的影响。由于水泥的主要成分铝酸三钙，在特定的化学条件下会与渗入混凝土中的氯离子发生化学反应形成特性较为稳定的化学物，这可以降低混凝土中氯离子的含量进而避免钢筋的锈蚀作用。但是这种化学物质只有在碱性条件下才能保持稳定，当混凝土酸碱环境发生变化时，会导致其分解，进而增加氯离子的含量，导致钢筋表面的氯离子浓度升高，对于防止钢筋锈蚀十分不利。

（4）氯离子在钢筋混凝土锈蚀过程中的阳极去极化作用对钢筋腐蚀的化学反应，其实质是阳极反应过程，即铁原子失去电子形成亚铁离子，亚铁离子如果不能及时脱离，而累积于阴极表面会导致阳极反应受阻，这一过程即为阳极极化过程。但是如果亚铁离子与氯离子结合形成氯化亚铁，则会促进阳极反应的发生，进而起到加速去阳极化的作用。由于氯离子具有可溶性，当与混凝土内部的氢氧根离子相遇时会生成难溶的氢氧化亚铁，导致混凝土内部生成铁锈，而氯离子随即与亚铁离子脱离继续作为催化剂促进去阳极化作用，造成循环连续的化学破坏过程。

2.2.3　酸性腐蚀对结构的影响

衬砌结构受地下水的腐蚀作用是长期的，其腐蚀速度的快慢与地下水中各种腐蚀性粒子的含量有直接关系，特别是酸性粒子的含量对混凝土的腐蚀作用最明显。

1. 碳酸侵蚀（钢筋混凝土的碳化作用）

地下水中常含有一些游离的碳酸根（CO_3^{2-}），当其含量过多时，将对混凝土结构起破坏作用。这是因为混凝土中的氢氧化钙能与碳酸起化学反应，生成碳酸钙（$CaCO_3$），而碳酸钙又与碳酸起化学反应，生成易溶于水的碳酸氢钙［$Ca(HCO_3)_2$］，其溶于水中被冲走，上述反应将永远达不到平衡。氢氧化钙将连续不断起化学反应，连续流失，使混凝土中石灰浓度逐渐降低，使硬化了的混凝土结构发生破坏。地下水中含游离碳酸根越多，其侵蚀性也越强烈。若水温较高，则侵蚀速度将加快。

混凝土碳化机理是：水泥与水发生水化反应，在其形成水泥石的同时，将颗粒状的沙粒和有一定强度的骨料石子与其黏结起来，形成一种复杂混合物。混凝土的质地坚硬，是工程结构的主要材料。大约占水泥总量三分之一的水泥参与到混凝土硬化的过程中，通过反应形成结晶状态的氢氧化钙，呈现出非常强的碱性。钢筋混凝土并不是完全密实的，其在水泥硬化作用后，氢氧化钙的碱性作用使钢筋混凝土内部的钢筋表面形成致密均匀的钝化保护膜，避免锈蚀作用的影响。但是由于混凝土不能完全密实，在水泥水化过程中，会出现大小不一、位置不同的气泡与空隙，这些气泡、空隙又与毛细管相互联系，这是水化过程中化学收缩、自由水蒸发所造成的。混凝土在空气中 CO_2 的影响作用下，氢氧化钙会与其发生化学反应生成碳酸钙，进而使混凝土原有的碱性环境逐步减弱，混凝土中为保护钢筋钝化保护膜，其最低 $pH>11.5$，而碳化结果可使混凝土的 $pH<9.0$，原有的钝化保护膜被破坏，进而导致钢筋开始锈蚀。混凝土中水化产物约占 10%～15%，它一方面提高混凝土的碱度，同时也是最不稳定的成分，最容易与酸性介质发生中和反应，使混凝土中性化，其中最主要的就是与氢氧化钙的反应，这一过程会降低混凝土的碱性，形成碳酸钙。因此，这一过程被称为混凝土的碳化现象。混凝土碳化过程的化学反应为

$$CO_2+H_2O = H_2CO_3$$

$$Ca(OH)_2+H_2CO_3 = CaCO_3+2H_2O$$

$$3CaO \cdot 2SiO_2 \cdot 3H_2O+3H_2CO_3 = 3CaCO_3+2SiO_2+6H_2O$$

$$2CaO \cdot SiO_2 \cdot 4H_2O+2H_2CO_3 = 2CaCO_3+SiO_2+6H_2O$$

2. 一般酸性侵蚀

工业废水及酸雨以地下水形式渗流时，地下水中常含有游离的酸类。这些酸类能与混凝土中的氢氧化钙起作用，生成相应的钙盐。而所生成的钙盐或易溶于水，或在水泥石孔隙内结晶，体积膨胀，产生破坏作用。例如，氢氧化钙与盐酸（HCl）、硫酸（H_2SO_4）的化学反应为

$$Ca(OH)_2+2HCl = CaCl_2+2H_2O$$

$$Ca(OH)_2+H_2SO_4 = CaSO_4 \cdot 2H_2O$$

反应生成的氯化钙（$CaCl_2$）易溶于水；石膏（$CaSO_4 \cdot 2H_2O$）则在水泥石孔隙内结晶，体积膨胀，使水泥石破坏。同时石膏又能与混凝土中的水化铝酸钙起作用，生成水化硫铝酸钙晶体，其破坏性更大。地下水酸性离子浓度越大，即 pH 越小时，则侵蚀性越严重。

2.3 地下水与隧道复合结构的物理作用

地下水与围岩发生的物理作用主要包括润滑作用、软化和泥化作用及结合水的强化作用。当围岩的物理性质发生变化后，围岩与地下水同时对衬砌结构的受力状态产生显著影响。因此，在分析地下水对衬砌结构的影响时，必须首先考虑地下水对围岩的影响，进而分析围岩、地下水及衬砌结构的相互作用。

1. 润滑作用

裂隙岩体的裂隙多为无填充的孔隙或全风化物的填充孔隙。由于地下水的存在，减小

了裂隙的摩擦因数、岩体的内摩擦角和抗剪强度，这种现象在斜坡地段受水渗透的影响而出现滑动时表现得较为明显。

2. 软化和泥化作用

由于岩体裂隙间水的存在，尤其在断层地带，裂隙面中的填充物随着含水量的增加发生由固态向塑性状态甚至向液态变化的弱化效应。水的软化和泥化作用使裂隙岩体介质的力学性能显著降低，导致岩体的黏聚力降低，同时内摩擦角减小。

岩石的抗水软化能力取决于岩石的物质组成和结构，岩石中含有的亲水物质越多，岩石的抗水软化能力就越差。实验表明：高强度结晶岩石的抗水软化能力较强；中等强度的硅质、钙质岩石的抗水软化能力次之；低强度的泥质岩的抗水软化能力更次之；部分风化岩、构造岩及松散类岩石抗水软化的能力最差。

3. 结合水的强化作用

裂隙岩体中的一部分水体以自由水的形式存在，另一部分以结合水的形式存在。结合水对岩体力学性质的影响和自由水完全不同，结合水是水和岩块形成的组合体，结合水和岩块共同受力，对岩块的强度有增强作用。结合水的强化作用主要发生在岩块粒径较小的非饱和岩土体中，而在地下水位线以下，结合水的强化作用不明显。因此，在裂隙岩体渗流对应力影响的分析中，往往不考虑这一部分强化作用。

围岩受到地下水的影响后，围岩的应力应变特征发生变化。由于围岩与衬砌结构密贴，衬砌对围岩的变形起到约束作用，而围岩变形与静水压力的作用对衬砌结构的应力应变特性产生明显影响。因此，通常在分析围岩和衬砌的相互作用时，将围岩与衬砌看作复合结构，共同受力、共同变形。

2.4　孔隙水压作用下混凝土结构的力学特性分析

地下水长期充盈在混凝土中，并沿着混凝土微裂隙渗透流动，这就对混凝土产生孔隙静水压力和动水压力。其中，孔隙静水压作用会减小混凝土的有效应力。因此，地下水长时间的存在改变了混凝土的力学性质。

2.4.1　孔隙水压作用下混凝土材料的有效应力

混凝土中由于微裂隙的存在导致混凝土的均匀性和连通性较差，水在混凝土中的渗透和水在均质土体的渗流仍有较大不同，为使“土力学”中的太沙基有效应力理论适用于混凝土中，需对理论公式进行修正，得

$$\sigma' = \sigma - \eta p \tag{2.1}$$

式中：σ' 为混凝土的有效应力；σ 为总应力；η 为孔隙水压力的有效面积系数；p 为孔隙水压力。

η是混凝土最薄弱截面（裂隙最多的截面）孔隙的投影面积与混凝土破坏面的总投影面积之比，是混凝土有效应力理论区别于“土力学”有效应力理论的最直观反应。

由上述分析可知，当裂隙中充水后，混凝土的有效应力降低。同时，混凝土的内摩擦角和黏聚力也会减小，混凝土的抗剪强度公式变为

$$\tau_w = c_w + \sigma' \tan \varphi_w \tag{2.2}$$

式中：c_w为混凝土含水时的黏聚力；φ_w为混凝土含水时的内摩擦角。

含水混凝土的抗剪强度较无水混凝土抗剪强度的减小值为

$$\begin{aligned} \Delta\tau = \tau - \tau_w &= c + \sigma \tan \varphi - (c_w + \sigma' \tan \varphi_w) \\ &= (c - c_w) + \sigma(\tan \varphi - \tan \varphi_w) + \eta p \tan \varphi_w \end{aligned} \tag{2.3}$$

式中：$c - c_w$为吸水后黏聚力的下降值；$\tan \varphi - \tan \varphi_w$为吸水后摩擦因数的降低值；$\eta p \tan \varphi_w$为孔隙水压力使混凝土的抗剪强度降低量。

2.4.2 衬砌结构抗水压能力数值模拟试验

衬砌结构受地下水压力作用时，静水压力通常以均布荷载形式加载在衬砌结构上进行计算，衬砌结构的内力分布将被改变，不同水压力对衬砌结构的承载能力产生不同程度影响。

1. 加载方法介绍

随着计算机的计算速度与储存信息能力的快速发展，材料破裂过程分析系统 RFPA 应运而生。RFPA 是 Realistic Failure Process Analysis 的简称，是基于应力和统计损伤理论分析材料破裂过程的有限元数值计算软件。该软件的主要特色是考虑了材料性质的非均匀性，是通过非均匀性模拟非线性、通过连续介质力学方法模拟非连续介质力学问题的新型材料破裂过程数值分析方法，是能够模拟材料渐进破裂直至失稳全过程的数值试验软件。常见有限元分析方法尽管可以模拟演示非线性变形，但只是在宏观上的模拟，而无法模拟出材料在变形过程中的微破裂过程。

RFPA 软件的主要特点包括：

（1）计算单元中引入了材料的不均质性参数，单元破坏的积累导致了宏观破坏；

（2）将单元视为线弹-脆性或脆-塑性，单元的弹模和强度等其他参数服从正态、韦伯、均匀等分布；

（3）认为单元应力达到破坏准则时将会发生破坏，并且对破坏单元进行刚度退化处理，故可以用连续介质力学方法研究物理非线性介质问题；

（4）认为材料的损伤量、声发射同破坏单元数量成正比，在细观力学中通过细观单元的变形、破坏的积累来反映宏观行为的演化过程，为研究介质的变形和破裂的宏观行为提供了一种新途径。

2. 隧道衬砌结构承受水压作用加载分析

隧道衬砌结构所受水压可视为均布外压力，出于试验可实施性考虑，将隧道衬砌承受外水压力问题转换为隧道衬砌承受内水压力问题研究，而且考虑到试验模型的尺寸效应，将隧道内径相对模型尺寸进行缩小处理，模型统一采用微观力学参数单轴抗压强度 108 MPa，

弹性模量为 38 GPa，泊松比为 0. 3，压拉比为 10，均质度为 100。

1）工况 1（内部均匀加压，内径 150 mm）

模型为 2. 8 m×2. 8 m，单元数为 280×280，单元大小为 10 mm×10 mm，加载方式为内部孔洞水压，每步加压 0. 1 MPa，图 2. 1 为工况 1 弹性模量分布图。

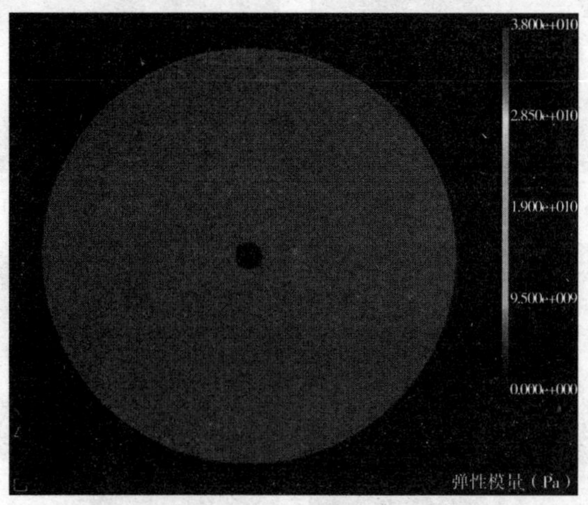

图 2. 1　工况 1 弹性模量分布图

图 2. 2 和图 2. 3 分别为不同加载步时工况 1 的最大主应力云图和孔隙水压力云图，每步加压 0. 1 MPa，破坏时加载步为 63 步，加载水压力为 6. 3 MPa。由图 2. 2、图 2. 3 可知，均在第 2 步开始起裂。

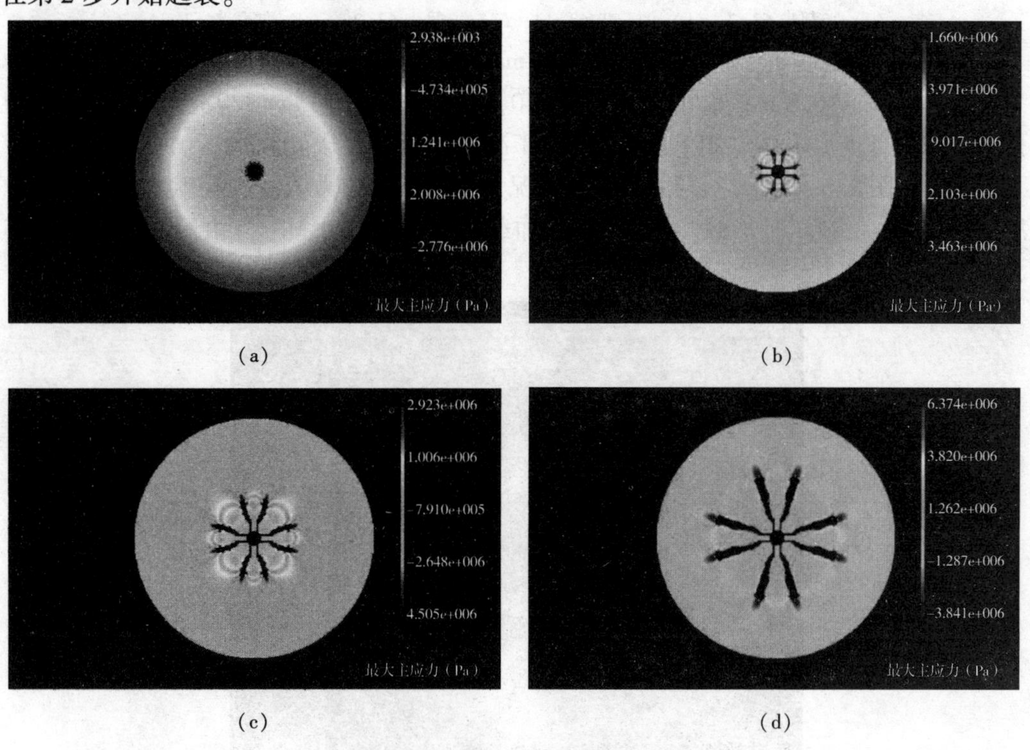

（a）　（b）

（c）　（d）

图 2. 2　工况 1 最大主应力云图

（a）加载步 63-2；（b）加载步 63-14；（c）加载步 63-26；（d）加载步 63-34

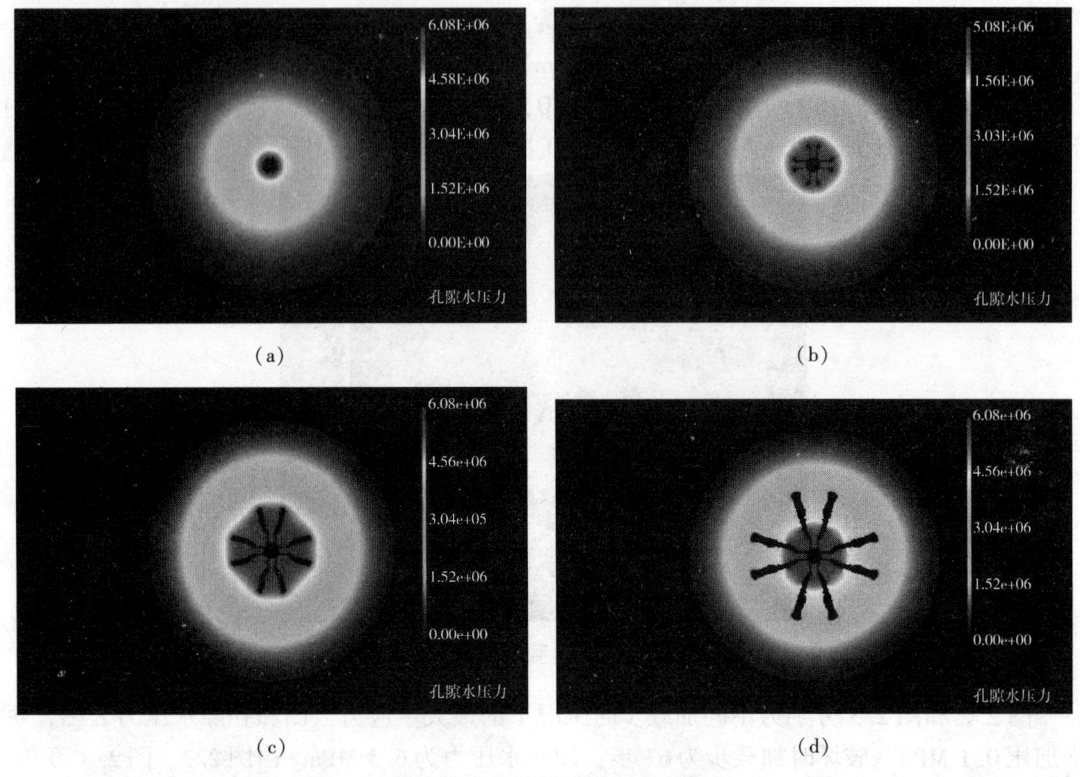

(a) (b)

(c) (d)

图 2.3 工况 1 孔隙水压力云图

(a) 加载步 63-2；(b) 加载步 63-14；(c) 加载步 63-26；(d) 加载步 63-34

2）工况 2（内部均匀加压，内径 4 170 mm）

模型为 6.8 m×6.8 m，单元数为 340×340，单元大小为 20 mm×20 mm，加载方式为内部孔洞水压，每步加压 0.1 MPa，图 2.4 为工况 2 弹性模量分布图。

图 2.5 和图 2.6 分别为不同加载步时工况 2 的最大主应力云图和孔隙水压力云图，每步加压 0.1 MPa，破坏时加载步为 30 步，加载水压力为 3.0 MPa。由图 2.6 可知，其在第 2 步开始起裂。

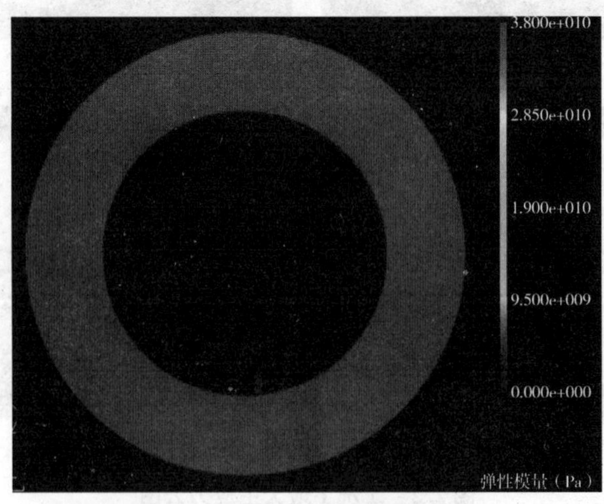

图 2.4 工况 2 弹性模量分布图

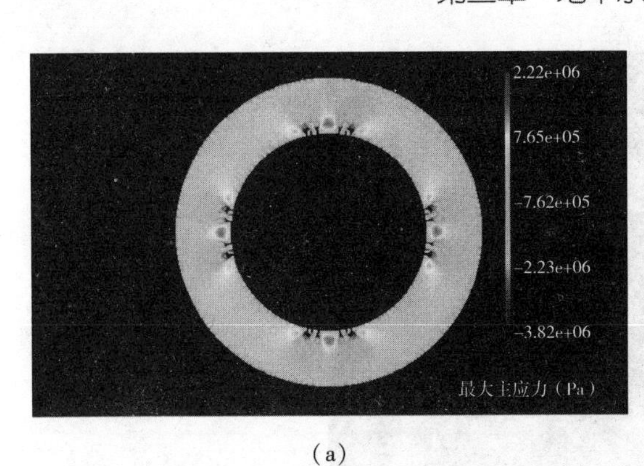

（a）

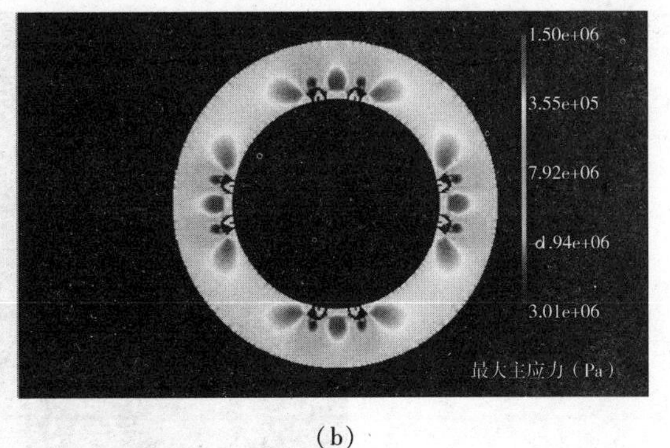

（b）

图 2.5　工况 2 最大主应力云图

（a）加载步 30-6；（b）加载步 30-7

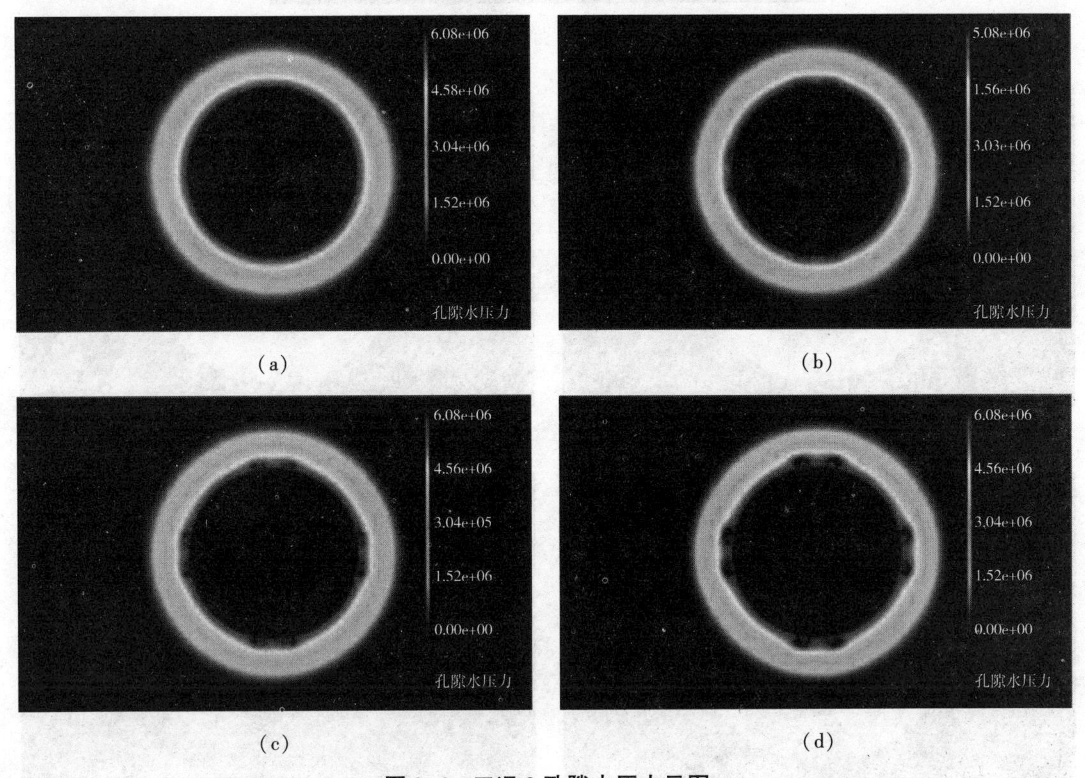

（a）（b）（c）（d）

图 2.6　工况 2 孔隙水压力云图

（a）加载步 30-2；（b）加载步 30-5；（c）加载步 30-6；（d）加载步 30-7

3）工况 3（外部均匀加压，内径 4 170 mm）

模型为 6.8 m×6.8 m，单元数为 340×340，单元大小为 20 mm×20 mm，加载方式为外部水头均匀加载，每步加压 0.1 MPa，图 2.7 为工况 3 弹性模量分布图。

图 2.8 和图 2.9 分别为不同加载步时工况 3 的最大主应力云图和孔隙水压力云图，每步加压 0.1 MPa，破坏时加载步为 91 步，加载水压力为 9.1 MPa。由图 2.8 和图 2.9 可知，均在第 2 步开始起裂。

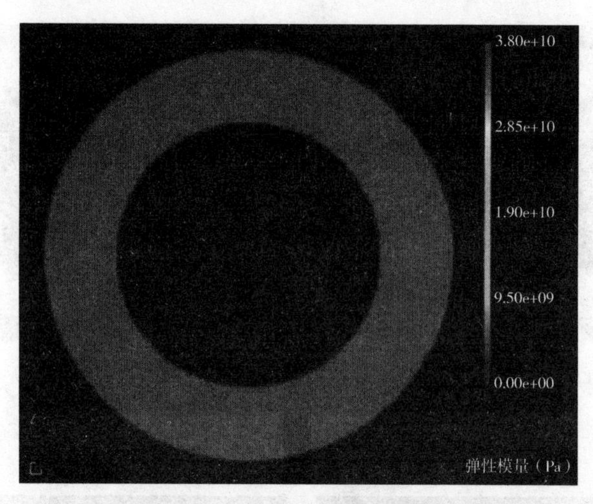

图 2.7　工况 3 弹性模量分布图

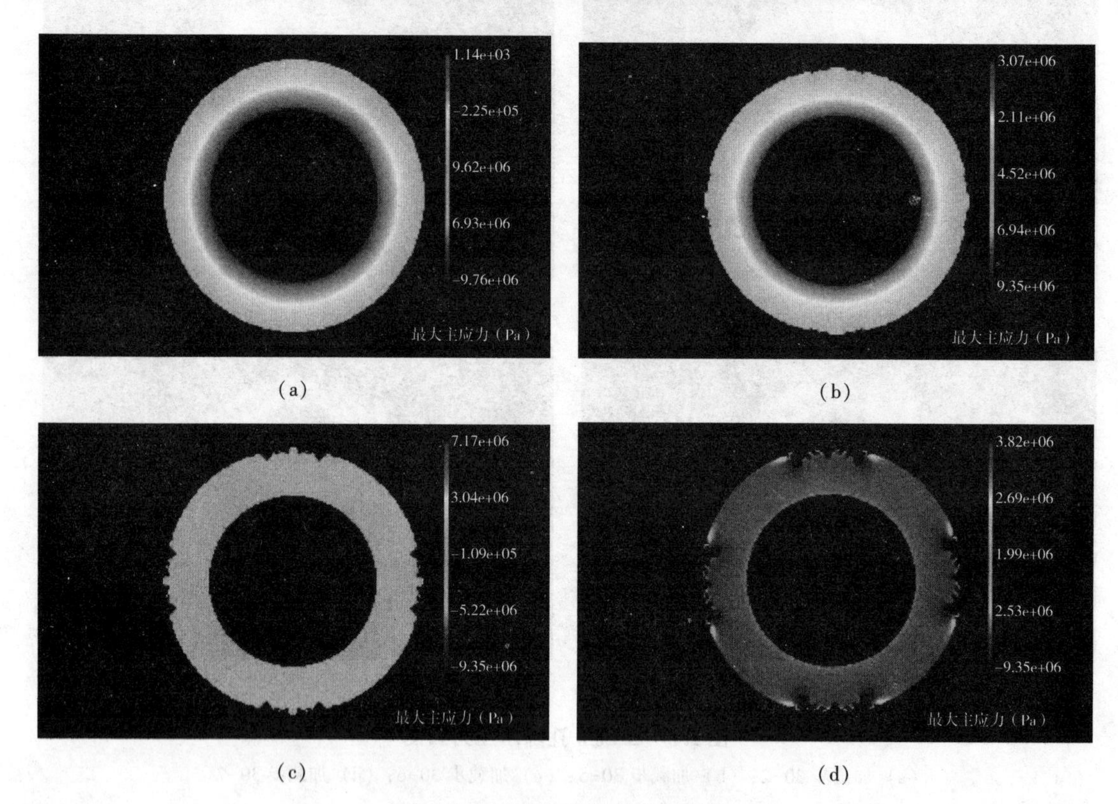

（a）　　（b）

（c）　　（d）

图 2.8　工况 3 最大主应力云图

（a）加载步 91-2；（b）加载步 91-6；（c）加载步 91-9；（b）加载步 91-11

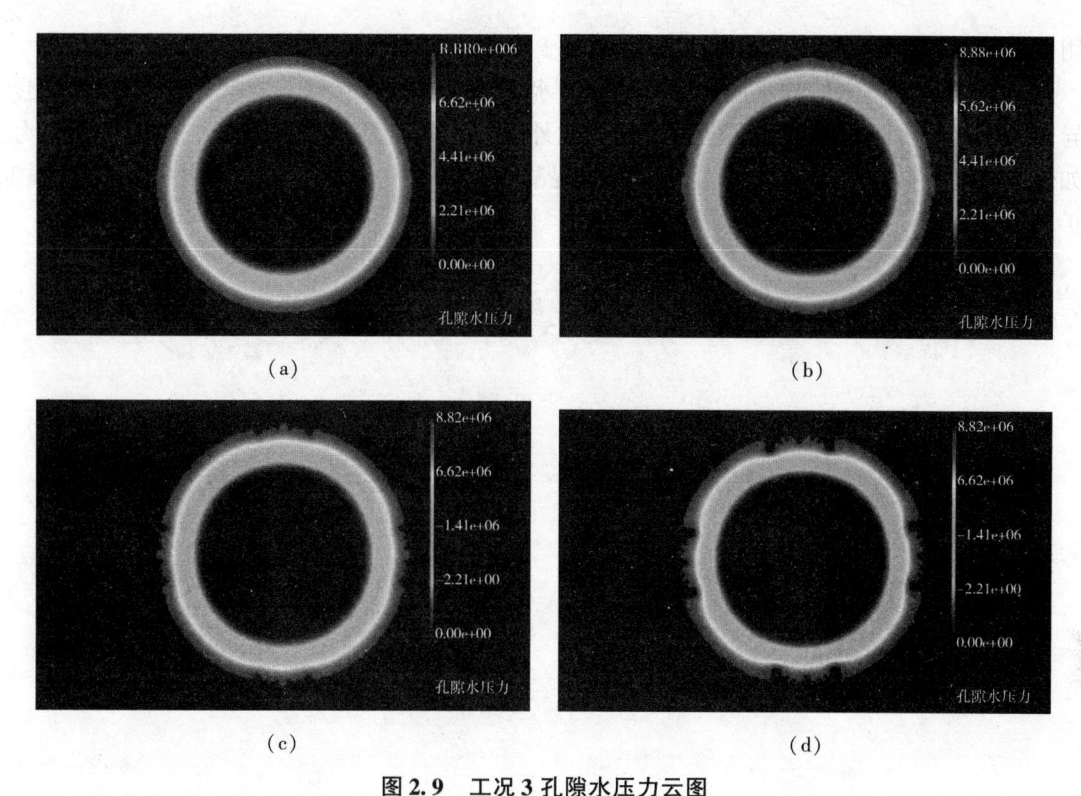

图 2.9 工况 3 孔隙水压力云图

(a) 加载步 91-2；(b) 加载步 91-6；(c) 加载步 91-9；(d) 加载步 91-11

工况 1 和工况 2 为对隧道施工缝抗水压模型试块的模拟，工况 3 为对依托工程新圆梁山隧道衬砌结构的模拟。由模拟结果可知，工况 3 的极限抗水压能力为工况 1 的 1.44 倍，为工况 2 的 3 倍。说明衬砌结构受到外水压时，充分利用了混凝土结构抗压能力强的特点，从力学角度上有利于提高衬砌结构本身的抗渗能力，增强了衬砌结构施工缝处的接触压力，有利于提高止水带的止水效果。

2.5 本章小结

本章分析了地下水对围岩和衬砌结构组合而成的复合结构体的化学腐蚀作用和物理作用，分析了地下水对围岩和衬砌结构的影响。化学腐蚀作用加速了混凝土结构的劣化，降低了混凝土结构的承载能力。物理作用为渗入混凝土微裂隙中的地下水产生的静水压力降低了混凝土结构的有效应力，加速了微裂隙的扩展，导致结构承载能力逐渐丧失，最终结构发生破坏。地下水对衬砌结构有以下几点影响。

(1) 地下水降低了围岩的承载能力，改变了衬砌结构内力分布特点，影响了隧道复合结构体系的应力应变特征。

(2) 地下水含有不同的矿物成分，与混凝土结构产生盐类腐蚀作用或电化学腐蚀作用，破坏混凝土材料的分子结构，导致混凝土结构的承载能力逐渐丧失。

（3）考虑地下水的静水压作用，不同静水压加载方式对混凝土结构的承载能力影响差异较大，如静水压作用于混凝土衬砌结构的外表面，其有利于增强衬砌结构的承载能力，如作用在隧道衬砌结构的内表面，将降低混凝土衬砌结构的承载能力，加速结构的裂隙扩展。

第三章 隧道防排水系统及水害治理

混凝土的渗透性及防渗措施对控制和维护混凝土结构质量起关键性作用，混凝土结构裂缝的存在为水体及其他有损于结构耐久性的物质提供了入侵通道。因此，需充分了解裂缝渗透机理，采取合理的控制措施，才能有效防止或减轻地下水对衬砌结构的影响。

3.1 隧道衬砌微裂隙渗流计算

混凝土微裂隙的渗透性是影响混凝土结构质量的重要因素，尤其对混凝土结构耐久性和防止钢筋锈蚀方面的影响不容忽视。从隧道结构的长期运营来看，不论是山岭隧道，还是越江、跨海隧道，渗水灾害都列为隧道耐久性问题的第一位。混凝土中的裂缝成为水体或其他侵蚀性物质流动的主要通道，有害物质渗透进入混凝土结构，与混凝土发生物理化学作用，引发混凝土结构的耐久性损伤。开裂混凝土的渗透性与混凝土的裂缝特征（形态、开度、分布、数量等）、结构所处的应力状态密不可分。当然，混凝土的渗透性还与混凝土材料本身的性质密切相关，如试样厚度、材料构成（水泥、集料和混凝土强度等）等。但是，与裂缝的影响相比，这些影响相差可达几个数量级，可忽略不计。

开裂混凝土在长期稳定渗透状态的影响下，渗流呈稳定流状态，且渗流速度与裂缝扩张过程中的渗透性相比会有所降低。试验证明，混凝土渗水试验初期，水体的累积渗透量与时间呈非线性关系，20 d 后水体流动呈稳定流形态，然后渗透性会呈现下降趋势，这与混凝土中离析的氢氧化钙堵塞混凝土中的小孔洞导致水流通道的减少有直接关系。

1. 稳定裂缝渗流公式

对于长期稳定裂缝中的水流运动，普遍认为其属于水力学问题，可用著名的立方体公式来表示水体在混凝土中的层流运动。

1）裂缝层流渗流公式

对于缝壁光滑的裂缝，单位长度上的裂缝层流渗流量为

$$Q = C_{OD}v_f = \frac{g_n C_{OD}^3}{12\upsilon}J \tag{3.1}$$

式中：v_f 为缝中渗流速度；C_{OD} 为裂缝开度；J 为裂缝中的水力梯度；g_n 为标准自由落体加速度；$\upsilon=\mu/\rho$ 为运动黏度，ρ 为流体密度。

若裂缝不是均匀的开度，可取其平均值，即

$$C_{ODf}^3 = \int_{C_{ODmin}}^{C_{ODmax}} x^3 f(x)\,dx \tag{3.2}$$

式中：$f(x)$ 为裂缝张开度的分布函数；$C_{OD\,f}^3$ 为稳定最终裂缝开度。

对于水力光滑缝中的层流，沿程摩擦损失的摩阻系数为

$$\lambda_f = \frac{24}{C_{OD}} = \frac{24}{R_0} \tag{3.3}$$

式中：R_0 为 C_{OD} 的简写。

2）裂缝非平行流渗流公式

混凝土中水体流动受到粗糙度、石料、裂缝走向的影响，肯定不是平行流，根据 Louis 的试验，非平行流粗糙缝的试验公式如下，其中层流为

$$\lambda_f = \frac{24}{R_0}\left[1 + 8.8\left(\frac{\Delta}{2C_{OD}}\right)^{1.5}\right] \tag{3.4}$$

$$q = \frac{g_n C_{OD}^3 J}{12\upsilon\left[1 + 8.8\left(\frac{\Delta}{2C_{OD}}\right)^{1.5}\right]} \tag{3.5}$$

紊流为

$$\frac{1}{\lambda_f} = -2\sqrt{21}\,g_n\frac{\Delta}{3.8C_{OD}} \tag{3.6}$$

$$q = \left[4\sqrt{g_n}\lg\left(\frac{3.8C_{OD}}{\Delta}\right)\right]C_{OD}^{1.5}\sqrt{J} \tag{3.7}$$

式中：Δ 为粗糙率；q 为流量。

2. 混凝土开裂过程中的渗透性

稳定层流是混凝土裂隙中水体流动较简单的形式，在混凝土受拉压应力作用时，混凝土中的裂缝随应力作用而变化，裂缝变化或增加、或减少、或张开、或闭合、或连通、或阻断；混凝土中水体渗流的通道也发生改变，渗透规律也变得复杂。为简化这个阶段的渗流特征，将混凝土的渗透性与混凝土所受应力作用相结合，可以通过微观、宏观的概化方法来研究开裂混凝土的渗透性与作用应力的关系。

已有的稳定渗流立方体公式认为，开裂混凝土中水体渗流量与裂缝的开度成三次方关系，即稳定流时，水体的渗透系数与裂缝开度成平方关系。开裂过程中的混凝土渗透性可以分为两个阶段：（1）裂缝急剧开展并达到稳定应力阶段；（2）稳定应力阶段，此时裂缝开度平稳增加，应力基本保持不变。不同阶段的开度与应力关系如下：

拉伸加载时：

$$C_{OD} = \frac{1}{R_t}\sigma \qquad \sigma < \sigma_f \tag{3.8}$$

卸荷时：

$$C_{OD} = \frac{\sigma_f - \sigma}{R_u} \qquad 0.8\sigma_f < \sigma < \sigma_f \tag{3.9}$$

$$C_{OD} = \frac{\sigma_f - \sigma}{R_u} + C_{ODu} \qquad \sigma = 0.75\sigma_f < \sigma < 0.8\sigma_f \tag{3.10}$$

$$C_{OD} = \frac{\sigma}{R_x} + C_{ODf} \qquad 0 < \sigma < 0.75\sigma_f \tag{3.11}$$

式中：σ_f 为混凝土的极限劈裂强度(MPa)；R_t 为加载时混凝土开度系数；R_u 为卸荷时混凝土开度系数(MPa/μm)；R_x 为二次卸荷时混凝土的开度系数；C_{ODu} 为卸荷至 $0.8\sigma_f$ 时的稳定开度，一般为 50 ~ 80 μm。

两阶段的渗透系数与开度的关系有差别，阶段（1）渗透系数与裂缝开度关系更符合于三次方关系；阶段（2）的渗透性更接近平稳渗流时的渗透性，渗透系数与裂缝开度呈二次方关系。

3.2 隧道衬砌结构的防排水系统

衬砌结构的施工质量将决定结构的防渗效果和运营功能的发挥，施工质量主要取决于两个主要控制要素：一是隧道防排水工程的施工质量控制；二是隧道模筑混凝土的施工质量控制。

隧道结构防排水包括混凝土自防水和防排水设施两部分，自防水是指混凝土结构的渗透特性，防排水设施是指埋设于衬砌结构与围岩之间的防排水构造及其他截水措施等，如防水布、防水板、排水盲沟和盲管等。采用防排水工法进行隧道防排水设计时应遵循“防、排、截、堵相结合，因地制宜，综合治理”的原则。图 3.1 为隧道衬砌结构渗水处理现场。

图 3.1　隧道衬砌结构渗水处理现场

防：防水混凝土、防水层（内贴、外贴）；

排：盲管、盲沟；

截：地表截水天沟、裂缝堵塞，排水导洞等排水结构；

堵：注浆堵水。

我国国内有近 1/3 的公路隧道存在着衬砌结构渗漏水灾害问题，尤其是整体式连拱结构隧道中，其渗漏水更为严重。隧道渗漏水灾害的主要表现形式为结构施工缝部位出现的渗水、淌水，隧道拱顶结构连接缝出现的渗水、滴水，隧道拱脚处出现的渗水、淌水，以及隧道其他局部出现的涌水、涌泥、道床积水等隧道渗漏水问题。隧道结构的渗漏水灾害与其他灾害间具有非常密切的关系，也就是说当隧道工程出现渗漏灾害时，必然会伴随其他灾害的产生。由于隧道中渗漏水具有可流动性和水压可传递性，隧道衬砌结构中的薄弱点往往会由于水压的集中传递而出现较高水头压力。隧道衬砌结构，尤其是整体式连拱结构缝处的任何缺陷或灾害均可能为渗漏水提供通道。同时，渗漏水灾害的不断作用，又会加速隧道中其他灾害的发生和演变，从而降低隧道综合使用性能和使用寿命。因此，隧道渗漏水灾害实际上是隧道内部各种灾害的综合反映。

1. 隧道结构防排水目的

隧道防水系统主要由混凝土自防水和防排水构造两大部分组成，对于施工缝和沉降缝则采取止水条（带）进行局部止水处理。而一些极少数特殊隧道工程，由于其地质条件较为优越，也可以只采用防水混凝土构筑自防水系统。隧道排水系统主要是由沿隧道走向布置的排水盲沟、纵横向排水管及纵向排水沟共同组成的一个立体式排水网络，即隧道内部的地下水直接通过横向排水盲沟进入排水管，并由隧道边墙底部的有孔塑料管将渗漏水进行有效汇集，然后通过墙底部布置的横向无孔塑料管将水引到纵向排水沟中统一排出洞外。隧道防排水工程的设计、施工和后期运行维护要始终坚持“防、排、截、堵”的综合治理防护原则，结合工程实际情况因地制宜进行综合治理防护，从而达到整个隧道防排水系统稳定可靠、排水高效通畅、技术措施经济合理等综合防治的目的，提高隧道综合防排水质量，延长隧道衬砌使用寿命。

2. 整体浇筑隧道结构渗漏水部位及特点

据大量工程实际经验分析，整体浇筑隧道渗漏水灾害主要发生在以下几个典型部位。

1）中隔墙位置

中隔墙是整体浇筑隧道结构的重要单元，由于中隔墙处常常是施工缝预留位置，受力也最为复杂，因此是渗漏水灾害最易发生的部位。在隧道实际防排水问题调查中发现，几乎所有整体浇筑隧道的中隔墙均会出现不同程度的渗漏水问题，也是渗漏水灾害发生概率最大位置，危害程度也最为严重。

2）三缝位置

三缝是指整体浇筑隧道结构的施工缝、变形缝及沉降缝，由于三缝位置受施工技术和质量的影响，是隧道防渗最为薄弱的环节。因此，三缝位置是发生渗漏水危害较多的部位，特别是靠山体内侧的隧道边墙施工结构缝位置，其渗漏水现象较为明显。

3）隧道衬砌裂缝位置

一旦隧道结构内部有裂缝开展时，必定会伴随相应的渗漏水出现。整体浇筑隧道结构如果存在浅埋、偏压、围岩施工条件较差，以及施工外部扰动较多等不利因素时，均可能造成隧道结构开裂现象，引发隧道渗漏水问题。

3. 洞口段及地表防排水控制措施

隧道洞口段多为浅埋、偏压隧道，而且围岩破碎程度较大，岩体渗透能力较强，给隧道渗漏水提供了许多通道，所以对隧道洞口段及地表进行防排水综合处理就显得十分重要。然而，受隧道工程设计、施工等传统理念的制约，这些部位的综合防排水处理没有引起相关设计人员和施工技术人员的重视，从而给隧道后期运营发展埋下很多安全隐患。为了提高隧道洞口段综合防排水质量水平，在进行隧道洞口段及洞顶地表防排水工程施工时，应该结合工程实际情况，采取合理的施工质量控制措施。当地表出现沟谷、坑洼积水及渗水等对隧道防排水施工有影响的因素时，宜采用疏导、沟补及回填土找平等质量控制措施进行渗漏水治理防护。隧道、辅助坑道及明洞洞口应设置合理的截水沟和排水沟，并在防排水工程施工时，在洞口边坡、仰坡等处应采取相应防护措施，以防止地表水下渗和冲刷现象影响施工质量。总之，在洞口段及洞顶地表防排水施工时，其质量控制目标就是通过合理的技术方案措施，减少地表水在洞口段及洞顶汇聚渗流进入隧道内部，并防止洞口处的地表水出现倒灌现象。

4. 主体结构防排水质量控制

在进行主体结构防排水工程质量控制管理时，隧道防排水技术设计方案要结合工程实际情况，对水压进行充分估计分析，防止隧道后期运营出现水压过大，防排水措施出现性能衰竭或局部破坏失效等问题；加强防排水工程现场施工质量监督管理，防止因衬砌混凝土背后空洞、回填密实度低及防水层施工质量差等导致隧道主体结构防排水系统发挥不出其应有的功能水平，出现整体失效等严重问题。对于整体浇筑隧道中隔墙，防排水工程施工质量控制管理要确保施工方案、施工手段等的科学合理性，防止出现施工不当、“偷工减料”等问题引起隧道发生严重渗漏水现象，按照精细施工原则保证整个隧道防排水系统具有较高的技术水平。

5. 隧道防排水工程安装

防排水工程是一个系统工程，各个施工步骤和环节之间必须做到设计合理、衔接顺畅、技术精准，否则会导致隧道后期水害治理需要高额成本。

1）排水系统及防水材料铺设要求

将墙体渗透水引流排出。在初次支护与二次衬砌之间设置防水板和土工布，根据地下水情况，纵向每隔 5 ~ 10 m 环向设置“Ω”形排水半管，排水沟与两侧排水管横向连通，隧道内沿两边全程设置排水沟，把水引入横向排水管，使其流入排水沟排出洞外。

铺设复合式防水板宜在专用台车上进行，上部采用现场使用的钢管或槽钢弯制成与隧道拱部形状相似的支撑架，用丝杠与台架连接，以便升降。施工时先铺设土工布，用射钉将土工布固定牢固。

悬承顺序按照“先拱后墙，由上而下”进行，考虑到拱部受力较大及悬承铁丝有一定弹性，拱顶及两侧拱脚各设两道 $\phi 6$ 的圆钢悬承。

相邻环向防水板间的搭接缝，采用 15 cm 宽的三合板置于锚喷面上与前一组防水板端头作为黏（焊）接平面垫板，边黏（焊）边沿环向移动三合板，黏（焊）完成后撤出三合板旋转丝杠，下降支撑架，放掉囊中空气，取走气囊，本循环防水层铺设完成。

2）防水板洞外下料及黏（焊）接要求

防水板按环向进行铺设，根据开挖方法、设计断面、规范规定的搭接尺寸及一个循环的长度来确定防水板的下料尺寸，将剪裁好的防水板平铺，按规范要求搭接，再黏（焊）接成一个循环所需要的防水板，对黏（焊）接好的防水板进行抽样检查，合格后将一个循环的防水板卷成筒状待用。防水板的铺设要求如下：

（1）将防水板铺设台架于作业段安装就位；

（2）沿隧道拱顶中心线纵向铺设尚未充气的气囊；

（3）支撑架气囊上纵向铺设悬承用的8号钢丝；

（4）将卷成筒状的一个作业循环长度防水板置于支架中央；

（5）放开防水板使之自由垂落在支撑架两侧，然后用同样的方法铺设土工布滤层，并与防水板密切叠合后整体铺设；

（6）旋转丝杠将支撑架升起，使防水板及滤层尽量贴紧隧道壁面；

（7）给气囊充气；

（8）卸掉上一循环固定悬承拉线的膨胀螺栓，将上一循环的拉丝钢丝与本循环的悬承拉线逐根相连，张拉钢丝将防水层与壁面贴紧，然后将悬承钢丝的另一端固定在临时膨胀螺栓上，重复(1)～(7)步进行下一循环的防水板铺设。

3.3 隧道防排水设计及规范要求

隧道防排水效果对衬砌结构的使用寿命、隧道运营环境等都将产生重要影响。因此，防排水措施需根据实际工程情况进行设计和选择，增强隧道防排水效果。

3.3.1 隧道防排水对结构使用寿命的影响

结构的使用寿命定义为结构在正常使用和正常维护条件下，具有其预定使用功能的时间。隧道若发生渗漏现象，不仅会对隧道结构外观、结构安全产生一定的影响，而且还会破坏运营环境，使得隧道交通的安全性大大降低。目前，混凝土结构耐久性预测和评估主要有以下几种准则：

（1）碳化寿命准则，该准则是以钢筋保护层碳化后使钢筋产生锈蚀的时间作为结构的寿命；

（2）锈胀开裂寿命准则，该准则是以混凝土表面出现顺筋锈胀裂缝所需时间作为结构的寿命；

（3）裂缝宽度和钢筋锈蚀量限值寿命准则，该准则是以锈胀裂缝宽度或钢筋锈蚀量达到某一限值所需时间作为结构的寿命；

（4）承载力寿命准则，该准则是以构件承载力降低到某一限值的时间作为结构的寿命。

地下水为衬砌混凝土碳化及钢筋锈蚀影响的直接因素。混凝土碳化的主要危害是引起钢筋锈蚀问题，降低混凝土结构的承载能力。水化反应生成的强碱性物质可以使钢筋表面形成一层钝化膜，碳化过程使混凝土的碱性降低，钝化膜被活化，钢筋失去保护，开始锈蚀，进而影响结构寿命。同时，混凝土结构碳化后，混凝土的抗压强度降低，混凝土材料之间的聚合力消失，在地下水的侵蚀和冲刷下，碳化混凝土被带走，结构表面出现凹凸不平现象，应力集中严重，衬砌结构的承载能力随之下降，最终导致结构破坏。

1. 钢筋锈蚀作用

钢筋锈蚀的主要形式有钢筋表面的氧化反应和电化学腐蚀两类，其反应过程见第二章地下水与混凝土的化学作用。电化学发生反应必须具备以下 3 个条件：

（1）钢筋表面存在电位差，构成腐蚀电池；

（2）钢筋表面的钝化膜破坏，处于活化状态；

（3）钢筋表面有腐蚀反应所需的水和溶解氧。

由于钢筋本身材质的不均匀和混凝土物质分布的非均一性，钢筋表面的电位差很容易产生。空气中的水和溶解氧也可以通过混凝土内部的空隙渗透到钢筋表面，加之由于碳化过程，使钢筋表面的钝化膜失去高碱性环境，逐渐活化。钢筋锈蚀所需要的几种条件综合作用，使电化学腐蚀成为可能，进而削弱结构耐久性。

2. 钢筋锈蚀对结构寿命及耐久性影响

钢筋锈蚀会很大程度地削弱截面的承载力，是引起结构耐久性损伤的最主要因素，其损伤的机理主要体现在 3 个方面：

（1）钢筋锈蚀使钢筋材料本身的强度降低，并使其有效截面缩小；

（2）钢筋锈蚀的产物质地疏松，引起钢筋的体积膨胀，使混凝土保护层受胀破坏，产生裂缝，减小了混凝土截面有效高度；

（3）钢筋锈蚀使钢筋与混凝土之间的锚固力下降，力的传递受到影响。

钢筋锈蚀造成的损伤效应共同作用，使结构的承载力受到很大影响。荷载效应作用在损伤截面，加速了结构的破坏，如钢筋锈蚀引起混凝土裂缝加宽，钢筋锈蚀速度加快，呈现出恶性循环。最终，混凝土结构的耐久性会在钢筋锈蚀的作用下彻底失效，结构的安全使用寿命终结。结构耐久性损伤过程如图 3.2 所示。

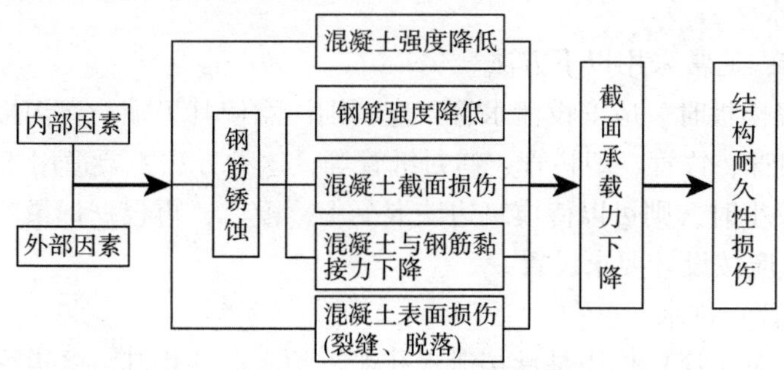

图 3.2 结构耐久性损伤过程

3.3.2 隧道防排水分类及特点

隧道防排水技术主要有3种类型，一是从围岩、结构和附加防水层着手“以防为主”的水密型防水；二是从疏水、泄水着手“以排为主”的泄水型或引流自排型防水；三是防排结合的混合型防水。目前，国内外隧道防排水处理方法主要为排水法、堵水法和堵排结合法。隧道防排水应采取结构防水与外防水相结合、材料防水与构造防水相结合、土建工程施工与防水工程施工相互配合的原则进行。

1. 排水法

排水法指人为设置排水系统，将地下水排出隧道。常用的排水设施有盲管（沟）、泄水孔、排水沟（管）。其排水过程为水从围岩裂隙进入衬砌背后的盲沟，盲沟下接泄水孔（泄水孔穿过衬砌边墙下部），水从泄水孔泄出后，进入隧道内的纵向排水沟，并经纵向排水沟排出洞外。

1）盲管（沟）排水

盲管又称塑料盲管、渗排水盲管或盲沟，渗排水盲管是将热塑性合成树脂加热熔化后通过喷嘴挤压出纤维丝叠置在一起，并将其在相接点熔结而成的三维立体多孔材料。在材料外包裹土工布作为滤膜，具有多种尺寸规格。

盲沟（管）施作注意事项：

（1）安装时，应将盲沟与岩壁尽量密贴固定；

（2）喷射混凝土时要注意喷射角度和距离，不要把盲沟冲击损伤或冲掉，并尽可能将其压牢或覆盖；

（3）对于没有覆盖层保护的盲沟，模筑衬砌混凝土时，应注意避免使水泥砂浆进入盲沟内，以免阻塞渗水通道；

（4）务必要将盲沟接入泄水孔，若采用模筑后钻孔泄水，则应详细准确记录盲沟位置。

由上可知，防排水措施选择应充分考虑实际的渗漏水情形，可以分次逐步解决。喷混凝土时要尽量将渗漏范围压缩为局部出水，然后再结合模筑混凝土衬砌施作有组织排水设施，实现彻底治水。

2）泄水孔排水

泄水孔的施作，通常采用以下方法。

（1）在立边墙模板时，应安设泄水管，应特别注意使其里端与盲沟接通，外端穿过模板，泄水管可用钢管、竹管、塑料管、蜡封纸管等，这种方法主要适用于水量较大时。

（2）当水量较小时，则可以待模筑边墙混凝土拆模后，再根据记录的盲沟位置钻泄水孔，泄水孔的位置应按设计要求设置。

3）排水沟（管）排水

隧道内的排水沟（管）作用是承接泄水孔泄出的水，并将其沿隧道纵向排出。隧道排水沟有单侧、双侧和中心式布置形式，排水沟的布置形式、截面尺寸和纵向坡度需根据水量大小、线路坡度和路面构造要求等因素确定。

排水沟的施作通常与底板混凝土同时模筑，设计有仰拱，为了保证水沟的整体性，防止水下渗影响地基，排水沟的施作需与隧道底部填充混凝土同时施作。

4）凿槽排水法

凿槽排水法主要用于拱、墙单点线流、股流、射流等水量较大而不易用堵水措施处理的渗漏部位。其方法是从渗水点起凿槽，在槽中设置聚氯乙烯管或塑料排水板，外用防水砂浆封闭，将地下水引入隧道排水管。

2. 堵水法

以前的隧道防排水措施多采用“以排为主”的方法，但是隧道长期排水会带来环境问题，特别是对于富水地层尤其严重，如隧道排水易引起地下水位下降，从而导致山上植被枯萎、山体表面沉降及山体滑坡等一系列地质灾害和环境问题。此外，由于地下水位下降，当地居民的生活用水也会受到影响。近年来，地下水排放处理多采用“以堵为主”的方式，尽量降低隧道开挖对地下水环境的影响。

1）注浆堵水

注浆是隧道堵水处理最常用的方法，通过钻孔将浆液灌注到地层中，浆液凝固后充填裂隙和孔隙，并使原来软弱地层得到胶结，形成挡水帷幕，截断渗漏通道。灌浆浆液主要有水泥基类浆液、化学浆液和复合浆液。水泥基类灌浆材料结石体强度高、材料来源广、价格低、运输和贮存方便、灌浆工艺简单，是灌浆工程中应用最广泛的基本灌浆材料。但是，纯水泥浆凝结时间长，易被水流稀释、冲走，堵漏时浪费严重。化学灌浆材料可灌性高，浆液的胶凝时间可根据工程需要进行调节，且部分材料可直接与水反应产生凝胶，如聚氨酯等，适用于有流动水部位的防渗堵漏。但是，化学灌浆材料价格较贵，施工工艺要求较高，用于宽大裂隙地层堵漏其成本很高。水泥膏浆具有水下不分散、自堆积及良好的抗水流冲击性能，较适合于宽大裂隙地层的堵漏，已在多个大坝及桥墩围堰堵漏工程中得到成功应用。

防水堵漏纳米微分子注浆新工艺，适用于高速公路隧道、海底隧道、过江隧道、输水隧道、铁路隧道工程的大体积混凝土裂缝漏水封堵，它是以微生物化工原料为主剂的多种化学材料配制成的 A、B 两种液体，采用特定的高压器具等量注入渗漏部位，使裂缝填补充实，达到堵漏的目的。

2）塑料板防水

当围岩有大面积裂隙滴水、流水，且水量压力不太大时，可在初次支护喷射混凝土等施作完毕后，二次衬砌施作前，铺设大面积塑料板堵水。塑料板厚度一般为 1.2 mm，塑料板铺设固定时不能绷得太紧，要预留一定的松弛度，使得在浇筑二次衬砌混凝土时，塑料板能向凹处变形，避免产生过度张拉而破坏。

塑料板防水层是近十多年国际上发展起来的一项新防水技术，它具有优良的防水性能和耐腐蚀性能，在隧道及地下工程中得到了日益广泛的应用。

3）分区隔离防水

当隧道穿越地层范围大、地下水的埋藏条件复杂时，往往会出现同一座隧道中的不同区段地下水出露差异很大的情况。在目前隧道工程中，尤其在运营隧道的防水维修中，已采用“分区隔离防排水技术”，即在隧道长度方向将地下水分区隔离，并针对富水地段，重点采取有效的防排水措施，提高全隧道防水效果，降低防排水成本。

分隔区段的长度应根据地下水在洞内出露的范围和水量的大小确定，富水地段可按二次衬砌段长度分区，分区段采用带注浆管的背贴式止水带，发生渗漏水时可进行注浆。采用分区防水的区段，注浆顺序为先进行拱顶处回填注浆，再进行背贴式止水带上软管注浆，最后进行分区的注浆嘴注浆。

4）模筑混凝土衬砌防水

模筑混凝土本身就具有一定的抗渗阻水性能，但普通混凝土的抗渗性较差，尤其是在施工质量不高的情况下更易引起渗漏、漫流等现象，如振捣不密实、三缝（施工缝、沉降缝和伸缩缝）处理不好、配比不当等。当地下水有侵蚀性时，对抗渗效果不好的混凝土的腐蚀就更为严重。

如果能保证混凝土衬砌的抗渗防水性能，则不需要另外增加其他防水堵水措施。因此，充分利用混凝土衬砌的防水性能，是最基本的经济防水措施。

3. 其他方法

由于实际工程的复杂性，一些常规方法无法完全处理渗水情况，需要根据实际情况采取不同的处理方法。

1）表面封闭法

表面封闭法就是在需防水的表面铺一层防水层进行隔离和封闭。常用的做法为：先用聚氨酯防水橡胶进行表面处理，再沿裂缝铺设一定厚度的橡胶膜即可。

2）凿缝填充法

凿缝填充法一般沿裂缝凿成“V”形槽，再填充一些防水和补强材料。此法只适用于自身强度低，且有高延伸率、弹性及高黏结力的填灌材料；否则，材料与衬砌的黏结界面就会破坏，失去防水效果。我国常见防水堵漏材料有防水卷材、防水涂料、密封材料及防渗堵漏材料等。

除上述处理方法以外，还有黏结钢板法、增加截面法、预应力张拉补强法等。

3.3.3 隧道防排水技术规范及其要点

隧道防排水设计及施工必须符合相关规范要求，其防排水参数的选择应合理合规。

1. 隧道防水技术规范要点

隧道防水技术规范要点如下：

（1）隧道防水应充分利用混凝土自防水能力，其抗渗等级不得低于P6，并根据需要采用防水混凝土、防水层及其他防水措施等；

（2）隧道地表沟谷和坑洼的积水、渗水对隧道有影响时，宜采用疏导、勾补、铺砌和填平等措施，废弃的坑洞、钻孔等应填实封闭，防止地表水下渗；

（3）当隧道附近的水库、池沼、溪流、井泉水有可能渗入隧道从而影响农田灌溉及生活用水时，应采取相应措施进行处理；

（4）围岩破碎、渗水、易坍塌地段宜采用注浆防水措施，且在注浆地段应采取防止排水设施堵塞的措施；

（5）在初次支护与二次衬砌之间宜设置防水板或系统盲管（沟）；

（6）施工缝、变形缝应采取可靠的堵排防水措施；

(7) 侵蚀性地下水应针对其侵蚀类型、采用抗侵蚀性混凝土、压注抗侵蚀浆液或铺设防水、防蚀层；

(8) 隧道电气化区段接触网支架、照明灯具支架等孔眼、应作防水处理；

(9) 隧道衬砌结构中的埋设件宜预埋。

2. 隧道排水技术规范要点

隧道排水技术规范要点如下：

(1) 隧道、明洞、辅助坑道宜采用自流排水，并应防止由于排水危及地面建筑物和农田水利设施等；

(2) 通向江、河、湖、海的排水口高程低于洪水位时，应采取防倒灌措施。

隧道排水应符合下列规定：

(1) 隧道内纵向应设排水沟，横向应设排水坡；

(2) 围岩地下水出露处，宜在衬砌背后设竖向盲管（沟）或排水管（槽）、集水钻孔等，引排地下水；对于颗粒易流失的围岩，不宜采用集中疏导排水；

(3) 必要时可根据工程地质和水文地质条件，在衬砌背后设环向盲管（沟）、纵向盲管（沟）和隧底盲管（沟），组成完整的排水系统；

(4) 对于地下水发育、含水层明显、有长期补给来源的隧道，其洞内水量较大，可根据情况利用辅助坑道或设置泄水洞等截、排水设施；

(5) 采用锚喷式衬砌的地段，当局部渗漏水时，应在喷锚前采取措施将水引离排除；

(6) 盲管（沟）应具有一定的弹性且透水性好，能承受大于0.5 MPa的压力，并且不易锈蚀。

3.3.4 隧道防排水设计要求

隧道防排水设计应满足规范要求，在无现场勘察或试验数据时，应根据规范选取相应防排水参数。

1. 隧道防排水设计原则与要求

隧道防排水工程是一个复杂的有机联系的系统工程，无论是设计、施工还是运营过程中的任何细小的疏忽或缺陷，都可能造成隧道防排水失败。因此，隧道防排水工程应当合理设计、精心施工和有效养护。针对公路隧道的防排水要求和目前公路隧道普遍出现的渗漏水情况，隧道防排水应遵循“防、排、截、堵结合，因地制宜，综合治理”的原则，保证隧道结构和运营设备的正常使用和安全。

为了保证公路隧道结构安全和必需的运营条件，我国《公路隧道设计规范 第一册 土建工程》(JTG 3370.1—2018) 规定，公路隧道应达到下列防水要求：高速公路、一级公路、二级公路隧道防排水应做到拱部、边墙、路面、设备箱洞不渗水，有冻害地段的隧道衬砌背后不积水，排水沟不冻结，车行横洞、人行横洞等服务通道拱部不滴水，边墙不淌水。

2. 洞外及洞门防排水设计

1) 洞外防排水设计

洞外防排水设计是指设计合理的隧道洞外地表水防排水措施，防止地表水下渗或向隧道洞口汇集。

（1）洞顶地表处理。隧道要求重视防止地表水的下渗，其处理措施为填充、铺砌、勾补、抹面等。对洞坑穴、钻孔等均应采用防水材料充填，使其密实封闭，隧道进出口段地表一定范围采用注浆加固措施。

（2）洞顶截水沟（天沟）。洞顶截水沟是修筑在距洞门边仰坡一定距离外，环抱隧道洞门的截水沟。洞顶截水沟的主要目的是截断洞口边仰坡地表水来源，防止地表水冲刷边仰坡和洞门区域。截水沟一般采用浆砌片石铺砌，厚度大于 30 cm。

截水沟设计应满足以下要求。

①截水沟设于边仰坡坡顶以外大于 5 m 处，截水沟一般沿等高线向路线一侧或两侧排水。

②截水沟坡度根据地形设置，且大于 0.5%，以免淤积。当纵坡过陡时，应设置急流槽或跌水连接。一般在地面自然坡度陡于 1∶1 时，截水沟应做成阶梯式，以减少冲刷。土质地段水沟纵坡大于 20% 或石质地段水沟纵坡大于 40% 时，应设置抗滑基座，以确保纵向稳定。

③截水沟长度应使边仰坡坡面不受冲刷为宜，下游应将水引至适当地点排泄，避免冲刷山体。流量较大时，不宜将水引入路基排水边沟排泄，应根据地形将水引至附近沟谷或涵洞排泄。

2）明洞防排水

相对于隧道暗洞，明洞防排水条件要优越得多。一方面，明洞属于明挖回填结构，可以在渗水迎水面（衬砌结构外侧）设置防水层，其施作条件和防水效果要好得多；另一方面，明洞回填材料和方式可以人为控制，从而也能控制回填后明洞洞周的地下水流量和路径。

在控制明洞洞周地下水方面，防排水措施主要有以下几点。

①明洞开挖边坡以外应设置截水沟，其沟底坡度与路线一致且大于 5%，条件允许时可在山坡较低一侧拉槽排水。洞顶截水沟一般采用矩形或梯形断面，浆砌片石厚度大于 30 cm，以防冲刷。

②洞顶回填土石表面一般应铺设黏土隔水层，且应与边坡搭接良好，以防地表水渗入。隔水层表面种草防护，可防雨水冲刷。

③明洞回填前和回填过程中，可在回填土石底层或层间埋设排水盲管（盲沟），引流渗水，防止地表水下渗后在回填土石中滞留积蓄，增大水压和明洞荷载。应注意上坡隧道排水盲管（盲沟）流出通道。

在结构性防水方面，明洞防排水应采取以下措施：

①明洞外缘防水采用全断面铺设土工布、防水板，接缝采用双焊缝热融黏结技术；

②在明洞与暗洞搭接处，采取可靠的变形缝防水措施，设计采用中埋式止水带防水，并在明暗交接处设置 PE 500 排水板。

3）洞门截排水

洞门截排水的主要目的是截流洞口边仰坡漫流下来的地表水，防止水流在洞门处下渗或冲刷洞门结构，影响洞门美观、结构安全和行车安全，采取的主要措施为：

①削竹式洞门应沿洞脸环向设置高度大于30 cm厚的钢筋混凝土帽石，沿洞门环框内侧隧道壁面设置滴水线，以防雨水漫流影响美观；

②对于带有翼墙的各类隧道洞门及明洞洞门，洞口仰坡坡脚至洞门墙背的水平距离大于150 cm，洞门翼墙与仰坡之间水沟的沟底至衬砌拱顶外缘的高度大于100 cm，洞门墙顶应高出仰坡坡脚0.5 m以上。

3. 洞内防排水设计

隧道洞内防排水设计可以分成洞内防水设计和洞内排水设计。隧道洞内防水措施主要包括围岩注浆堵水、复合防水层防水和衬砌混凝土防水；洞内排水措施主要有紧贴岩面和初支表面的排水半管排水、纵向排水管、横向排水管和路基路面排水系统。

1）洞内防水设计

（1）围岩注浆。围岩注浆堵水即在实际开挖中，对大量的线状淋水、股状突水和涌水等富水区段向地层灌注浆液，封堵地层中的渗水裂隙，减少围岩流向隧道的渗水。围岩注浆堵水既可以在隧道开挖前从地表钻孔实施，又可以在隧道开挖后通过径向或超前向围岩钻孔注浆来完成。

围岩注浆主要适用长大隧道，以及由于地下水位低于洞身无大量线状淋水、股状突水和涌水等现象的中、短隧道。

堵水压浆宜优先选用料源广、价格便宜的单液水泥浆和水泥-水玻璃浆。

布孔注浆前必须先在透水中心打泄水孔，再从周边往中心逐步注浆，最后封孔。布孔注浆范围在透水周边应加宽1～1.5 m。若注浆过程中由于裂隙原因造成透水范围扩大，注浆范围也要相应扩大。

（2）复合式防水层。采用复合式防水层是复合式衬砌隧道防排水的核心内容。防水层由防水板及土工布组成。防水板的作用是将地层渗水拒于二次衬砌之外，以免水与二次衬砌接触并通过二次衬砌中的薄弱环节渗入隧道。土工布的主要作用是保护防水板，使防水板免遭尖锐物的刺伤。

防水层必须符合国标《聚氯乙烯（PVC）防水卷材》（GB 12952—2011）中各项指标的要求，尽量采用宽幅高分子柔性防水卷材，幅宽5～8 m为宜，以减少接缝。防水层搭接宽度大于或等于100 mm，采用自动爬焊机械双焊缝热融黏结技术，结合部位采用真空加压检测，标准是在0.2 MPa压力作用下5 min之内大于0.16 MPa。

（3）变形缝和施工缝处理。一般情况下，只要复合式防水层施工规范，衬砌混凝土施工质量达到要求，渗漏水一般不容易直接穿透混凝土而进入隧道洞内。因此，混凝土衬砌中的各类变形缝和施工缝往往是防水薄弱环节，因而需要进行特殊处理。

目前常用的处理措施是在变形缝设置止水带，在施工缝处设置膨胀橡胶条，如图3.3所示。

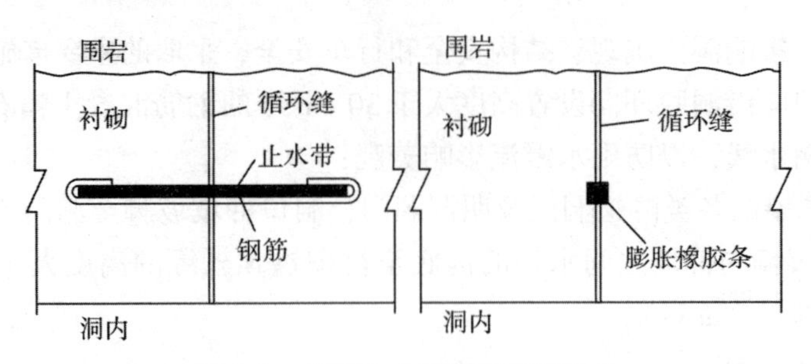

图 3.3　设置止水带与膨胀橡胶条

止水带、膨胀橡胶条应尽量安装在衬砌厚度的中间。止水带安装应平直且垂直于工作缝，两端埋设牢固、可靠；膨胀橡胶条在安装前应采取缓膨胀处理措施，避免施工过程中提前膨胀导致防水失败，安装应牢固、可靠。

止水带、膨胀橡胶条在地面建筑领域内应用效果较好，但在隧道工程中的应用效果并不理想，其主要原因是隧道衬砌的变形缝、施工缝大多为竖直方向，止水带和膨胀橡胶条安装固定困难，安装缺陷较普遍，封堵的地下水缺乏排泄通道。当水压升高时，地下水总能通过缺陷位置等薄弱环节渗出，这是导致隧道渗漏灾害多发的重要原因之一。因此，目前工程界一直在尝试一些新的工作缝处理方法，如变形缝中采用可排水复合橡胶止水带和施工缝中采用 P-201 止水胶。

可排水复合橡胶止水带是一种新型止水带，能对渗水进行“先排后堵”，它由绕道、翼缘、膨胀橡胶条和止浆滤水带组成，如图 3.4 所示。

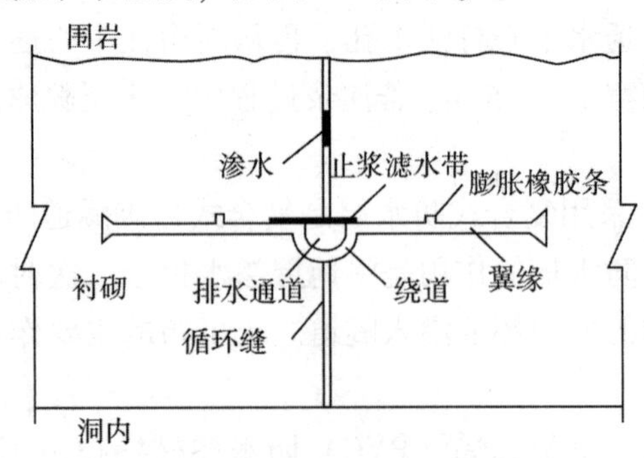

图 3.4　可排水复合橡胶止水带

其中绕道和翼缘构成止水带主体，止浆滤水带粘贴在翼缘上并与绕道形成排水通道。可排水复合橡胶止水带为内置式止水带，设置在衬砌厚度的中间，横断衬砌环向施工缝。当环向施工缝内出现渗水时，渗水沿环向施工缝流至止浆滤水带。由于止浆滤水带可透水，渗水很容易进入排水通道，进而排入隧道的下部排水系统。如果部分渗水在穿越止浆滤水带时沿止水带与混凝土之间的间隙横向流动，则会遇到粘贴在止水带翼缘上的遇水膨胀橡胶条的阻挡，遇水膨胀橡胶条遇水后膨胀，使止水带翼缘与混凝土之间的间隙密实，渗水沿横向流动阻力增大，从而提高了止水带的止水能力。为了使可排水复合橡胶止水带的下排水顺畅流入隧道的排水系统，衬砌环向施工缝下部必须有相应的排水构造（见图 3.5）。在衬砌基础内，每道环向施工缝的下方设置一条弹簧排水管，弹簧排水管的下端与纵向排水盲管相通，上端弯折在止水带安装槽内。当止水带下端与弹簧排水管接通后，止水带内的下排水就会顺利流入隧道的纵向排水盲管，并由其排出，从而实现止水带的无压止水。

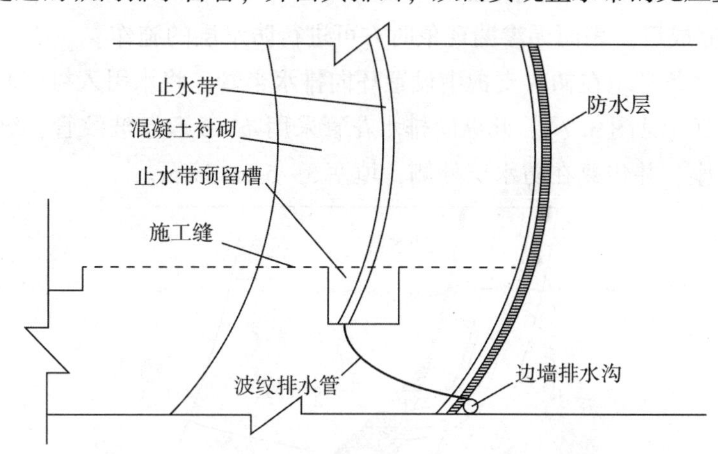

图3.5 可排水复合橡胶止水带的排水系统设置

2）洞内排水系统设计

隧道防水措施应层层设防，每一道防水措施都作为前一道防水措施失效的补救措施，同时也为后续防水措施减轻压力。而排水系统则是一个互相关联的整体系统，系统的每一个环节都能决定整个排水系统的成败。因而，排水系统应当设计成一个完整的、搭接可靠的、排水通畅的系统。山岭公路隧道排水系统主要由排水半管、纵向排水花管、横向排水管、中心排水沟（管）构成。

（1）排水半管。排水半管须满足要求：其强度能承受喷射混凝土的冲击力及二次衬砌浇筑挤压力而不损坏、变形；纵向具有柔软可弯折的特点，以适应围岩变形及喷射混凝土表面不平整。采用这种特殊的弹簧排水管，可以方便地实现喷层内排水（见图3.6）。

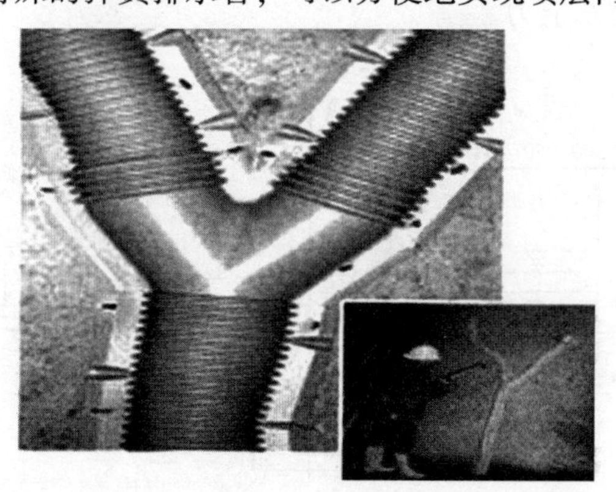

图3.6 排水半管

排水半管施工注意事项如下：

①排水半管施作在初次支护表面；

②在其表面渗漏水范围内每纵向3 m间距，无水地段每5 m间距，上、中、下各打$\phi50$的引水孔；

③排水半管外周包裹水泥砂浆及时封闭；

④与隧道衬砌墙脚纵向排水管连通；

⑤初次支护完成后，表面无渗漏现象时方可进行防水层的施作。

（2）纵向排水花管。在初次支护中设置环向排水半管，将水引入衬砌两侧墙脚所设置的纵向排水花管中（见图3.7）。此纵向排水花管采用 ϕ116 双壁波纹管，纵向排水花管设10号素混凝土基座，并包裹在防水层外侧，填塞3～5 cm 碎石。

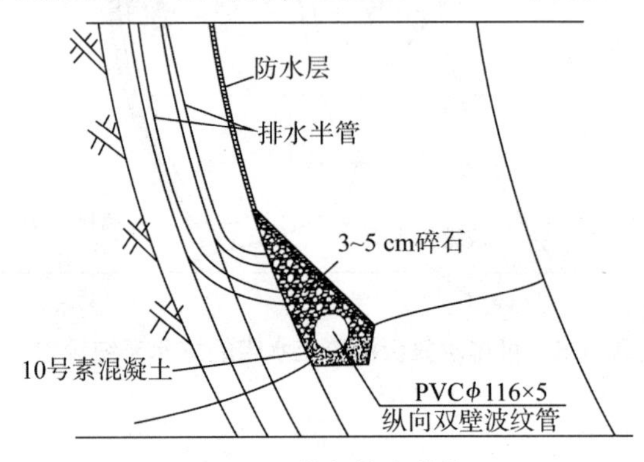

图3.7　纵向排水花管

（3）横向排水管。横向排水管位于衬砌基础和路面的下部（见图3.8），布设方向与隧道轴线垂直，是连接纵向排水花管与中央排水管的水力通道。横向排水管通常为硬质塑料管，施工中先在纵向盲管上预留接头，然后在路面施工前接长至中央排水管。对横向盲管应检查接头是否牢靠、密实，以保证纵向盲管与中央排水管间水路畅通，严防接头处断裂，由纵向盲管排出的水在路面下漫流，造成路面翻浆冒水，影响行车安全；其次，在横向盲管上部应设有一定的缓冲层，以免路面荷载直接对横向盲管施压，造成横向盲管破裂或变形，影响其正常的排水能力。

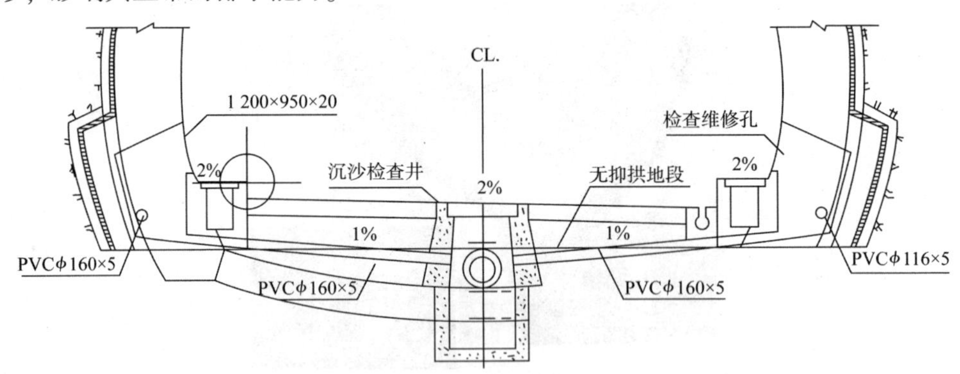

图3.8　横向排水管

（4）中心排水沟（管）。分离式隧道路面下设置中心排水沟（管），集中引排地下水。中心排水沟（管）的尺寸由洞室出水量决定。

中心排水沟（管）采用上半断面打孔的混凝土管，设10号素混凝土基座，填塞3～5 cm 碎石。中心排水沟（管）每隔200 m 设置中心检查井。施工时应注意中心排水沟（管）的出水位置。

（5）路面基层排水。为了预防路面泛水，在路面下设置18（20）cm厚水泥处置碎石排水基层，将水引入路面中心排水沟。

4. 连拱隧道防排水设计

目前，已建成的连拱隧道中隔墙沿水平施工缝出现不同程度的渗漏水问题。为了彻底解决中隔墙渗漏水问题，建议采用复合式中隔墙，即中隔墙分层浇筑。连拱隧道防排水设计与分离式隧道防排水设计基本类似。

施工注意事项如下：

①中隔墙在施工缝、变形缝处预留矩形槽，埋设排水半管将水引入墙角两侧排水花管；

②中隔墙施工缝、变形缝与主洞二次衬砌位置相同；

③墙角两侧排水花管的水引入路基两侧排水边沟。

5. 防水板与止水带施工

1）喷射混凝土

喷射混凝土基面粗糙、凹凸不平及锚杆头外露等对铺设防水层质量有很大影响。因此，防水层铺设前必须对喷射混凝土基面进行处理。

2）喷射混凝土基面要求

喷射混凝土基面要求如下：

（1）喷射混凝土平整度要求（见图3.9）：$D/L\leqslant 1/6$，拱顶$D/L\leqslant 1/8$（L为喷射混凝土相邻两凸面的间距；D为喷射混凝土相邻两凸面间凹进去的深度），否则需进行基面处理；

（2）基面不得有钢筋、凸出的管件等尖锐突出物，否则需进行割除，并在割除部位用砂浆抹成圆曲面，以免防水层被扎破；

（3）隧道断面变化或转弯时的阴角应抹成$R=5$ cm的圆弧；

（4）底板基面要求平整，无大的明显的凹凸起伏；

（5）喷射混凝土强度要求达到设计强度；

（6）防水层施工时基面不得有明水，如有明水应采取封堵或引排措施。

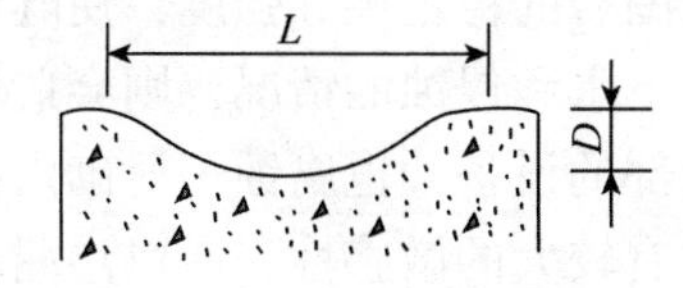

图3.9　喷射混凝土平整度要求

3）喷射混凝土处理要点

防水层钢筋处理如图3.10所示，当有突出钢筋、铁丝时，应按其施工顺序进行处理。

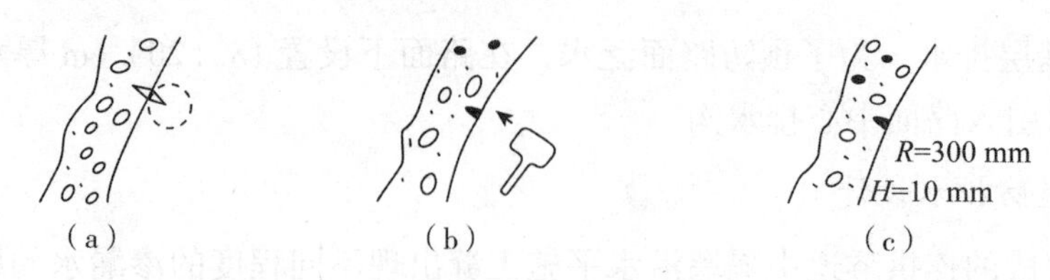

图 3.10　防水层钢筋处理

(a) 切断；(b) 铆平；(c) 砂浆抹平

隧道防排水对结构的使用寿命有重要影响，本章节根据隧道防排水的分类及特点，对隧道防排水的技术规范要求进行了总结和分析，在此基础上提出了隧道防排水设计的具体措施，主要结论如下：

(1) 隧道开挖过程中的涌水问题处理应遵循“防、排、截、堵相结合，因地制宜，综合治理”的基本原则；

(2) 隧道防排水应采取综合手段，才能达到防水堵漏的效果，可分为洞外防排水设计、明洞防排水设计、洞门截排水设计、洞内防排水设计，当各部位防排水设计及施工达到规范要求时，就可以达到隧道整体防排水要求。

隧道防排水技术方法众多，但都遵循“防、排、截、堵，因地制宜，综合治理”的基本原则，如管（沟）-泄水孔-排水沟(管）排水法、注浆堵水法、高压灌浆堵漏法、塑料板防水法、分区隔离防水法、模筑混凝土衬砌防水法等常规方法，特殊情况下可采用表面封闭法、凿缝填充法、黏结钢板法、增加截面法、预应力张拉补强法等特殊方法。

3.4　衬砌渗透常见灾害及处治

隧道漏水形式多种多样，归纳起来有 3 种：面渗漏、点渗漏和缝渗漏。不同类型的渗漏会导致不同程度的危害，隧道渗漏水会让路面潮湿和积水，降低路面和轮胎的附着力，增加安全事故的发生率。长期出现渗漏水现象，会导致隧道被侵蚀破坏。地下水的长期渗流导致泥沙大量流失，从而降低围岩的稳定性和强度，使隧道的衬砌背后出现空洞，威胁结构安全。若围岩的周围出现地下水和侵蚀的情况，则会造成隧道内以及衬砌设备腐蚀的加重。渗漏水不仅腐蚀了隧道内部的设备，也腐蚀了衬砌内的钢筋。由于我国隧道的建设使用了大量的设施，它们都对水有较大的敏感性，所以渗漏现象会降低设备的效率，减少寿命，引发交通事故。寒冷地区也会因此出现隧道冻害，影响隧道的结构安全。冻害会导致衬砌混凝土的开裂、围岩和衬砌之间出现冻胀、拱墙的变形等问题。

3.4.1　隧道衬砌水害诱因

水害发生的成因主要是由于修建隧道破坏了山体原来的水平衡系统，导致隧道成为所在地层周边地下水汇集的主要通道。具体说来可以将隧道水害影响因素分为环境和人为两方面因素，如图 3.11 所示。

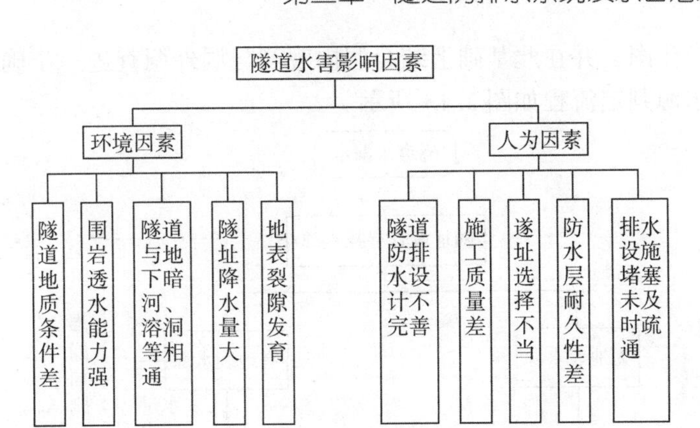

图 3.11 隧道水害的部分影响因素

隧道衬砌结构的水害，主要是存在于隧道围岩的地下水、地表水直接或间接渗漏、涌出，进入了隧道内部，对隧道衬砌结构造成危害。

根据发生水害的部位、实际水流量等，可将灾害分为：拱顶渗水、滴水、漏水成线、成股射流以及仰拱隆起；边墙的漏水灾害则分为渗水、淌水两种；少数隧道甚至存在涌水灾害问题。隧道衬砌渗漏水是隧道水害比较严重的情况，如图 3. 12 所示，可以看到由于隧道渗漏水的发展及恶化，造成衬砌劣化、拱部及侧墙开裂和掉块，并在隧道净空表面留下黑黄色的渗水痕迹，严重影响行车安全和隧道美观。

图 3. 12 隧道衬砌渗漏水

按照水源的补给状况，可将其分成两种：地下水补给和地表水补给。地下水的补给通常有稳定的水资源，其流量受季节变化的影响小；地表水补给流量随当地的季节性变化而变化。

3. 4. 2 隧道水害处治技术

在对隧道进行水害治理时，不能仅对隧道内渗漏水部位采取处治措施，而应在先行密切调查的基础上弄清渗漏水的来源及其渗流路径。隧道内渗漏水的来源主要有地表水和地下水两种途径，相关隧道养护部门应根据平时和雨季隧道漏水量的变化及持续时间来绘制隧道渗漏水水量变化图，并在此基础上结合洞内观测与洞外调查进一步确定隧道渗漏水来源。隧道渗漏水水源判定流程如图 3.13 所示。

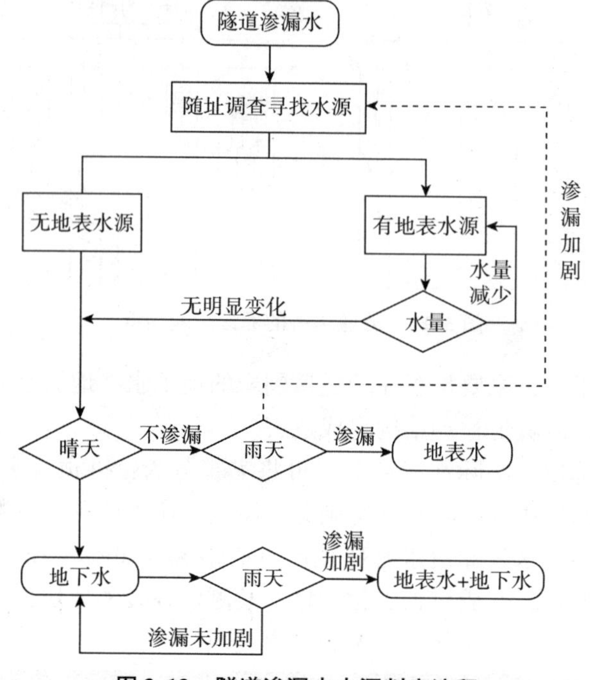

图 3.13　隧道渗漏水水源判定流程

目前对于衬砌水害的整治通常是在原有隧道防排水设施的基础上，通过堵塞衬砌表面孔隙、涂抹防水层和衬砌壁后注浆、增加裂缝导水设施等措施来完善既有的隧道防排水系统。

在整治水害之前，需要详细了解现场的灾害情况，明确灾害的来源，进而采取相应的、有效的隧道整治措施。依据隧道所处地点的地质水文条件、周边环境因素及隧道水害特点等，在水害整治施工中，合理选用防水材料，从而发挥施工简便、质量可靠、牢固耐久、造价低廉等优势。由于隧道内部的通风效果一般较差，因此要求所使用的材料应当无毒无味无污染。隧道作为永久性建筑物，所选用的材料应当具有良好的耐火性能；而对于存在侵蚀性介质的隧道，则需要根据介质的不同，选择相应的耐腐蚀材料。隧道防水和排水应按照“排、防、截、堵相结合”的原则进行综合设计，使洞内、洞口与洞外构成完整的防水、排水系统。对漏水处进行封堵会抬高围岩外侧地下水水位，影响围岩及衬砌的稳定。因此，堵漏前应首先增设排水盲沟；而且，由于堵漏后往往会在其他衬砌地段产生新的漏水眼，也应在堵漏前增设排水盲沟，引出围岩内地下水，再对漏水眼及拱顶裂缝进行封堵。

1. 衬砌渗漏水处置措施

1）大面积渗漏水的处理

对于边墙、地板等部位出现较大面积渗漏水时，应先对渗漏水部位的渗漏点进行调查，根据渗漏范围划分若干作业单元，然后本着“先堵大、后堵小、从上而下”的堵水原则进行施工。对渗漏水量较大部位，先开槽或钻孔将水引出，再将周围水孔眼封闭处理，注浆方法与变形缝、施工缝相同。

在隧道开挖后，若某些局部地方渗水量较大，在这些渗水量较大的区域可采用注浆堵水的方法减小地下水的渗透。为了有相对较好的效果，需要采取必要措施，即强化隧道顶部范围围岩注浆。隧道开挖会使得隧道洞顶围岩渗透性增强，基于此情况，在洞顶渗水区域采用注浆堵水的方法，形成洞顶围岩不易透水的密室体。具体做法为：在水流不断的地段，先采用水玻璃混合水泥（水玻璃：水泥=（0.3～0.5）：1）进行灌浆止水，然后喷射混凝土将散布水流逼向同一点。当隧道水量和水压较大且封堵较困难时，可采取注浆的方式进行处治，隧道注浆封闭示意如图3.14所示。注浆材料对固结强度、抗渗性、黏结力、凝结时间和经济性等有较高要求。一般而言，对于隧道衬砌背后注浆往往采用水泥浆、水泥-水玻璃浆和水泥砂浆等无机材料，而对于衬砌混凝土裂缝的修补往往采用聚氨酯、环氧树脂等化学有机材料。

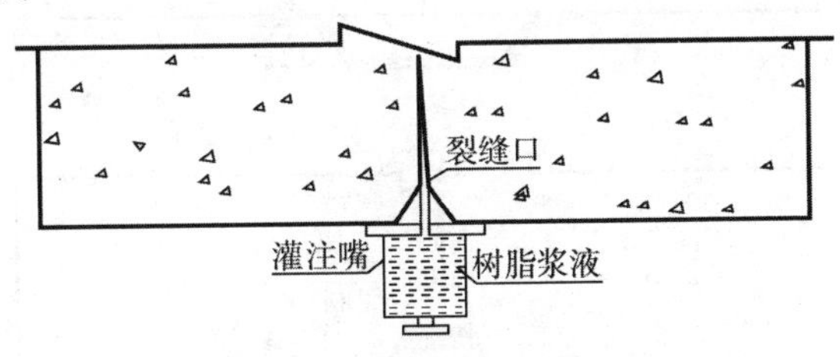

图3.14 隧道注浆封闭示意

当隧道渗漏水面积较大时，通常采用喷涂防水层法来进行处治，如图3.15所示。隧道内常采用的防水层材料主要有EQC双快水泥、防水砂浆、改性沥青、聚氨酯材料等。具体施作方法按漏水范围分为喷射法和涂层法，喷射法适用于漏水范围大、隧道净空允许的条件下，涂层法适用于漏水范围小且与开裂补修并用的情形。

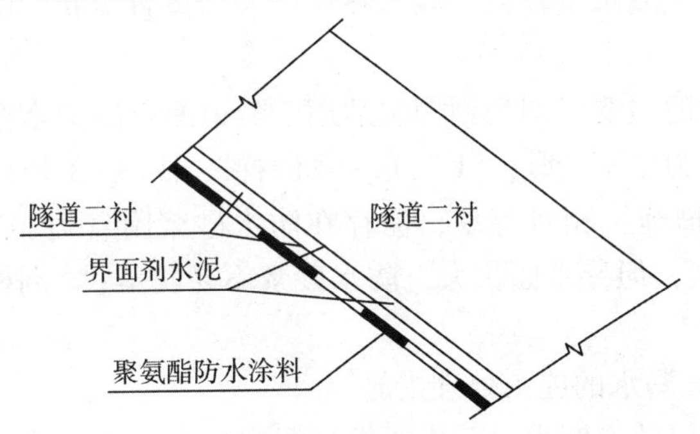

图3.15 隧道喷涂防水层示意

2）孔洞漏水的处理

对于孔洞漏水可采用预埋注浆管或采用风枪钻孔后将缠绕麻丝的20～40 mm的钢管打入孔内的方式，进而采用水泥-水玻璃双液注浆法实施堵水，浆液固化时间可根据涌水量的大小和用浆量的多少进行调整。若注浆后涌水量仍较大，可再实施二次注浆。

当隧道水害不严重、水压较小时，具体表现为滴漏情形，可采用直接堵塞法进行整治，隧道堵塞封闭示意如图3.16所示。堵漏材料可由水泥、砂、粉煤灰和外掺剂等通过一定比例调配而成，外掺剂通常有膨胀剂、速凝剂和防水剂等。

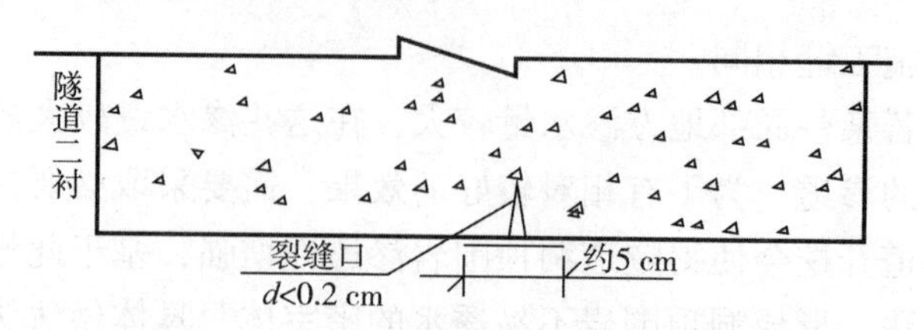

图 3.16 隧道堵塞封闭示意

裂缝导水设施是指将隧道裂缝和衬砌裂缝处的漏水通过衬砌表面辅助排水管导入隧道排水沟的方法，按是否在裂缝处开槽分为导水管法和剔槽法，如图 3.17 所示。

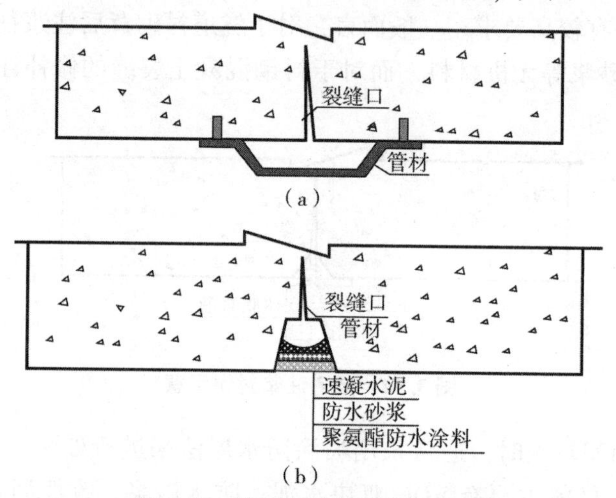

图 3.17 隧道裂缝导水设施示意

(a) 导水管法；(b) 剔槽法

导水管法适用于隧道漏水量较大、漏水在衬砌表面呈直线状且隧道净空有较大富余的情形。

剔槽法与导水管法的主要区别为剔槽法适用于隧道净空断面富余度较小的情形，按衬砌表面剔槽的形状又分为“V”形、“U”形、“倒梯”形等。3 种剔槽断面在实际应用中各有优缺点：“V”形槽施工相对容易，但存在防水砂浆附着力弱和导水断面小的缺点；“U”形槽施工相对麻烦，但导水面积大，防水砂浆不易脱落；“倒梯”形槽介于“V”形槽和“U”形槽之间。

3）变形缝和施工缝漏水的施工处理措施

对于变形缝和施工缝的渗漏水，首先要根据漏水量大小制定堵水方案，其主要操作步骤为：根据渗漏水长度沿混凝土表面开凿成“V”形槽（宽度、深度视渗漏水大小掌握），将槽内残渣冲洗干净，而后将 40 mm 半圆形塑料引水暗槽（薄铁皮弯制也可）置入槽底盖住水流部位，并用水泥速凝胶将两侧固定，再将 12 mm 引水导管（铝管）垂直置于引水暗槽两端，导水管外露长度为 100 mm，同样用水泥速凝胶固定。在确认引水暗槽和导水管固定牢固后，进行注水试验，其目的一是检查有无跑冒浆部位，二是可根据注水量估算浆液用量，以免造成材料浪费。注水试验后，将“V”形槽界面用喷灯烘干，并在基面上涂两遍环氧糠酮浆液，浆液固化后即可进行注浆止水。注浆机具为专用化学电动注浆泵或手提式手压注浆泵，注浆压力控制在 4 ~ 8 MPa。注浆接近结束时，注浆泵压力适当增大并恒定5～10 min，当表针不再回落时，即可结束注浆，并将注浆管迅速用软塞塞住，以免浆液喷出或溢流。注浆完毕72 h后，将外露注浆管用手持砂轮机切除，将“V”形槽用膨胀水泥砂浆填实抹光。

当水流量较大，封堵困难时，可根据渗漏水量在混凝土基面开“V”形槽，将12 mm的铝管（或聚乙烯塑料管）对准漏水点放好，用速凝水泥胶泥将其固定，将水由导管引出，然后进行注浆堵漏及表面修整。对于渗漏水量较小部位，沿渗漏点进行凿除，直到找到准确部位，其长度、深度视具体情况而定。凿除后的部位用速凝水泥胶泥填堵，待水泥凝固并观察不再渗漏后，表面用膨胀水泥砂浆封闭抹平。

2. 衬砌裂损的整治措施

当衬砌发生裂损时，可采用如下方法治理。

（1）直接涂抹法。如果衬砌混凝土的裂缝宽度处于0.2～0.5 mm之间，虽然会破坏隧道整体性与稳定性，但还不能威胁到隧道正常运营，结构的安全性也能够有保障，此情况下，可以采用该方法进行整治。

（2）埋管灌浆法。若隧道衬砌裂缝宽度处于0.2～0.5 mm之间，且存在渗水，可采用埋管灌浆法施工。

（3）凿槽嵌补法。如衬砌混凝土裂缝宽度在0.5～1 mm之间，且无明显的错动和渗水迹象，可采用凿槽嵌补法修补。

（4）套衬补强法。套衬补强法是在隧道二次衬砌表面再次筑建一层衬砌，这样原隧道的厚度必然会增加。因此，为了确保运营安全，采用该方法。套衬补强法通常适用于Ⅳ、Ⅴ级的隧道围岩，由于围岩密度较大，衬砌裂缝的宽度通常在1～5 mm范围内，没有明显的错动迹象。在采用套衬补强法后，可改变衬砌截面的中性轴位置，同时增加了混凝土的厚度，因而提高了衬砌强度、刚度、整体性与稳定性。

（5）锚固注浆法。对于Ⅱ、Ⅲ级的隧道围岩，宽度在1～5 mm的裂缝，由于密度较小，一般采用锚固注浆法实施修补。锚固注浆法主要是利用锚杆将衬砌与围岩固定，同时控制裂缝的进一步扩张。

3. 施作防水层防水

防水层可以有效降低水的渗透。在防水层制作期间，在防水层的一侧喷射混凝土，另一侧是后施工的二次衬砌混凝土。两侧虽然都是混凝土，但是施工工艺不同，粗糙度不同。二次衬砌是人工结构，其整体性较好并且变形较小，而喷射混凝土表面相对要粗糙，变形也大。提高平整度是提高混凝土防水层防水效果的首要条件，对于喷射混凝土而言，必须加强混凝土表面平整度。在防水层铺设前，喷射混凝土不得有锚杆头和外露钢筋，不得有凹凸不平的孔洞和小坑，保证喷射混凝土表面平滑。同时可以采取改性防水板，或者采用较厚的土工布来防止防水层破坏并缓冲围岩压力。

1）排水半管的打孔

在有压隧道防排水系统中采用的排水半管法是我国引进的先进施工技术。主要是在架设支护初期喷射混凝土，每一个相同间距都环向布设一些排水管。施工中发现，排水半管法很难将围岩中的水全部排走，究其原因为围岩中水流无规律且排水半管按固定位置布设。因此，需要改进排水半管法的技术。所谓半管，就是横断面是“Ω”形的排水弹簧管，弹簧弧侧有塑料膜，两侧开口。要求强度能够承受喷射混凝土的冲击力不损坏、不变形且纵向比较柔软，适应围岩变形和喷射混凝土表面不平整。其与井点降水法类似，在岩体中打一口井，井口周围的水会向井口集中，抽取井口的水以降低地下水深度。同样，在设置了排水半管的地方岩体处打一小孔，由于水的毛细作用，孔周围水会向孔口集中，从而达到排水的目的。按照这样的方法，需要在排水半管环向位置设置 8 个左右的等间距孔(也可实际按照隧洞形状灵活安排)，孔深度约为 0.5 m，优化排水半管法的排水作用。对于渗漏水较大较集中的部位，打排水孔、安装排水半管并安装止回阀。止回阀主要就是为了防止排水半管中的介质水倒流回渗水位置，防止泵及驱动电动机反转，保证排水的通畅。

对于顶拱位置，排水甚为重要。封拱混凝土浇筑入口应留在拱顶正中位置，入口间距大约 1.5 m，入口设置止回阀。止回阀规格应根据渗水量大小和压力进行选择。洞内满流时，内水压力作用可使止回阀自动关闭，避免内水外渗；洞内放空时，可使山体水渗漏至洞内。这样可以避免喷射混凝土和围岩因为渗透水而发生垮塌事故，维持围岩和喷射混凝土的压力场效应。比较发现，在围岩相同的条件下，打孔后的排水半管水流量明显大于没有打孔的排水半管水流量，说明排水性能得到了优化。

2）在防水层和衬砌之间设排水管

隧道防排水是层层设防，层层排泄。目前设计中防水层和衬砌之间并没有排水通道，导致排水不畅。所以在围岩渗透量大的地方，在防水层和衬砌之间设置环向排水管。方法比较简单，用土工布包裹带孔的 20 mm 排水管，再用专用胶粘在防水层表面即可。

3）波形排水管

一般纵向排水管坡度与隧洞坡度一致，坡度范围一般为 0.3% ~3%。此坡度容易出现两个问题：一是水流在管中流速慢，特别在低温条件下易结冰，水更没有办法流动；二是施工误差造成排水管两横向之间的纵向排水管下凹，使用后因为泥沙的原因导致流水不畅。针对此问题，可以设置纵向波形排水管，提高水流携带泥沙的能力，减小水堵可能性。

4）合理安排施工工序和施工方法

施工工序的合理安排可以减小渗透水堵，特别是两次喷射混凝土时应将边墙底角的回弹清洗干净，渗透水采用先排后堵的工序，使两次喷射混凝土紧密结合防止渗水。当喷射混凝土初凝和终凝时间太长时，应增加速凝剂的用量，保证喷射混凝土能够快速硬化。对于大面积点渗水形成的喷射混凝土表层龟裂部位的处理，通过试验调整配合比，增加水玻璃等，使喷射混凝土在较短的时间内达到初凝并止水的效果，减少因为此原因导致的其他情况发生。

3.4.3 隧道防渗新技术及其应用

渗漏是长期困扰混凝土隧道工程的一项技术难题，在北方渗漏会因反复冻融使混凝土强度降低，已有不少公路隧道因渗漏和冰冻造成了大量的交通事故和一定的经济损失。目前隧道渗漏水现象已引起国内工程界足够的重视，当下新的防水材料、新的解决方案、新的防水施工工艺的引进和推广应用使隧道防水技术的发展上升到一个新的台阶。尽管如此，仍有不少隧道建成初期出现了一定程度的渗漏，其主要原因是施工中误使防水层破损，围岩中的裂隙水从防水层的裂缝中渗出形成漏水。目前普遍采用的两个新技术为化学灌浆技术和塑性开裂抑制技术。

1. 化学灌浆技术

隧道工程通常都会设计完整的防排水系统，在负向渗水压力较小的情况下，化学灌浆法不失为一种快速、有效的解决办法。化学灌浆法是修补裂缝的常用方法之一，它是通过专用设备，向裂缝中注入高分子化学胶材，使被处理的部位胶结、增强与加固并形成整体，达到防渗、堵漏和加固的目的，化学灌浆的工艺流程如图 3. 18 所示。

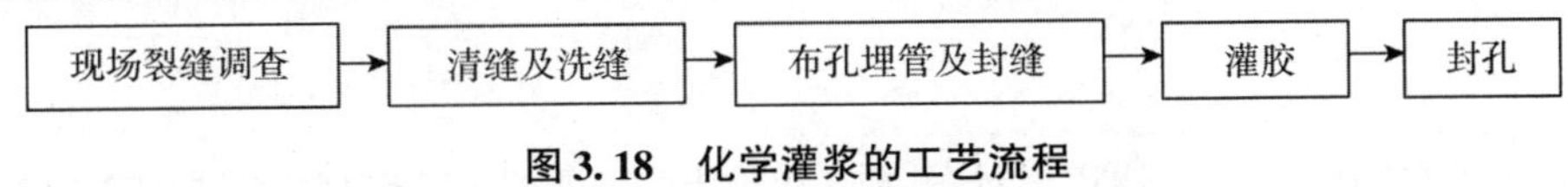

图 3. 18　化学灌浆的工艺流程

当隧道工程建设期出现严重滴漏时，需要提供一种极高性能的负向防渗解决方案，应具备如下要求：

①承受 50 m 深负向渗透压力；

②长效负向抗渗；

③可以在湿混凝土结构表面施工（常见油漆，如环氧、乙烯基类，需要混凝土含水率不大于 6%）；

④涂层同混凝土结合力好，不容易起皮、剥落；

⑤工期极短，要求施工方法及工艺流程简单、快速交付验收及使用；

⑥涂料应当安全、无毒害，确保施工人员的身体健康和人身安全。

2. 塑性开裂抑制技术

以抑制混凝土水分蒸发为目的的养护措施是降低混凝土早期开裂风险并实现其设计性能的关键工序。按照混凝土力学性能的发展，养护可以划分为塑性阶段养护和硬化阶段养护。在塑性阶段，混凝土强度较低，传统的养护方法（洒水、覆膜等）未严格控制使用时，往往会对混凝土表层造成负面影响，而普通养护剂则不能在存在泌水的混凝土表面使用。

3.5　本章小结

本章通过总结分析隧道衬砌结构渗透理论、防排水系统特点、隧道水害处治技术及措施，详细阐述了隧道水害形成的原因和不同原因引起的水害问题所具有的特点。同时结合规范要求，根据不同水害问题提出了合理的治理方法和措施，为隧道衬砌自防水和隧道防排水系统设计提供了合理的建议。

第四章 隧道防水材料及应用

隧道防排水问题一直是隧道设计的重点和难点，不同水环境对隧道结构产生的影响和破坏性不同，治理措施也存在较大差异。针对防排水难题，出现了各种防排水方法和材料。在进行隧道防排水设计时，可以结合具体情况合理选择防水材料进行水害治理，本章就常用的防水材料作简要介绍，为隧道防排水设计提供参考。

4.1 概 述

近几年来，我国新型防水材料发展较快，已有很多质量好、经济适用的防水材料。当前，防水材料已从单一的石油沥青纸胎油毡型产品发展成品种、功能均较齐全的防水材料系列产品，包括改性沥青防水卷材、高分子自粘防水卷材、防水涂料、建筑密封材料、刚性防水堵漏材料等。其中，改性防水油毡卷材发展较快，高分子防水材料也有一定发展规模。发展迅速的防水材料为各种工程的防水堵漏提供了更多的选择。

隧道工程常见防水材料有防水卷材、钠基膨润土（GCL 防水毯）防水涂料、单组份聚氨酯防水涂料、水泥基渗透结晶型防水涂料、密封材料及防渗堵漏材料等，其中防水卷材有石油沥青纸胎油毡，SBS、APP 改性沥青防水卷材等，三元乙丙、PVC、EVA、PE、氯化聚乙烯、氯化聚乙烯橡胶共混等高分子防水卷材发展也较快，但在应用及推广上仍存在一些问题。

4.2 隧道防水材料分类及应用

防水材料在隧道防水中必不可少，且应用广泛。不同防水材料的适用范围和防水效果不尽相同，可根据隧道防水特点和隧道所处围岩水文地质条件进行选用，以达到较好的防水效果。

1. PVC 防水卷材（聚氯乙烯防水卷材）

PVC 防水卷材是近十年来引进开发的一种新型防水卷材，主要原料采用聚氯乙烯，辅以热稳定剂、增强剂、防老剂等，通过高速混合，再经双螺杆挤出机、模具并由三辊机挤出成型，经冷却制得。由于该卷材材料是以聚氯乙烯为主料制成，故其具有极高的拉伸强度、抗老化性能；同时由于使用大量增塑剂，其又具有优异的低温柔性和阻燃性。特别是它可以通过模具的变化而生产出数米宽幅的卷材，从而为防水层减去许多接缝的隐患。聚氯乙烯的热塑性又赋予该卷材可热风焊接和固定的性能，从而解决了一直困扰施工界因胶水性能不佳而引发的渗透漏问题，其特点如下：

（1）拉伸强度高、延伸率大，对基层伸缩或开裂变形的适应性强；

（2）卷材幅面宽、可焊接性好，采用先进的热风焊接技术，即使经数年风化仍可焊接，焊缝牢固可靠；

（3）良好的水蒸气扩散性，冷凝物易排释，基层内的湿气易于排除；

（4）耐根系穿透性，耐化学腐蚀，耐老化；

（5）低温柔性和耐热性好。低温（-20 ℃）时仍可保持良好的柔韧性，高温时不会出现流淌现象；

（6）冷施工、机械化程度高，操作方便；

（7）价格便宜，国产 1.5 mm 厚度约 48 元/m^2，进口 80～85 元/m^2（包括施工安装和各类辅助材料）。

2. EVA 防水卷材

EVA 是目前国内外生产最早的高分子防水卷材，它的相对分子质量为 2 万～5 万，EVA 防水卷材具有优良的柔韧性和弹性，而且抗拉强度高，特别适合隧道工程拱顶内面的铺设，防水效果和耐久性极其理想，而且该卷材经济实惠，安装方便，应用较广。

3. PE 防水卷材

PE 防水卷材采用高密度乙烯为主要原料生产制作，具有无毒、无味、耐腐蚀等特点。制品表面光滑，柔软性好、抗拉强度高，适合隧道、河堤、水池、水渠、垃圾场等工程。

以上三种材料是目前我国在暗挖隧道中应用最广的材料，材料生产工艺基本相同，但由于材质的不同具有不同的使用范围和施工工艺。

PVC 防水卷材材质相对比较柔软，同时低温硬化的影响也相对较小，对不规则断面的防水施工能达到更好的效果。

EVA 防水卷材材质较轻，在暗挖隧道的拱部容易固定，但柔韧性不够，低温下施工容易硬化断裂。同时由于以前没有解决施工中配套固定垫片的问题，一直采用吊带的施工工艺（初次支护时预先安装钉子，把焊接在防水板上的吊带绑在钉子上以固定防水卷材）。目前山岭隧道中基本采用此施工工艺，但其存在穿刺防水卷材隐患。相较而言，PVC 防水卷材采用配套固定垫片施工工艺，但施工时间相对较长。

PE 防水卷材为前几年应用较广的材料，近几年基本被 PVC 和 EVA 材料所代替。3 种材料均可在施工环境相对较差的情况下施工，允许有明水。

4. 钠基膨润土（GCL 防水毯）防水材料

膨润土防水毯是将天然钠基膨润土颗粒填充在织布和非织布之间，采用针刺工艺使膨润土颗粒不能聚集和移动，形成均匀的防水层。该材料遇水膨胀可为原体积的 10～15 倍，在水化状态和足够的静水压力下，膨润土变成阻碍流水的胶凝体，黏结在混凝土、石材、木材等众多材料上，从而实现防水的目的。此胶体具有密实性和排斥性的作用，透水系数 $k=a\times10^{-9}(a=1\sim9)$；钠基膨润土防水材料（以下简称膨润土防水材料）具有自保水性（膨胀后能填补结构体内 2 mm 以内的裂纹，所以具有自我修补性能）和复原性能。

膨润土防水材料的物理、化学性能稳定，并且抗老化、抗腐蚀，具有永久的防水性能和环保性能；其施工简便、工期短、易检测、易修补，可长期应用于地板下和在基础上发挥作用，特别适用于外防内贴防水，已经成为主要的迎水面防水材料。配套材料包括膨润土颗粒、膨润土密封膏、封口压条、水泥钉和铁垫片。

膨润土防水材料特点如下。

（1）优秀的膨胀能力。吸水膨胀后最高可达到自身体积的 15 倍，从而防止了水的流动。

（2）永久性防水性能。采用天然无机材料做防水剂，无性质变化和老化，具有永久性。

（3）防水材料和防水对象（混凝土结构物）一体化。纤维面上用针冲压产生的突出物插入浇筑的混凝土，与混凝土形成一体，结构物的震动或者沉降都不会引起防水材料和结构物的分离，能够继续维持防水性能。

（4）具备自我缺陷补修和治愈性能。在膨润土垫板上产生损伤（孔）时，随着时间的推移膨润土会发生水化作用，在损伤（孔）附近膨润土材料产生膨胀，随时填补修复损伤（孔）部位，具备自我补修、自我治愈能力。

（5）混凝土结构物易于补修。由于膨润土变成阻碍流水的胶凝体使水无法在结构物和防水材料之间流动，即使在防水工程结束后发生问题，只要补修渗漏水部位就可重新获得完美防水性能。

（6）施工简便、工期短。由于膨润土具备膨胀而自动接合的能力，只需简单的搭接即可。立面或斜面施工时，只用钉子和垫圈将防水材料固定在结构物外壁上并按要求搭接即可，不受环境温度的限制，0 ℃以下也可施工。

（7）价格相对便宜。国产 60 元/m^2，母料进口为 85～100 元/m^2（包括施工安装和各类辅助材料）。

该材料虽然具有优良的防水性能，但其在实际施工中仍存在很多问题，目前应用最多的工程一般是人工湖、垃圾填埋场等项目。该材料的缺点如下：

（1）该材料自重非常大，按规范标准为 12 kg/m^2，此重量在断面较小的暗挖隧道中很难施工，适合明挖项目或大断面暗挖隧道；

（2）对基面的要求非常高，不允许有任何明水，如果有明水存在，膨润土防水毯会预膨胀，从而丧失防水层的作用，达不到防水的效果。因此，该材料仅适合能把水位降到施工面以下的项目。

5. 高分子自粘防水卷材

高分子自粘防水卷材是以改性高分子复合片材为主体材料，单面或双面覆盖特制的自粘胶料，复合而成的新型具有优良防水性能的合成高分子防水卷材。其兼备高分子防水卷材和自粘防水卷材的防水性能，一层防水，多道设防，大大提高了防水层的防水效果。同时还具有环保无污染、施工简便等特点，集可靠性、实用性、经济性和安全性于一体。高分子自粘防水卷材特点如下：

（1）与建筑物表面黏结能力强，特别是与水泥基面、金属表面、木制品表面黏结效果更好；

（2）有刺穿自愈能力，防水层与基层黏结严密；

（3）极强的基层“自锁水”性能，可将因卷材破损引起的渗漏限制在局部范围内，避免防水层整体失效；

（4）优异的抗变形能力，可满足建筑结构物最大变形需要；

（5）耐化学介质腐蚀，耐微生物侵蚀，耐碱性能优良；

（6）产品无毒无味，符合环保要求；

（7）施工简便、快捷；

（8）价格经济实惠。

该材料是目前新兴的一种防水材料，从理论的角度的非常适合明挖隧道及明挖地铁项目，但其同时也存在以下缺点：

（1）在低温的情况下，黏结强度不够，该材料要求 10 ℃以上施工，在该温度以下，达不到规范要求的黏结强度；

（2）对基面的要求较高，要求基面必须非常平整、不允许存在表面浮土，同时必须保持较高程度干燥，否则易脱壳、起皮，甚至整个防水层脱落。

6. 单组分聚氨酯防水涂料

单组分聚氨酯防水涂料也称湿固化型聚氨酯防水材料，它由聚醚树脂和二异氰酸酯经聚合反应合成，以端异氰酯基（—NCO）聚氨酯预聚物为主体材料，通过和空气中的湿气反应而固化交联成膜，其具有以下特点：

（1）优异的力学性能、低湿性能，施工方便，涂膜无接缝，良好的黏接性和弹性，维修简便快捷等；

（2）施工时和施工后无可挥发性物质产生和析出，不会对施工者和环境造成伤害；

（3）对基面含水率要求不苛刻，可在较潮湿的基面上施工，也可在相对湿度大的条件下施工；

（4）不需要现场配料，省时省工，不会发生错面问题从而影响质量；

（5）价格便宜。

7. 水泥基渗透结晶型防水涂料

水泥基渗透结晶型防水涂料（简称：CCCW）是采用普通硅酸盐水泥（即国外的波特兰水泥）、石英砂等无机材料为基料，掺入活性化合物及其他各种辅助材料配制而成的一种淡灰色粉状物防水材料。水泥基渗透结晶型防水涂料特点如下。

（1）能提高混凝土的强度，防止冻融循环，并可以抑制碱骨料反应，对钢筋起保护作用。具有超强的渗透能力，随着时间的延续，该涂料会向混凝土逐步渗透，与混凝土结构基面融为一体。防水作用与混凝土有共同生命周期，在-30～160 ℃的持续温度下，其功能不受影响。同时活性化学物质多年以后仍能被水激活，不断产生出新的渗透结晶物来弥补和修复因收缩裂缝所带来的渗漏。

（2）该涂料无毒、无味，施工简单，可在迎水面或背水面施工，施工工期短。

（3）该涂料在混凝土毛细孔内形成的结晶体仍然保留透气性，空气和水蒸气可从空隙中畅通无阻通过，而水却无法通过。因此，使用该防水涂料后混凝土仍可以进行正常的养护复原变干，并能防止水汽积聚。

（4）价格便宜。

综上所述，根据不同项目情况，应综合考虑防水材料的选用。在小断面暗挖隧道中适合采用PVC、EVA等高分子防水卷材；对较长的隧道，可考虑进行分段防水（采用止水带每隔10 m或者20 m进行分段），以避免防水卷材形成流水通道；对于断面较大或者是大开挖操作的隧道，同时地下水位可以下降到施工面以下的，可考虑采用膨润土防水毯；采用连续墙施工且温度相对较高的项目，可考虑采用自粘防水卷材。

4.3 混凝土防渗新材料及其应用

在防渗堵漏材料方面，我国目前对隧道及地下工程渗漏水治理研究相当少，在防渗堵漏材料的发展上也留有很大空白，虽然主导产品不少，但缺乏系列化，亟待进一步开发新型刚性防渗堵漏材料。

目前，隧道及地下工程中应用的防渗堵漏材料多数是以普通水泥为基础，加以特殊的化学材料混合而成。这些材料使用方便，堵漏效果较好，在实际的工程中有不错的反应，如中国建材院的“防水宝”、河北廊坊市天骄防水材料有限公司R系列防水堵漏剂、北京城荣防水材料有限公司的“XYPEX堵漏剂”等均取得过不错的堵漏效果。而中国建材院研制的“快速堵漏剂”是以特制原料经高温煅烧形成的烧结料再经粉磨而成的特种水泥，用此水泥堵漏不仅凝结时间短，而且强度、抗渗、膨胀系数较以上多数材料均要好。

4.3.1 Intercrete

1. Intercrete产品性能

Intercrete产品为水性材料，Intercrete 4840是双组分、水性、环氧和水泥改性聚合物涂料，采用先进的水泥化学、硅微粉、纤维、环氧和丙烯酸-苯乙烯共聚技术，为混凝土和黑色金属提供多功能的防护，并具有很强的耐化学性。被证明在低于95 ℃的温度下与阴极保护系统兼容。它可以在潮湿的混凝土表面施工，且可以在极短的时间内重新投入使用。Intercrete产品结构图及扫描电镜图分别如图4.1、图4.2所示。

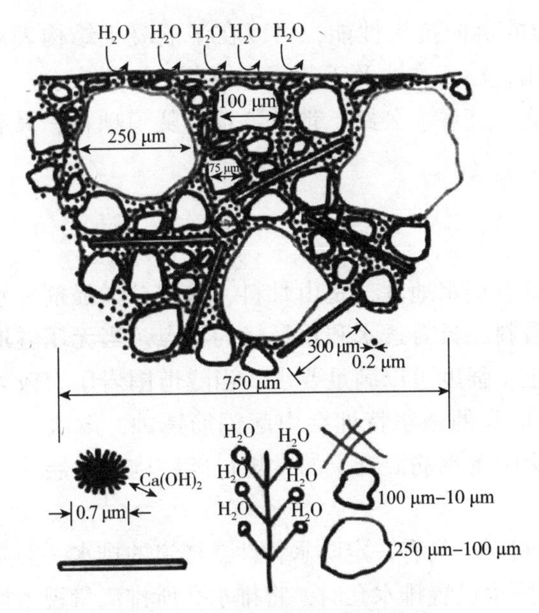

图 4.1　Intercrete 产品结构图

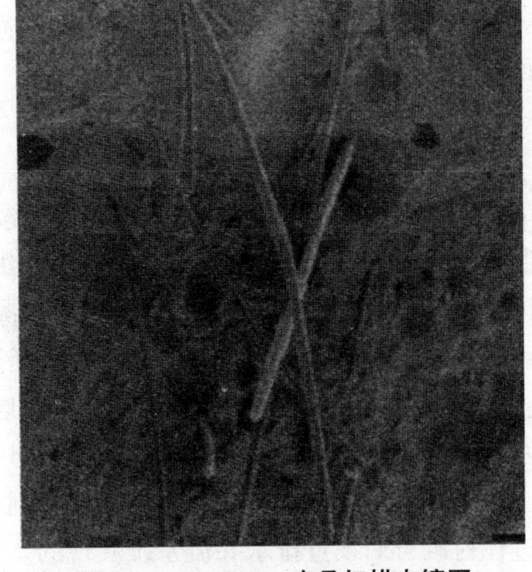

图 4.2　Intercrete 产品扫描电镜图

Intercrete 4840 应用于混凝土池体、围堰等工程，具有极高的耐水渗透性及抵抗 CO_2 和 H_2S 渗透的性能。2 mm 厚度的涂层可以承受正/负向高达 10 Bar（1 MPa，100 m 水深）的压力而不渗透。2 mm 的 Intercrete 4840 相当于 6 000 mm 厚的混凝土所具备的耐水渗透性，也相当于 100 mm 厚度的混凝土所具备的抵抗 CO_2 扩散的能力。其性能检测结果如表 4.1 所示。

表 4.1　Intercrete 4840 性能检测结果

项目	参数
抗压强度/MPa	R4 等级≥45
负向抗渗	10Bar（1 MPa，100 m 水深）的压力而不渗透
水渗透系数/($cm \cdot s^{-1}$)	1.43×10^{-17}
氧扩散系数/($cm^2 \cdot s^{-1}$)	4.42×10^{-5}
阴极剥离 25 ℃	通过
阳极剥离 25 ℃	通过
危险品合规性	满足欧洲标准
与火反应性	满足欧洲标准

2. Intercrete 施工

Intercrete 4840 施工适用于刷涂、刮涂和无气喷涂。使用无气喷涂施工，效率非常高。推荐的无气喷涂设备包括但不限于：

（1）GRACO KING 45：1/60：1；

（2）GRACO NXT 45：1/60：1；

（3）GRACO G-MAX Ⅱ 7900。

工程实践证明，Intercrete 4840 具备优异的负向抗渗性能，可以在湿混凝土结构表面施工，且施工效率高，能快速交付验收及使用，施工方法及工艺流程简单，涂料安全、无毒害，非常适合具有长效防水防渗要求的海底、江底、公路、地铁隧道等隧道项目，具有广阔的应用前景。

4.3.2 透水混凝土

透水混凝土又称多孔混凝土、无砂混凝土、透水地坪，是由骨料、水泥、增强剂和水拌制而成的一种多孔轻质混凝土，它不含细骨料，具有透水和重量轻的特点。当无压隧道的围岩压力较小时，衬砌可以采用透水混凝土，强度可以满足要求；当隧道围岩压力较大需要在衬砌结构中配置钢筋时，透水混凝土本身的透水特性会引起钢筋锈蚀，解决方案为：将衬砌结构做成复合衬砌结构，即外层为配置钢筋混凝土的常规衬砌结构，内层采用透水混凝土衬砌结构，以起到排水降压作用。

在已建隧道工程中，混凝土作为隧道衬砌材料，具有一定防水特性，隧道的排水一般是通过在衬砌背后设置排水导流系统实现的。当隧道设置排水孔时，将排水孔所排流量视为均匀分布在隧道衬砌上，排水系统的作用等效于透水性衬砌的作用，即尽量将渗透水排出，将作用在衬砌结构上的外水荷载减少到可以承受的水平。因此，透水性衬砌对隧道防渗具有很好的指导意义。此种透水性衬砌实现方式与传统的衬砌后设置排水管的最大区别在于，内层的透水混凝土衬砌结构代替了排水管的作用，即采用透水性混凝土作为垫层，实现了真正意义上的“透水”，同时由于外层钢筋混凝土结构与内层透水混凝土共同组成衬砌体，共同承载外水荷载等荷载，从而使钢筋混凝土衬砌结构断面尺寸较小，但这种方式加大了隧道开挖量，同时施工较为麻烦。因此，需要从经济和安全两方面进行综合比较。

4.3.3 防水宝

防水宝是一种单组分、灰色、粉状、无机刚性防水材料。FLW-FSB 防水宝分为缓凝型和速凝型。FLW-FSB 防水宝缓凝型凝结时间为 30 ~ 90 min，适用于大面积无明水潮湿面的防潮防渗工程。FLW-FSB 防水宝速凝型凝结时间为 3 ~ 5 min，适用于渗水面、漏水口的带水作业快速堵漏工程。

FLW-FSB 防水宝的特性如下：

（1）无毒、无味、无害、不燃、不污染环境；

（2）施工简单，快捷安全，适用范围广，工期短，成本低，加水搅拌即可使用，可在迎、背水面和潮湿基面上直接施工；

（3）含有特殊活性剂，可渗透到基体内形成渗透防水层；

（4）能与砖石、混凝土、水泥砂浆等多种材质结合，使基体与防水层结合成牢固的整体，黏结力强，抗渗透压高；

（5）耐老化、耐腐蚀、防水性能好；

（6）耐高温，100 ℃无开裂、起皮、剥落，耐低温，-40 ℃无变化；

（7）凝结时间可自由调节，当加水多、温度低、湿度大、通风差时凝结时间较长，反之较短。

FLW-FSB 防水宝使用方法分为基层处理、止水处理和防水层施工 3 种。

1. 基层处理

除去基层表面附着的粉尘、油脂、松散物等，使基面干净、坚实（无粉化、空鼓等）、湿润（饱水而不出现积水）；对表面太光的基层应适当凿毛，以增加与防水层之间的黏结力。

2. 止水处理

若基层上有快速涌水的点、线或面，宜用防水宝加入专用速凝剂（或快速堵漏剂）作止水处理。堵漏时速凝剂掺量建议为 5% ~20%，宜用手揉成较干的料团填堵；大面积慢渗面处理时速凝剂掺量建议为 2% ~10%。水压较大不宜封堵时可作引流处理（待其他部位防水层施工完毕且发挥作用后再对该引流处进行封堵）。

3. 防水层施工

将 FLW-FSB 防水宝与水按 1∶（0.3 ~0.35）比例调成泥膏状，静放 10 min 后再搅拌均匀，在需做防水层的基面上用刮板或抹刀刮（抹）净浆 1 mm 厚，并压实。待第一层有硬度（手按无印）时刮（抹）第二层，厚度约为 0.8 mm，表面可用刷子或排笔收光。也可在第二层有硬度后再用刷子或排笔涂刷一层稀浆（FLW-FSB 防水宝∶水 =1∶0.5），表面洒水养护 3 d 即可。

4.3.4　XYPEX（赛柏斯）

XYPEX 是由水泥、硅砂和特殊催化剂组成的一种灰色粉末状高性能离水材料，与平常使用的水泥差不多。其工作原理是 XYPEX 特有的活性化学物质利用水泥硅本身固有的化学特性及多孔性，以水作为载体，借助渗透作用，在硅微孔及毛细管中传输、充盈，催化硅内的微粒和未完全水化的成分，再次发生水化作用形成不溶性的枝蔓状结晶并与混凝土结为整体，从而使任何方向来的水及其他液体被堵塞，达到永久性防水、防潮、保护钢筋和增强混凝土强度的效果。它的这种特性很适于工业与民用建筑地下工程、水泥工程等，尤其在混凝土隧道内背水面的堵漏，其效果极佳，表 4.2、表 4.3 分别为 XYPEX 防水材料与环氧树脂类材料技术比较和 XYPEX 防水材料与传统防水材料性能比较。

表 4.2　XYPEX 防水材料与环氧树脂类材料技术比较

比较项目	环氧树脂类材料	XYPEX 防水材料
作用范围	仅表面粘粉覆盖	能向内渗透一定深度
裂纹修补作用	两修补面间黏结	在混凝土空隙中形成枝蔓状结晶
裂纹封闭	表面覆盖	渗透愈合
使用年限	6 ~8 a	与混凝土同寿命
混凝土表面强度	无增加	有增加
混凝土表面密实度	有提高	有提高
环境保护	有污染	无污染（绿色材料）

表 4.3 XYPEX 防水材料与传统防水材料性能比较

比较项目	传统防水材料	XYPEX 防水材料
防水原理	仅靠物理作用封堵混凝土内部的微裂纹或无细孔防水	不只靠物理作用，更主要是靠化学作用封堵混凝土内部的微裂纹或毛细孔防水
气味	大多数材料有刺激性气味，有毒	绿色环保产品，无毒无味
抗压强度	不能提高混凝土抗压强度	可提高混凝土抗压强度 20% ~29%
耐水压期限	耐水压有效期较短	可长期耐受水压
材料属性	有机材料，易老化，寿命有限	无机材料，不易老化，可延长混凝土寿命
防水特性	仅表面防水或渗透有限	结晶体可渗透混凝土内，1 a 可渗透 300 mm，可做到整体防水
膨胀系数	膨胀系数与混凝土有差别	抗氧化，膨胀系数与混凝土基本一致
耐温度与冻融循环性能	耐高、低温及冻融循环较弱	耐高、低温，抗冻融循环可达 350 次以上
黏结性能	与混凝土不同质，易剥落	水泥类产品，涂层同混凝土，黏结牢固
透气性	不透气，背水面涂层易被水压力顶开	透气，保持建筑物干爽
修复能力	对混凝土无自我修复能力	小于 0.4 mm 的裂缝可自我修复

XYPEX 特性如下：

（1）XYPEX 利用混凝土本身具有的化学特性和多孔性，以水为载体，渗入混凝土微孔、毛细管中水化结晶，阻塞孔隙，如再发生微裂缝，可遇水再水化结晶封闭进行自我修复；

（2）XYPEX 应用领域广泛，可在混凝土墙板、底板迎水面使用，也可在混凝土墙板背水面使用，既可在混凝土潮湿面施工，也可和混凝土浇筑一起施工，并能有效提高混凝土强度 20% ~29%，保护混凝土中的钢筋和金属埋件；

（3）XYPEX 能耐水压 1.5 MPa 以上，耐高温、化学侵蚀、抗碳化、抗氯离子危害、抗冻融、抗辐射并能抑制碱集料反应；

（4）无毒无公害，可用于饮用水工程；

（5）施工简便，综合成本较低。

XYPEX 施工工艺流程：基层处理→湿润基层→涂刷 XYPEX 灰浆层→养护→检查验收。

XYPEX 涂刷时需采用半硬的尼龙刷。喷涂时需专用喷枪，不宜用抹子滚筒油漆刷或油漆喷枪，土层要求均匀，各处都要涂到，涂层太厚将导致养护困难。涂刷时要注意用力，来回纵横刷，以保证凹凸处都能涂上并能达到均匀。喷涂时喷嘴距涂层要近些，以保证灰浆能喷进表面微孔或微裂缝中。

当需喷涂第二遍时，一定要等第一遍初凝后仍呈潮湿状态时（即 48 h 内）进行，如太干则应先喷些水。在热天露天施工时，须避开暴晒，建议在早晚或夜间进行，防止涂层过快干燥，造成表面起泡、龟裂，影响涂层。

4.4　本章小结

本章介绍了防水材料的种类和功能，对比分析了各种防水材料的优劣，并对防水材料的分类、特点及应用进行了总结和分析，为隧道防水提供了参考。主要结论如下。

（1）我国防水材料发展较快，已形成经济性高、质量较好的产品。当前，防水材料已从单一的石油沥青纸胎油毡型产品发展成品种、功能均较齐全的防水材料系列产品，如暗挖隧道应用最广的 PVC 防水卷材、EVA 防水卷材、PE 防水卷材等防水材料。

（2）增长较快的防水材料有改性防水油毡卷材，高分子防水材料也有一定发展规模，如钠基膨润土（GCL 防水毯）防水材料、高分子自粘防水卷材、单组分聚氨酯防水涂料、中国建材院的“防水宝”、河北廊坊市天骄防水材料有限公司 R 系列防水堵漏剂、北京城荣防水材料有限公司的“XYPEX 堵漏剂”等新型防水材料。发展迅速的新型高分子防水材料为各种工程的防水堵漏提供了更多的选择。

第五章

高水压作用下衬砌结构防水试验研究

水下隧道衬砌结构防水效果受到施工技术、防水材料、防水设计等因素的影响，不同防水参数对防水效果的影响较大。特别是高水压作用下，结构防水难度大，防水效果差，防水技术要求高。本章就高水压作用下防水措施及防水效果进行试验研究，优化结构防水设计。

5.1 止水带抗水压试验工况设置

为了研究不同止水带布置形式对高压岩溶隧道衬砌结构防水效果的影响，本节设计了不同止水带布置形式及不同止水带组合形式模型，模拟围岩和衬砌密贴及衬砌穿越溶腔时的止水效果。

5.1.1 加压系统设计

施工缝抗水压试验采用液压泵站对系统加压，液压泵站由动力系统、分配系统和工作系统组成，其中动力系统主要由电动机和液压泵组成，将机械能转化成液压能；分配系统主要调节液压油的方向、速度、压力，本试验分配系统主要通过溢流阀调节压力；工作系统主要将出油口连接到试件，对试件进行加压，将液压能转化成渗透力。现场用液压泵站工作原理及实物如图 5.1 所示。

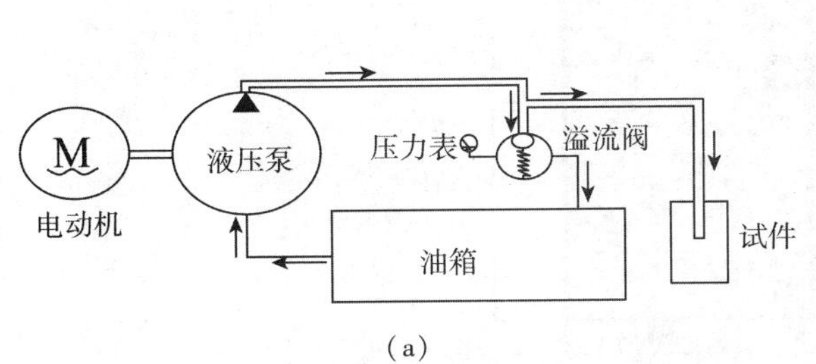

(a)

(b)

图 5.1　现场用液压泵站工作原理及实物

(a) 液压泵站工作原理；(b) 现场液压泵实物

5.1.2　试验模型设计与制作

为了深入分析止水带的防水效果和能力，结合现场实际情况，设计制作了不同止水带的埋置工况模型。

1. 止水带不同埋设工况

通过构造密闭止水系统，模拟止水带埋入衬砌混凝土厚度、方向、位置不同时的止水效果，对止水构造进行优化。将止水带围成圆形浇筑在混凝土中，加压小导管插入混凝土中，同时与止水圆盘焊接，阻止高压水沿加压导管与混凝土的接触面渗流到混凝土结构顶部而降低加压效果，使得水从施工缝开始渗漏，从而模拟施工缝渗漏水的真实工况。止水带圆筒轴线直径为 30 cm，圆筒轴线距混凝土侧面边沿（侧边距）分别为 30 cm、60 cm、80 cm，止水方案如表 5.1 所示，不同止水带埋设工况的抗水压试验模型如图 5.2 所示，图中数值单位为 cm。

表 5.1　止水方案

止水方案编号	止水带类型	侧边距/cm			止水圆盘
1	钢板止水带	30	60	80	止水圆盘直径均为 30 cm
2	橡胶止水带	60	–	–	
3	加强止水带	30	–	–	
4	不设止水带	–	–	–	

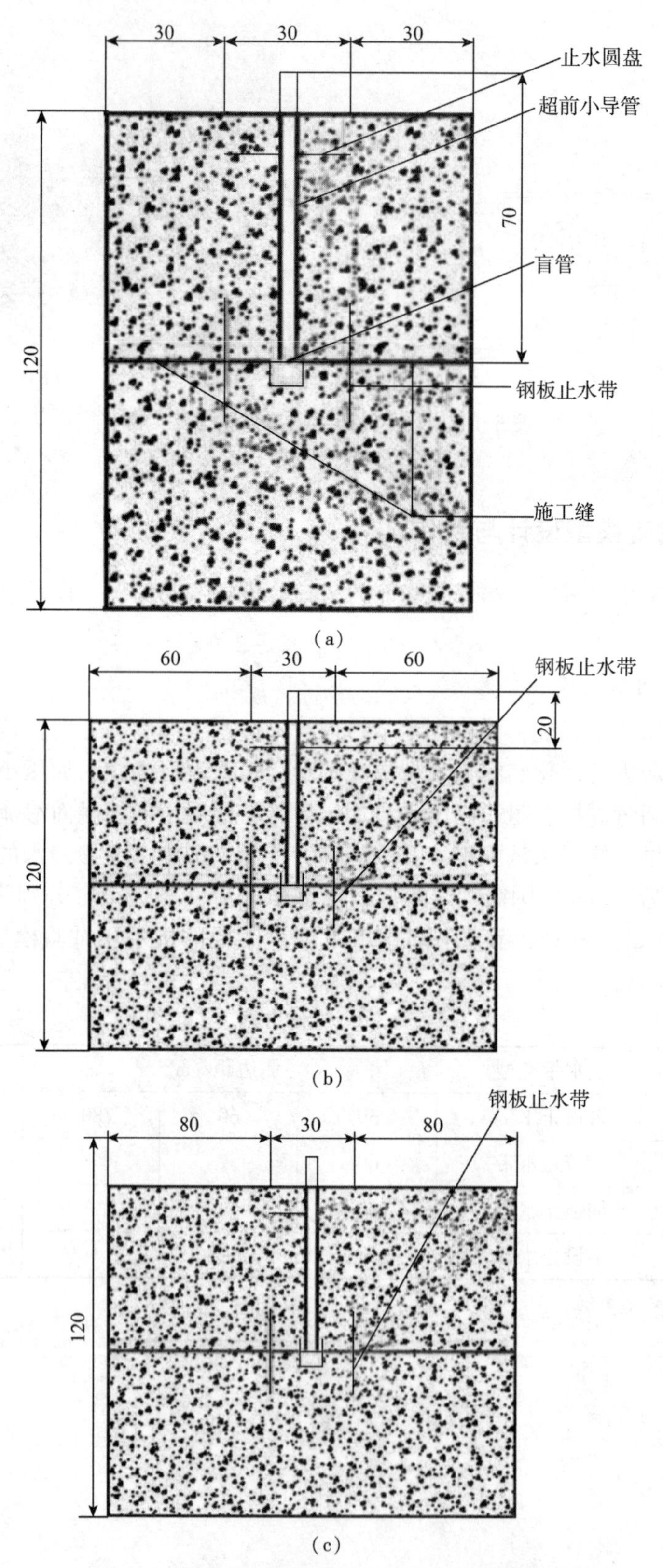

图 5.2　不同止水带埋设工况的抗水压试验模型

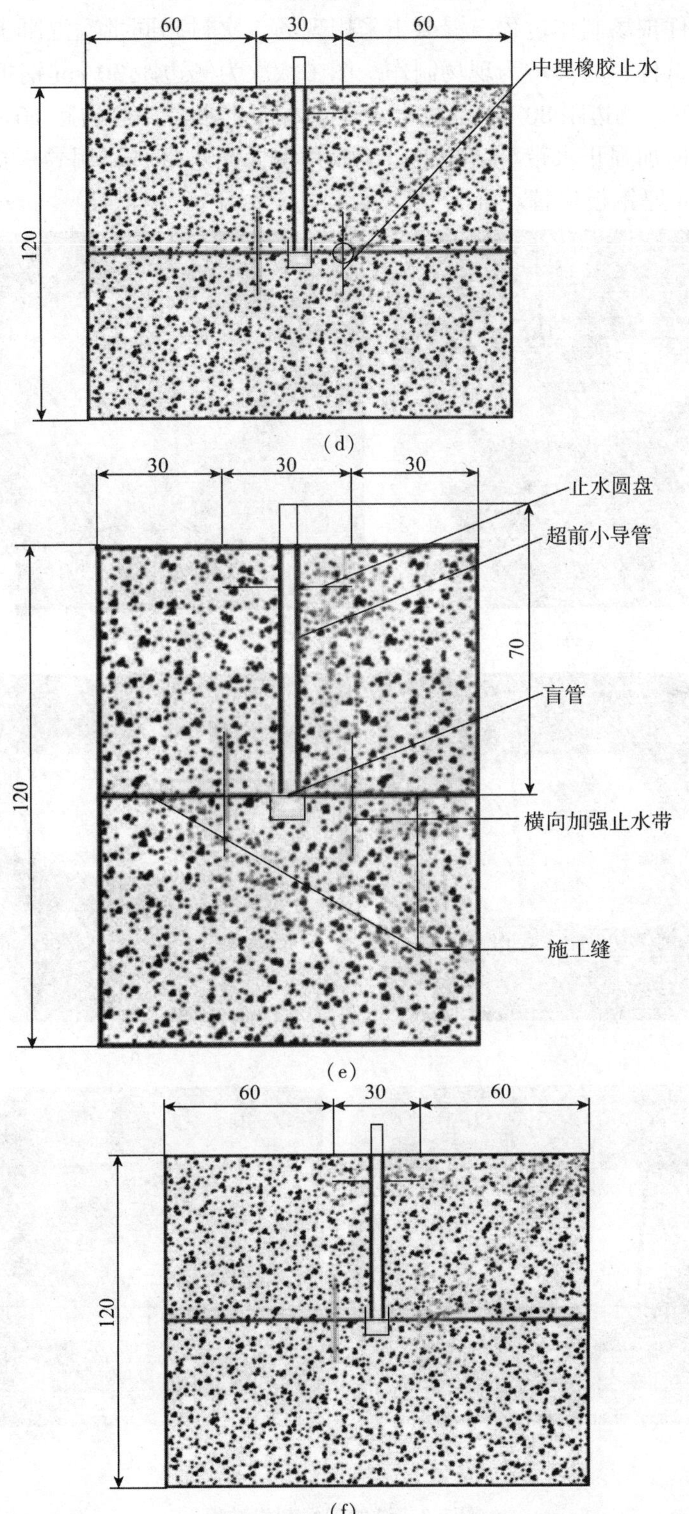

图 5.2　不同止水带埋设工况的抗水压试验模型（续）

（a）侧边距 30 cm（钢板止水带）；（b）侧边距 60 cm（钢板止水带）；（c）侧边距 80 cm（钢板止水带）；（d）侧边距 60 cm（橡胶止水带）；（e）侧边距 30 cm（横向加强止水带）；（f）侧边距 60 cm（不加止水带）

图5.3为试件现场制作过程，混凝土采用现场二次衬砌同批次混凝土。按照表5.1的工况，制作6组试件，磨具均为现场制作。图中依次为侧边距30 cm钢板止水带、侧边距60 cm钢板止水带、侧边距80 cm钢板止水带、不加止水带、侧边距60 cm橡胶止水带和侧边距30 cm横向加强止水带。试验中由于镀锌钢板止水带难以用卷板机弯成直径30 cm的圆，故用3 mm厚钢板代替。

(a) (b) (c) (d) (e) (f)

图5.3　试件现场制作过程

(g)

图 5.3 试件现场制作过程（续）

(a) 侧边距 30 cm 钢板止水带；(b) 侧边距 60 cm 钢板止水带；(c) 侧边距 80 cm 钢板止水带；(d) 不加止水带；(e) 侧边距 60 cm 橡胶止水带；(f) 侧边距 30 cm 横向加强止水带；(g) 浇筑完成图

2. 溶腔段止水带抗水压试验模型

隧道结构通过溶腔段时，衬砌背后形成空洞，无法与围岩密贴。为了深入了解此种工况下施工缝的防水效果，通过构造密闭空腔模拟溶腔作用，设置不同止水形式并分析止水效果。图 5.4 为背贴式止水带+中埋钢板止水带+波纹钢止水带模型，图中数值单位为 cm。

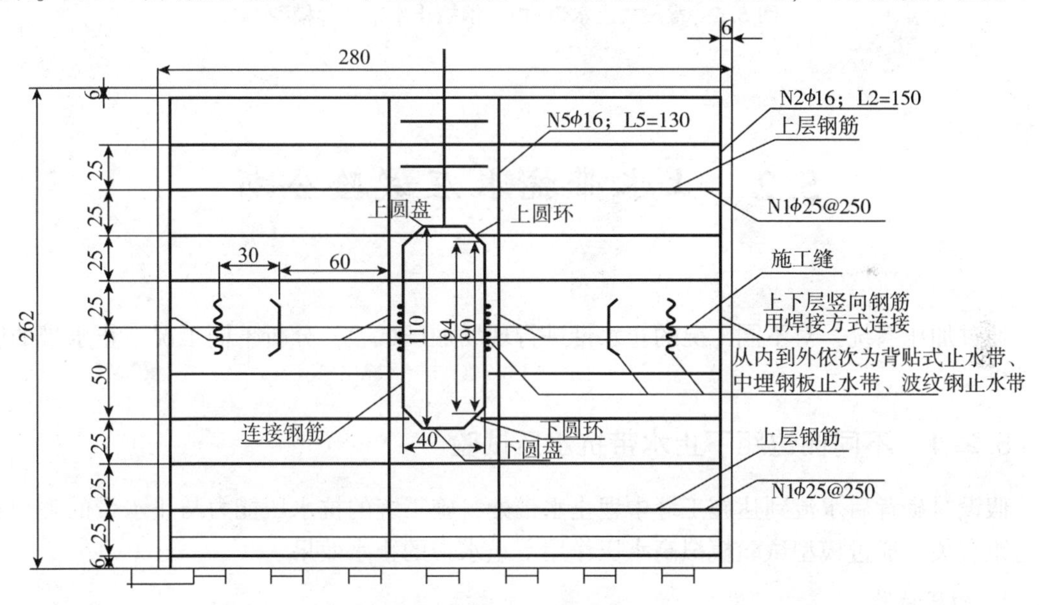

图 5.4　背贴式止水带+中埋钢板止水带+波纹钢止水带模型

图 5.4 为背贴式止水带+中埋钢板止水带+波纹钢止水带（侧边距 120 cm）的试件模型，将止水带埋入混凝土中，通过构造密闭空腔系统对试件加压，对高水压溶腔段施工缝抗水压能力进行试验研究。

图 5.5 为背贴式止水带+中埋钢板止水带（侧边距 120 cm）的试件模型，将止水带埋入混凝土中，通过构造密闭空腔系统对试件加压，对高水压溶腔段施工缝抗水压能力进行试验研究。图 5.5 中数值单位为 cm。

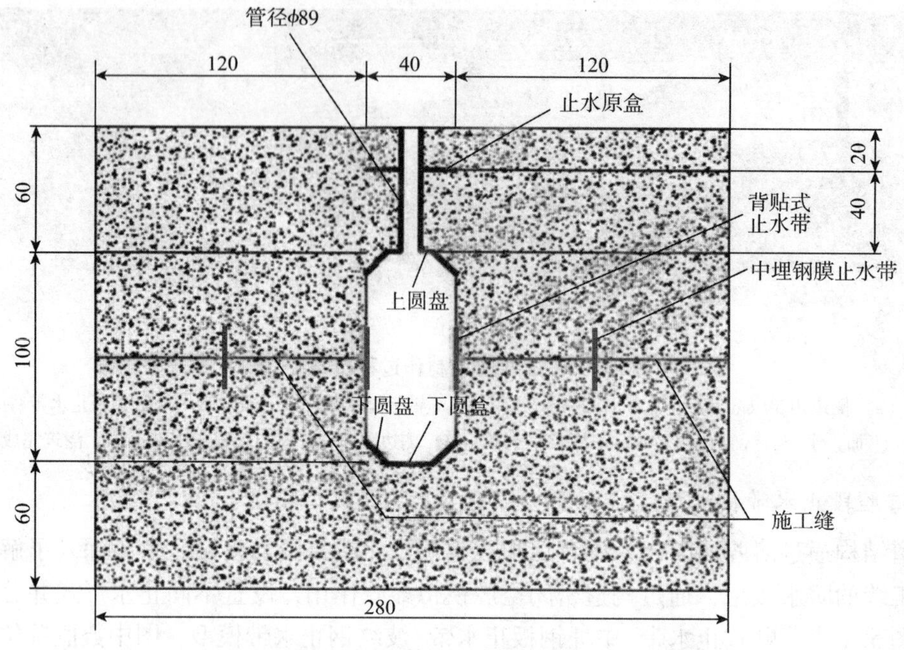

图 5.5　背贴式止水带+中埋钢板止水带试件模型

5.2　止水带抗水压试验分析

通过加压系统，对不同工况的止水带进行现场加压试验，分析不同工况下止水带的防水效果。

5.2.1　不同侧边距下止水带抗水压试验

假设衬砌背后水流到达施工缝中埋止水带处，施工缝的抗水压能力与止水带的类型和侧边距有关，通过模型试验模拟高水压作用下止水带的止水效果。

1. 加压试验

试验过程如图 5.6 所示，图5.6（a）中上面为透水土工布，水从导管进入施工缝止水带处，会顺着透水土工布流到施工缝处，可测不同侧边距止水带的抗水压能力。加压过程为每 0.5 MPa 稳压 30 min，以测试各施工缝的抗水压能力。

(a)

(b)

(c)

图 5.6　加压试验过程

(a) 放入加压管（浇筑中）；(b) 连接液压泵站；(c) 测试读数

2. 侧边距 30 cm 钢板止水带加压过程

本次加压试验从 0 增加到 5.0 MPa，每次增加 0.5 MPa，每个级别稳压 30 min。其中，定义试件施工缝渗流长度占周长的比值为渗透率。表 5.2 为加压实验数据及渗流情况。

表 5.2　加压实验数据及渗流情况

加压步	压力/MPa	稳压时间/min	渗流情况
1	0.5	30	无渗流
2	1.0	30	无渗流
3	1.5	30	出现 1 号渗流点
4	2.0	30	1 号渗流点渗流距离加长
5	2.5	30	1 号渗流点渗流距离加长，出现 2 号渗流点
6	3.0	30	1 号和 2 号渗流点渗流距离加长
7	3.5	30	2 号渗流点加速渗流，1 号渗流点渗流距离加长
8	4.0	30	1 号和 2 号渗流点将要贯通
9	4.5	30	1 号和 2 号渗流点贯通
10	5.0	30	加到 5.0 MPa，并未发现裂缝渗流速度加快的现象，渗流稳定

施加压力与渗透率的关系如图 5.7 所示。

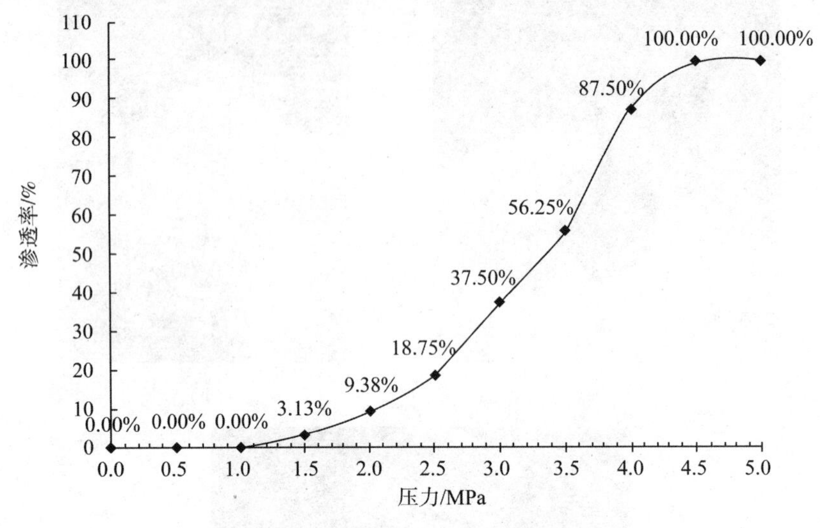

图 5.7　施加压力与渗透率关系

从图 5.7 可以看出，当压力超过 1.5 MPa 时开始出现渗流，在压力为 1.5 ~2.5 MPa 时，渗流大致呈直线，说明在该压力下试件止水带抗渗破坏稳定发展；在压力为 2.5 ~4.0 MPa 时，试件渗流破坏处于加速阶段；在压力为 4.0 ~4.5 MPa 时，试件基本处于完全渗流状态，说明此时止水带完全失去止水能力。另外，隧道加压到 5.0 MPa 时，虽然压力加大，但是渗流速率并没有较大变化，说明止水结构在 4.5 MPa 时已经完全失去止水能力，但由于外部焊接钢筋的影响，导致水压上升而止水带渗流现象没有较大变化。侧边距 30 cm 钢板止水带加压渗流过程如图 5.8 所示。

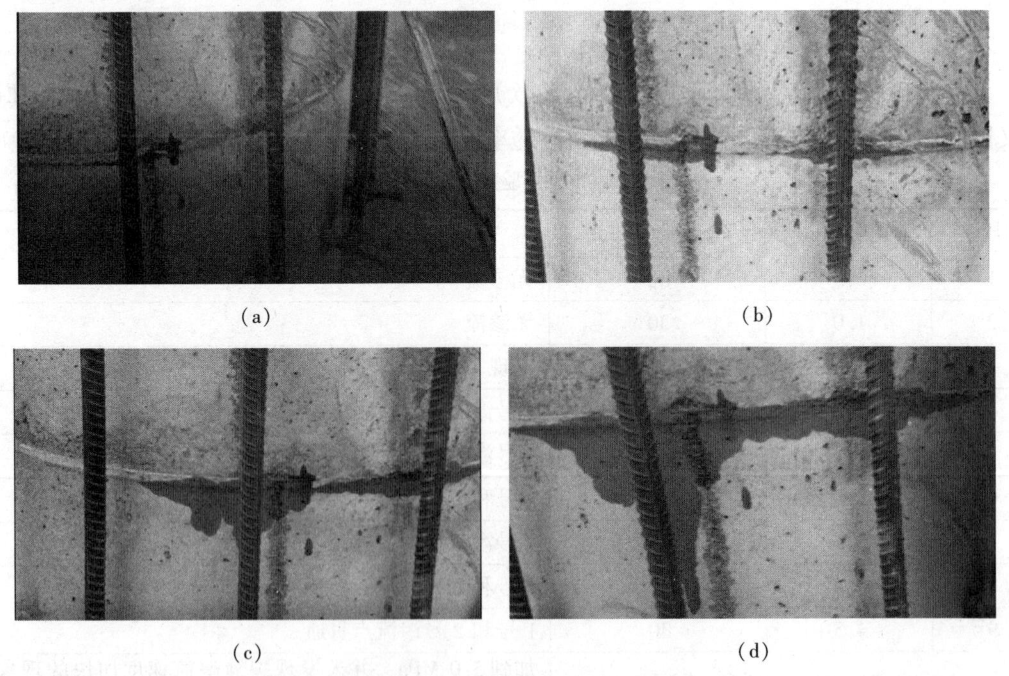

图 5.8　侧边距 30 cm 钢板止水带加压渗流过程

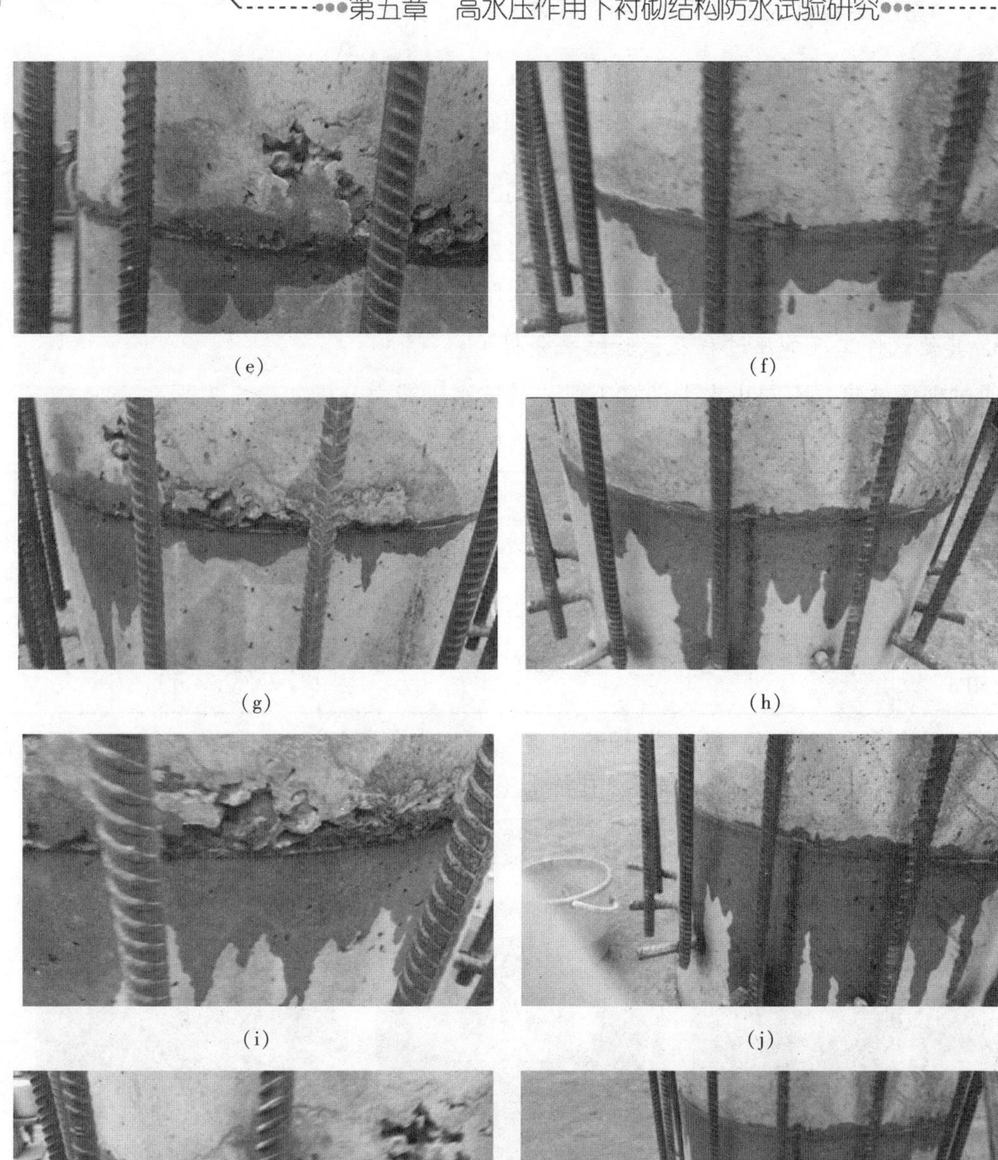

(e) (f) (g) (h) (i) (j) (k) (l)

图 5.8　侧边距 30 cm 钢板止水带加压渗流过程（续）

（a）1.5 MPa 时 1 号渗流点渗流情况；（b）2.0 MPa 时 1 号渗流点渗流情况；（c）2.5 MPa 时 1 号渗流点渗流距离加长；（d）3.0 MPa 时 1 号渗流点渗流距离加长；（e）3.0 MPa 时 2 号渗流点渗流距离加长；（f）3.5 MPa 时 1 号渗流点渗流情况；（g）3.5 MPa 时 2 号渗流点渗流情况；（h）4.0 MPa 时 1 号渗流点渗流情况；（i）4.0 MPa 时 2 号渗流点渗流情况；（j）4.5 MPa 时 1 号渗流点渗流情况；（k）4.5 MPa 时 2 号渗流点渗流情况；（l）5.0 MPa 时 1 号渗流点渗流情况

在加压过程中发现，水压每增加 0.5 MPa，前 10 min 渗流范围会加大，并在后 20 min 趋于稳定。本试验在 1.5 MPa 时发生渗流，随着水压的增加，渗流范围逐渐增大，直至整个止水环发生渗流。新圆梁山隧道圆形衬砌内半径为 4.17 m，外半径为 5.37 m，当止水带发生渗流时，一般首先沿着施工缝薄弱点发生点状渗流，当水压力继续增加到一定值时，才会发生大范围的线状渗流，因此，可将发生点状渗流的水压作为抗水压值，则根据试验分析，侧边距 30 cm 的钢板止水带的抗水压值为 1.5 MPa。

3. 其他试件工况加压过程及试验结果分析

通过现场试验，不同止水带埋置工况，其抗水压能力分析如表 5.3 所示。

表 5.3　试件抗水压能力分析

工况	1	2	3	4	5	6
止水带形式	钢板止水带	钢板止水带	钢板止水带	不加止水带	橡胶止水带	横向加强型止水带
侧边距/cm	30	60	80	60	60	30
抗水压值/MPa	1.5	4.0	>6.0	1.0	0.5	1.5

当加到其抗水压值时，止水带开始出现渗流现象，不同止水带安装位置渗流情况如图 5.9 所示。止水带设置情况不同时，其抗水压值出现较大区别，止水能力也因此不同。

(a)

(b)

(c)

图 5.9　不同止水带安装位置渗流情况

(a) 侧边距 60 cm（不加止水带）；(b) 侧边距 60 cm（橡胶止水带）；(c) 侧边距 60 cm（钢板止水带）

试验中对其他 4 组试件进行了加压试验，其中侧边距 60 cm 不加止水带在 1.0 MPa 时发生渗流；侧边距 60 cm 橡胶止水带由于加压前没有外侧植筋，仅仅加压 0.5 MPa 就发生渗流；侧边距 60 cm 钢板止水带在 4.0 MPa 时发生渗流；侧边距 80 cm 钢板止水带在 6.0 MPa 时并没有发生渗流，其抗水压值大于 6.0 MPa。

表 5.3 中工况 1、2、3 为钢板止水带，其埋置位置不一样，可以看出侧边距越大，止水带的抗水压值越大，当侧边距从 30 cm 增加到 60 cm 时，抗水压值从 1.5 MPa 增加到 4.0 MPa，侧边距增加了 1 倍，抗水压值提高了 1.67 倍，当侧边距为 80 cm 时，抗水压值已经大于 6.0 MPa。

通过比较工况 4 不加止水带和工况 2 钢板止水带的耐水压值，施加止水带条件下，施工缝抗水压值为不加止水带的 4 倍，止水带能显著提高施工缝的抗水压值；而且对比工况 1、4 发现钢板止水带侧边距 30 cm 时的抗水压值为 1.5 MP，大于不加止水带且侧边距为 60 cm 的抗水压值。

工况 5 是侧边距为 60 cm 的橡胶止水带，由于没有植筋加固，水压在 0.5 MPa 时就已经出现渗流，表明止水带的抗渗流能力与其施工缝两侧的约束条件有关，植筋后施工缝承受较大的压实作用，止水带的防水能力提高。比较工况 1、6 可知，设置横向加强的止水带与钢板止水带止水效果相同。

5.2.2　溶腔段施工缝抗水压模拟试验

1. 试验目的

分析隧道衬砌背后溶腔水压作用于衬砌外部时对施工缝处止水带结构的抗渗能力的影响，为此种工况下衬砌施工缝处止水带的设计与施工提供理论依据。

2. 模型试验

1）背贴式止水带+中埋钢板止水带+波纹钢止水带模型试验（K3.0）

试件设计是根据新圆梁山隧道溶腔段施工缝止水带实际施工设计，试验加压从 0 增加到 8.0 MPa，每次增加 0.5 MPa，每级稳压 30 min。图 5.10 为背贴式止水带+中埋钢板止水带+波纹钢止水带模型试验，表 5.4 为背贴式止水带+中埋钢板止水带+波纹钢止水带模型试验记录。

（a）

（b）

图 5.10　背贴式止水带+中埋钢板止水带+波纹钢止水带模型试验

（a）试件加压前；（b）试件加压中

表 5.4　背贴式止水带+中埋钢板止水带+波纹钢止水带模型试验记录

工况	压力/MPa	稳压时间/min	渗流情况
1	0.5	30	无出水点
2	1.0	30	无出水点
3	1.5	30	无出水点

续表

工况	压力/MPa	稳压时间/min	渗流情况
4	2.0	30	无出水点
5	2.5	30	无出水点
6	3.0	30	无出水点
7	3.5	30	无出水点
8	4.0	30	无出水点
9	4.5	30	无出水点
10	5.0	30	无出水点
11	5.5	30	无出水点
12	6.0	30	无出水点
13	6.5	30	无出水点
14	7.0	30	无出水点
15	7.5	30	无出水点
16	8.0	30	无出水点

试验水压达到 8.0 MPa 时，试件仍无出水点。因此，隧道溶腔段衬砌施工缝（K3.0 型止水带）抗水压值不低于 11.6 MPa。

2）背贴式止水带+中埋钢板止水带模型试验（K2.0）

试验加压从 0 MPa 增加到 5.0 MPa，每次增加 0.5 MPa，每个级别稳压 30 min。图 5.11 为背贴式止水带+中埋钢板止水带模型试验，表 5.5 为背贴式止水带+中埋钢板止水带模型试验记录。

（a）

（b）

图 5.11　背贴式止水带+中埋钢板止水带模型试验

（a）试件加压前；（b）试件加压后

表 5.5　背贴式止水带+中埋钢板止水带模型试验记录

工况	压力/MPa	稳压时间/min	渗流情况
1	0.5	30	无出水点
2	1.0	30	无出水点
3	1.5	30	无出水点
4	2.0	30	无出水点
5	2.5	30	无出水点
6	3.0	30	无出水点
7	3.5	30	无出水点
8	4.0	30	无出水点
9	4.5	30	无出水点
10	5.0	30	出现 1 号出水点
11	5.5	30	试件外壁出水
12	6.0	30	试件底部出水，渗流速度加快
13	6.5	30	渗流速度加快
14	7.0	30	并未发现裂缝渗流速度加快的现象，渗流稳定

图 5.12 为施加压力与渗透率的关系。加压过程中发现每增加 0.5 MPa，前 10 min 渗透范围会加大，并在后 20 min 趋于稳定，当加压达到 5.0 MPa 时，止水带出现渗漏，此时压力值为 5.0 MPa；按照同样的加载方法继续加载，可测得溶腔段衬砌施工缝止水带（K2.0 型止水带）的抗水压标准值为 7.25 MPa。

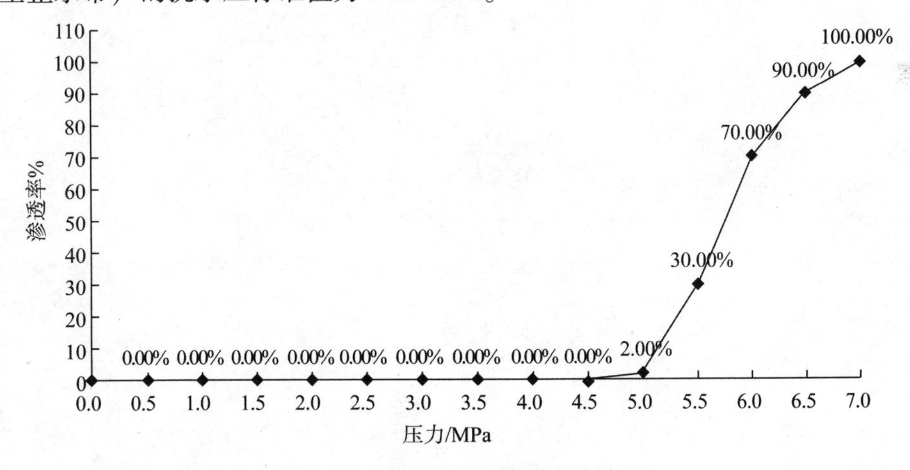

图 5.12　施加压力与渗透率的关系

5.3 本章小结

本章主要针对岩溶或高压隧道施工缝处的止水带抗水压能力进行了试验研究，试验研究表明，不同侧边距和不同形式止水带的防水能力不同，二次衬砌止水构造设计时，需根据隧道所处地质环境进行选择使用。

（1）施作止水带能显著提高施工缝的抗水压能力。止水带埋置的侧边距越大，衬砌施工缝的抗水压能力越强，采用钢板止水带，当侧边距为 30 cm 时，抗水压标准值为 1.5 MPa；侧边距为 60 cm 时，抗水压标准值为 4.0 MPa；侧边距为 80 cm 时，抗水压标准值为 6.0 MPa。而且不同形式止水带的抗水压能力有较大差异。

（2）溶腔段施工缝抗水压模拟试验的结果说明隧道 K3.0 和 K2.0 型施工缝采用的防水构造合理；隧道溶腔段衬砌施工缝（K2.0 型施工缝）抗水压值为 7.25 MPa，溶腔段衬砌施工缝（K3.0 型施工缝）抗水压值不低于 11.6 MPa。

第六章 钻爆法隧道防排水施工技术

山岭隧道以铁路隧道和公路隧道为主，由于隧道修建在崇山峻岭之中，洞口段一般为浅埋隧道，而洞身段多为深埋隧道，因此洞身段受地下水影响较为严重，防排水效果对其结构耐久性和功能的发挥起决定性作用。本章就山岭隧道常见的防排水设计、施工进行总结论述，以期为山岭隧道的防排水施工提供参考。

6.1 概　述

山岭隧道的防排水，常基于“防、排、堵、截相结合，刚柔相济，因地制宜，综合治理”的原则，采取切实可靠的设计、施工措施。在满足防水等级标准要求，且不会造成地面沉降等环境危害的情况下，可采用排水措施保障结构物和设备的正常使用和行车安全。为妥善处理地表水和地下水，洞内外应形成一个完整的防排水系统。

进行隧道防排水设计时应具备下列技术资料：

（1）与隧道工程相关的环境调查报告；

（2）隧道沿线的工程地质和水文地质勘察报告；

（3）隧道工程技术要求的资料、隧道总体规划与设计要求，包括围护结构、隧道主体结构、给排水、通风、消防等设计资料。

隧道防排水设计应根据工程特点及勘测资料进行，其设计内容应包括：

（1）选定防水标准和设防要求；

（2）防水混凝土抗渗等级和其他技术指标、质量保证措施；

（3）接缝与防水层选用的材料及其技术指标、质量保证措施；

（4）工程细部构造的防水措施，选用的材料及其技术指标、质量保证措施；

（5）工程结构的防水系统，各种洞口工程防排水系统，洞身局部地段地表堵水、截水、排水系统。

隧道工程防水应根据隧道使用功能和技术条件，按表 6.1 中的标准选定相应的防水等级。根据隧道工程的重要性和使用中对防水的要求，其防水等级应按表 6.2 选定。

表 6.1 隧道工程防水标准

防水等级	防水标准
一级	不允许渗水，结构表面无湿渍
二级	不允许漏水，结构表面可有少量湿渍，总湿渍面积小于总防水面积的 0.2%；任意 100 m^2 防水面积上的湿渍不超过 3 处，单个湿渍的最大面积小于 0.2 m^2；平均渗流量小于 0.05 L/(m^2 · d)，任意 100 m^2 防水面积上的渗流量小于 0.15 L/(m^2 · d)
三级	有少量漏水点，不得有线流和漏泥沙；任意 100 m^2 防水面积上的漏水或湿渍点数不超过 7 处，单个漏水点的最大渗流量小于 2.5 L/(m^2 · d)，单个湿渍的最大面积小于 0.3 m^2
四级	有漏水点，不得有线流和漏泥沙；整个工程平均渗流量小于 2 L/(m^2 · d)；任意 100 m^2 防水面积上的平均渗流量小于 4 L/(m^2 · d)。

表 6.2 隧道工程不同防水等级的适用范围

防水等级	适用范围
一级	人员长期停留的隧道；因有少量湿渍会使物品变质、失效的贮物隧道及严重影响设备正常运转和危及工程安全运营的部位；极重要的战备工程
二级	人员经常活动的隧道；在有少量湿渍的情况下，不会使物品变质、失效的贮物隧道及基本不影响设备正常运转和工程安全运营的部位；重要的战备工程
三级	人员临时活动的隧道；一般战备工程
四级	对渗流水无严格要求的隧道；允许大量排水的隧道

隧道工程的防水设防要求，应根据使用功能、使用年限、水文地质、结构形式、环境条件、施工方法及材料性能等因素合理确定。矿山法隧道防水设计应根据工程地质、水文地质状况、结构特点、施工方法、环境条件和气候条件等因素进行，结构应采用防水混凝土，表 6.3 为暗挖法隧道工程防水设防要求。

表 6.3 暗挖法隧道工程防水设防要求

<table>
<tr><td colspan="2">工程部位</td><td colspan="5">二衬结构</td><td colspan="4">二衬施工缝</td><td colspan="5">二衬变形缝（诱导缝）</td></tr>
<tr><td colspan="2">防水措施</td><td>防水混凝土</td><td>塑料防水板</td><td>防水砂浆</td><td>防水卷材</td><td>金属防水板</td><td>外贴式止水带</td><td>遇水膨胀止水条（胶）</td><td>防水密封材料</td><td>水泥基渗透结晶型防水涂料</td><td>中埋式止水带</td><td>外贴式止水带</td><td>可卸式止水带</td><td>防水密封材料</td><td>遇水膨胀止水条（胶）</td></tr>
<tr><td rowspan="4">防水等级</td><td>一级</td><td>必选</td><td colspan="4">应选一至二种</td><td colspan="4">应选一至二种</td><td>应选</td><td colspan="4">应选一至二种</td></tr>
<tr><td>二级</td><td>必选</td><td colspan="4">应选一种</td><td colspan="4">应选一种</td><td>应选</td><td colspan="4">应选一种</td></tr>
<tr><td>三级</td><td>宜选</td><td colspan="4">宜选一种</td><td colspan="4">宜选一种</td><td>应选</td><td colspan="4">宜选一种</td></tr>
<tr><td>四级</td><td>宜选</td><td colspan="4">宜选一种</td><td colspan="4">宜选一种</td><td>应选</td><td colspan="4">宜选一种</td></tr>
</table>

6.2 防水系统设计

隧道防水设计应满足相应规范和结构功能要求，选择合适的防水材料进行有效防水，保护结构设计功能要求。同时也应考虑环境要求，保护生态环境。

6.2.1 防水要求

隧道防水应满足下列要求：

（1）衬砌不渗水，安装设备的孔眼不渗水；

（2）道床排水畅通，不浸水；

（3）在有冻害地段的隧道，衬砌背后不积水、排水沟不冻结。

矿山法隧道防水设计应根据工程地质、水文地质状况、结构特点、施工方法、环境条件和气候条件等因素进行，结构应采用防水混凝土。

矿山法隧道工程防水等级的划分，除特殊地段外，应按相关隧道工程防水技术规范的规定执行。

隧道工程的防水设计，应做到定级准确、方案可靠、施工简便、耐久适用、经济合理。

对隧道有影响的地表沟谷和坑洼的积水、渗水，应采用疏导、勾补、铺砌和填平等措施。

隧道正洞间的联络通道防水，应做到衬砌不漏水、地面不积水；兼顾运营期间养护维修使用的辅助坑道防水，应做到衬砌拱部不滴水、边墙不淌水和地面不积水；供其他使用的辅助坑道防水，应做到衬砌无线流，洞内排水通畅。

隧道防排水应积极采用可靠的新技术、新材料、新工艺。

附属洞室与正洞连接处的防水标准应与正洞标准一致。

对可能渗入隧道的水库、池沼、溪流、井泉水，应按“以堵为主、限量排放”的原则，在设计中提出处理措施，并应根据地下水水量、水压的情况，选择相应的注浆堵水措施。

围岩破碎、富水、易坍塌地段及可能存在突水、突泥的地段，应采用注浆加固围岩等措施，并采取分段隔离防水措施；其衬砌结构应考虑水压的影响，加强后的衬砌结构承受水压能力不宜小于0.5 MPa；衬砌结构应采用防水混凝土，其抗渗等级不应小于P10。

对于特殊工程地段及抗渗等级较高的现浇混凝土内表面防水，可采用无机防水涂料防水层，其材料应具有良好的耐水性、耐久性、耐腐蚀性，且无毒、难燃、低污染，并具有良好的湿、干黏结性和耐磨性。

隧道应重视初次支护的防水，应以混凝土自防水为主体，以施工缝、变形缝防水为重点，并辅以注浆防水和防水层加强防水，满足结构使用功能。

隧道二次衬砌混凝土的接缝，应满足密封防水、施工方便、维护容易等要求。防水处理后的接缝处其抗渗指标不应低于衬砌本身的抗渗指标，宜选用设置预埋式注浆防水系统等可维护的防水构造形式及材料。

隧道衬砌结构中的埋设件宜预先埋设，隧道内安装支架等的后钻孔眼应作防水处理。

喷射混凝土应符合现行国家标准《岩土锚杆与喷射混凝土支护工程技术规范》(GB 50086—2015) 的规定。应采用潮式喷射混凝土和湿式喷射混凝土，不得采用干式喷射混凝土。单层衬砌喷射混凝土的抗渗等级大于P6，喷射混凝土厚度大于80 mm。对于初次支护喷射混凝土，在3 h时强度应达到1.5 MPa，在24 h时强度应达到5.0 MPa。采用湿式喷射混凝土时，应采用中性或无碱液体速凝剂；外加剂掺入后不应降低混凝土与围岩的黏结力，且不应对混凝土的早期强度及后期强度带来不利影响。

隧道工程防水设计应考虑地表水、地下水和毛细管水等的作用，同时考虑由于人为因素引起的附近水文地质改变的影响。新建、改造的隧道工程，宜结合防水等级进行防排水设计；对于隧道工程在地面的附属结构的防水设防高度，应高出设计地面标高500 mm以上。

隧道工程的主体结构应采用防水混凝土，并应根据防水等级的要求采取相应防水措施；隧道工程的预制构件接缝、变形缝（诱导缝）、施工缝、后浇带、穿墙管（盒）、预埋件、预留通道接头和桩头等细部构造，应加强防水措施；隧道工程的排水管沟、地漏、出入口、窗井和风井等，应有防倒灌措施，寒冷环境下的排水沟应有防冻措施；处于侵蚀性介质中的隧道工程，应采用耐侵蚀的防水混凝土、防水砂浆及有耐腐蚀功能的防水卷材或防水涂料等防水材料；结构刚度较小或受振动作用的隧道工程，宜采用延伸率较大的卷材、涂料等柔性防水材料；隧道修建及运营中的排水有可能影响周围环境，造成污染和危害时，应采取防污染和防其他公害的措施，并应防止水土流失、降低围岩稳定性及造成农田灌溉和人畜用水困难等后患。

6.2.2 衬砌结构自防水

1. 混凝土结构自防水要求

混凝土结构自防水要求如下：

(1) 防水混凝土应通过调整配合比或掺加外加剂、掺合料等措施配制而成，强度不得低于C30，抗渗等级大于P6；

(2) 防水混凝土的施工配合比应通过试验确定，抗渗等级应比设计要求提高一级(0.2 MPa)；

(3) 防水混凝土应根据需要设定混凝土的强度、抗渗、抗冻、耐磨和抗侵蚀等要求；

(4) 在寒冷、侵蚀环境中的隧道工程，防水混凝土的抗渗等级大于P8，抗冻等级大于F300。

隧道工程防水混凝土设计抗渗等级如表6.4所示。

表 6.4 隧道工程防水混凝土设计抗渗等级

工程埋置深度 H/m	设计抗渗等级
H<10	P6
10≤H<20	P8
20≤H<30	P10
H≥30	P12

注：本表适用于Ⅳ、Ⅴ级围岩（土层及软弱围岩），山岭隧道抗水压衬砌地段防水混凝土的抗渗等级不得低于 P12。

防水混凝土的配合比设计应符合下列规定：

（1）胶凝材料总量大于 320 kg/m^3；

（2）砂率不宜低于 35%；

（3）水胶比宜大于 0.50，且小于 0.55；

（4）掺用引气剂的防水混凝土，其含气量宜控制在 3% ~5%；

（5）防水混凝土的干燥收缩率应在 800×10^{-6} 以下；

（6）防水混凝土的泌水量小于 300 L/m^2；

（7）防水混凝土结构底板的垫层强度大于 C15，厚度大于 100 mm，在弱土层中大于 150 mm。

防水混凝土结构应符合下列规定：

（1）结构厚度大于 250 mm；

（2）迎水面裂缝宽度小于 0.2 mm，背水面裂缝宽度小于 0.3 mm，并不得贯通；

（3）迎水面钢筋保护层厚度应符合现行国家标准《混凝土结构耐久性设计标准》（GB/T 50476—2019）中的相关规定。

特殊工程地段和抗渗等级较高的现浇混凝土，可采用掺入复合型抗裂防水剂与矿物掺合料，以提高混凝土的抗裂性、密实性及防水性。复合型抗裂防水剂应符合现行国家标准《砂浆、混凝土防水剂》（JC 474—2008）和《混凝土膨胀剂》（GB/T 221—2010）等规范的有关规定。

防水混凝土可根据工程抗裂需要掺入钢纤维或合成纤维，钢纤维及合成纤维应符合现行行业标准《纤维混凝土应用技术规程》（JGJ/T 221—2010）的规定。

防水混凝土中各类材料的总碱量（Na_2O 当量）小于 3 kg/m^3。

新拌混凝土硬化后，实测混凝土中的氯离子含量对于钢筋混凝土不应超过胶凝材料总量的 0.1%，对于预应力混凝土不得超过胶凝材料总量的 0.06%。

2. *防水混凝土原材料*

防水混凝土所使用的水泥，应符合下列规定：

（1）在不受侵蚀性介质和冻融作用时，宜采用普通硅酸盐水泥、硅酸盐水泥、火山灰质硅酸盐水泥、粉煤灰硅酸盐水泥和矿渣硅酸盐水泥；

（2）当防水混凝土中掺入粉煤灰、粒化高炉矿渣粉和硅灰等活性矿物掺合料时，宜采用普通硅酸盐水泥或硅酸盐水泥；

（3）在受侵蚀性介质作用时，应按介质的性质选用相应的水泥；

（4）在受冻融作用时，应选用普通硅酸盐水泥。

活性矿物掺合料的技术性能指标应符合下列要求：

（1）粉煤灰应满足现行国家标准《用于水泥和混凝土中的粉煤灰》（GB/T 1596—2017）中Ⅰ级或Ⅱ级粉煤灰的技术性能指标要求，强度等级高于C60的防水混凝土宜选用Ⅰ级粉煤灰；

（2）粒化高炉矿渣粉应符合现行国家标准《用于水泥、砂浆和混凝土中的粒化高炉矿渣粉》（GB/T 18046—2017）的技术性能指标要求；

（3）硅灰应符合现行国家标准《砂浆和混凝土用硅灰》（GB/T 27690—2011）的技术性能指标要求。

防水混凝土粗、细骨料应符合下列规定：

（1）粗骨料宜采用连续级配，其最大粒径小于40 mm，含泥量小于1.0%，泥块含量小于0.5%，泵送时其最大粒径小于输送管径的1/4，吸水率小于1.5%，不得使用碱活性骨料，其他要求应符合现行国家标准《建设用卵石、碎石》（GB/T 14685—2011）的规定；

（2）细骨料宜采用中砂，含泥量小于3.0%，泥块含量小于1.0%，其要求应符合现行国家标准《建设用砂》（GB/T 14684—2011）的规定；

（3）拌制混凝土所用的水，应符合混凝土用水标准的规定；

（4）防水混凝土可根据工程需要掺入减水剂、膨胀剂、防水剂、密实剂、引气剂、复合型外加剂等，外加剂的品种和掺量应经试验确定，外加剂的质量应符合国家现行有关标准的规定。

3. 防水混凝土施工

防水混凝土施工应符合下列标准。

（1）防水混凝土配料应准确称量，每盘计量允许偏差应符合下列规定：

①水泥、水、外加剂、掺合料应控制在±1%之内；

②砂、石应控制在±2%之内。

（2）防水混凝土拌和物必须采用强制式搅拌，搅拌时间大于60 s，掺外加剂时，应根据外加剂的技术要求确定搅拌时间。

（3）防水混凝土拌和物在运输时如出现离析，应进行二次搅拌，当坍落度损失到不能满足施工要求时，应加入原水胶比的水泥浆或二次掺加减水剂进行搅拌，严禁直接加水。

（4）防水混凝土应采用机械振捣，避免漏振、欠振和过振；使用自密实防水混凝土时则应避免振捣。

（5）防水混凝土应连续浇筑，宜减少施工缝，当留设施工缝时，应符合下列规定：

①墙体水平施工缝不应留在剪力与弯矩最大处或底板与侧墙的交接处，应留在高出底板表面大于300 mm的墙体上，拱（板）墙结合的水平施工缝，宜留在拱（板）墙接缝线以下150～300 mm处，当墙体有预留孔洞时，施工缝距孔洞边缘大于300 mm。

②垂直施工缝应避开地下水和裂隙水较多的地段，并宜与变形缝相结合。

（6）防水混凝土浇筑后应及时进行养护，养护龄期不应少于14 d，养护期间应进行保温保湿养护；

（7）防水混凝土结构内部设置的各种钢筋或绑扎铁丝，不得接触模板；

（8）混凝土的拌和、运输应保证浇筑连续进行，尽量减少转运次数，缩短运输和浇筑间隔时间，因停歇过久导致混凝土已初凝或已失去塑性时，应作废料处理。

模板施工应符合下列规定：

（1）固定模板不宜使用对穿螺栓，如固定模板的螺栓必须穿过混凝土结构时，可采用工具式螺栓或螺栓加堵头，螺栓上应加焊方形止水环，拆模后应采取加强防水措施，将留下的凹槽封堵密实，并宜在迎水面涂刷防水涂料；

（2）模板搭建中使用的紧固螺钉及分离器，在混凝土硬化后，应做到各个部位均不出现漏水的情况；

（3）使用分离器兼用的特殊紧固金属零件，去除后应采用防水性能高的砂浆填充或其他方法进行处理；

（4）嵌入的金属零件顶端与混凝土表面的深度应大于保护层厚度，在防水性能要求高的时候，不得使用分离器和紧固螺钉。

大体积防水混凝土的施工，应采取下列措施：

（1）在设计许可的情况下，宜采用混凝土 60 d 强度作为设计强度；

（2）应采用低、中热水泥，或掺加粉煤灰、磨细矿渣粉等掺合料；

（3）在炎热季节施工时，应采取降低原材料温度、减少混凝土运输时吸收外界热量等降温措施；

（4）混凝土内部可预埋管道，进行水冷散热；

（5）防水混凝土的入模温度应低于 30 ℃，其中心温度与表面温度的差值小于 25 ℃，混凝土表面温度与大气温度的差值小于 20 ℃，在冬季施工时，防水混凝土的入模温度大于 5 ℃，宜掺入混凝土防冻剂等外加剂，并应采取保温、保湿养护等综合措施。

6.2.3　防水布及防水板防水

1. 防水层设计与施工

防水层设计应根据防水等级、周边环境、水头压力、腐蚀情况等采用全包防水或局部外包防水。

复合式衬砌隧道在初次支护与二次衬砌之间宜采用复合式防水层，并应结合隧道的工程地质、水文地质和环境条件等综合因素，对防水板和土工布缓冲层的选材、铺设工艺和质量标准等提出设计要求。

缓冲层材料宜采用土工布，选用的土工布应符合下列要求：

（1）单位面积质量大于 300 g/m^2；

（2）应有良好的导水性、化学稳定性、耐久性，应能适应初次支护变形的能力；

（3）可抵抗地下水或混凝土、砂浆析出水的侵蚀。

土工布主要技术性能如表 6.5 所示。

表 6.5　土工布主要技术性能

项目	技术指标	备注
断裂能力/(kN·m^{-1})	≥10	纵横向
断裂延伸率/%	40～80	纵横向
CBR 顶破强力/kN	≥1.8	—
垂直渗透系数/(cm·s^{-1})	K×（10^{-1}～10^{-3}）	K=1.0～9.9
撕破强力/kN	≥0.28	纵横向
化学稳定性/%	强度下降大于 20	—
生物稳定性/%	强度下降大于 5	—
可燃性等级	Ⅴ或Ⅳ	—

复合式衬砌隧道防水层宜现场喷涂防水材料或选用防水板，具体要求如下：

（1）防水板宜选用聚氯乙烯（PVC）、乙烯-醋酸乙烯共聚物（EVA）、乙烯-共聚物沥青（ECB）、高密度聚乙烯（HDPE）、低密度聚乙烯（LDPE）类或其他性能相近的高分子防水板；

（2）现场喷涂防水材料宜采用聚合物水泥喷膜防水层、聚合物水泥喷射砂浆、丙烯酸盐喷膜防水层或橡胶沥青喷膜防水层等。

防水板应符合下列规定：

（1）幅宽宜为 2～4 m，厚度大于 1.5 mm；

（2）具有良好的耐刺穿性、耐久性、耐腐蚀性、耐菌性及柔性等，并应具备难燃性。

防水板物理力学性能指标如表 6.6 所示。

表 6.6　防水板物理力学性能指标

项目		指标			
		EVA	ECB	PVC	PE
断裂拉伸强度/MPa		≥18	≥17	≥14	≥18
扯断伸长率/%		≥650	≥600	≥250	≥600
撕裂强度/(kN·m^{-1})		≥100	≥95	≥55	≥95
不透水性/(MPa·h^{-1})		无渗漏	无渗漏	无渗漏	无渗漏
低温弯折性/℃		≤-35	≤-35	≤-20	≤-35
加热伸缩量/mm	延伸	≤2	≤2	≤2	≤2
	收缩	≤6	≤6	≤6	≤6
热空气老化（80 ℃×168 h）	断裂拉伸强度/MPa	≥16	≥14	≥13	≥15
	扯断伸长率/%	≥600	≥550	≥200	≥550

续表

项目		指标			
		EVA	ECB	PVC	PE
耐碱性［饱和 $Ca(OH)_2$ 溶液×168 h］	断裂拉伸强度/MPa	≥17	≥16	≥13	≥16
	扯断伸长率/%	≥600	≥600	≥250	≥550
人工候化	断裂拉伸强度/MPa	≥80	≥80	≥80	≥80
	扯断伸长率/%	≥70	≥70	≥70	≥70
刺破强度/N	1.5 mm	300	300	300	300
	2.0 mm	400	400	400	400
	2.5 mm	500	500	500	500
	3.0 mm	600	600	600	600

有机防水涂料的性能指标如表 6.7 所示。

表 6.7　有机防水涂料的性能指标

涂料种类		可操作时间/min	潮湿基面黏接强度/MPa	抗渗性/MPa			浸水168 h后拉伸强度/MPa	浸水168 h后断裂伸长率/%	耐水性/%	表干/h	实干/h
				涂膜/120 min后	砂浆迎水面	砂浆背水面					
反应型	缩聚型	≥20	≥0.5	≥0.3	≥0.8	≥0.3	≥1.7	≥400	≥80	≤12	≤24
	自由基类型	—	≥0.1	≥0.3	≥0.8	≥0.3	≥0.5	≥200	≥80	≤0.01	≤0.1
水乳型		≥50	≥0.2	≥0.3	≥0.8	≥0.3	≥0.5	≥350	≥80	≤4	≤12
聚合物水泥		≥30	≥1.0	≥0.3	≥0.8	≥0.6	≥1.5	≥80	≥80	≤4	≤12

选用丙烯酸盐喷膜防水层时，应符合下列规定：

（1）应充分考虑工程使用环境及丙烯酸盐喷膜防水层的耐久性，并采取必要的防护措施；

（2）与丙烯酸盐喷膜防水层相接触的材料应与丙烯酸盐材料之间具有相容性。

防水层施作前基面处理应符合下列规定：

（1）渗漏水应处理，并保持基面无明显漏水；

（2）初次支护表面应平整，无空鼓、裂缝，表面平整度应满足 $D/L<1/10$（D 为喷射混凝土相邻两凹凸间的深度，L 为喷射混凝土相邻两凹凸间的距离）；

（3）初次支护表面外露的锚杆头、钢筋头、螺杆钉头等突出物应割除；

（4）防水层施工应超前二次衬砌施工 1～2 个衬砌段长度，并与开挖面保持安全距离，应采用保护措施防止防水层损伤；

（5）采用复合防水板时，宜采用悬挂法或无钉铺挂，且接缝搭接宽度大于 150 mm。

丙烯酸盐喷膜防水层应一次喷涂成膜至设计厚度，并应符合下列规定：

（1）丙烯酸盐喷膜防水涂料施工工艺流程如图 6.1 所示，且施工时应符合其要求；

（2）两次喷涂防水层搭接宽度大于 100 mm；

（3）喷涂成膜后，宜在 5 d 内浇筑二次衬砌结构封闭防水膜；

（4）泵送浇注混凝土时应避免直接冲击防水膜。

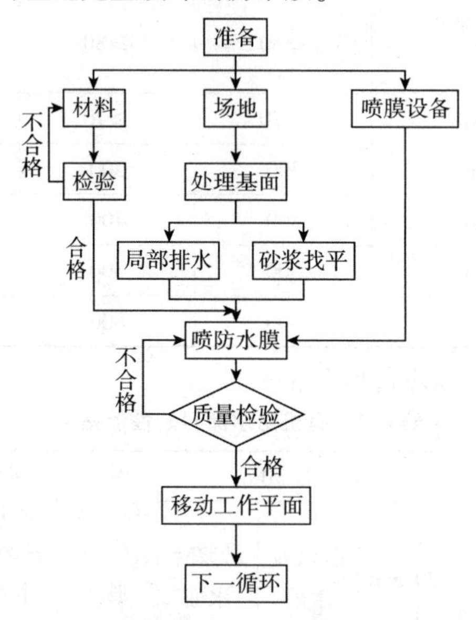

图 6.1　丙烯酸盐喷膜防水涂料施工工艺流程

对基面出露明水的部位，在施作丙烯酸喷膜防水层之前应对基面上增设排水设施进行引排，并应符合下列规定：

（1）基面出现的大股明水用排水管或盲沟将水引流至纵向排水管，保持基面无明显漏水，图 6.2 为隧道初支基面局部排水管；

（2）基面表面大面积渗水处应采用缓冲材料全部覆盖，并一直铺设至拱脚纵向排水管，隔离层的铺挂应与基面密贴。

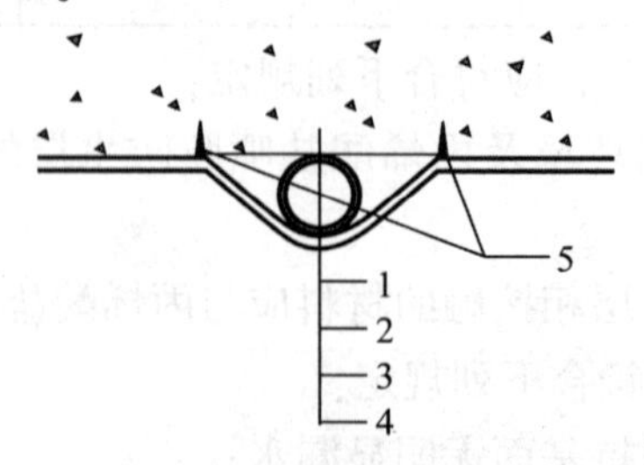

1—初次支护基层；2—排水管；3—缓冲层；4—喷膜防水层；5—射钉

图 6.2　隧道初支基面局部排水管

防水板的固定应符合下列规定：

（1）防水板的铺设宜减少接头、松紧适度，保证防水板与基面密贴；

（2）防水板与热塑性垫圈应采用电热压焊器热熔焊接，使防水板与热塑性垫圈熔为一体；

（3）防水板的搭接宽度大于150 mm，分段铺设的防水板的边缘部位应预留至少200 mm的搭接余量。

防水板焊接应符合下列规定：

（1）接缝处应干净，且焊缝接头应平整，不得有气泡、褶皱及空隙；

（2）应采用双焊缝热熔焊接；

（3）单条焊缝的有效焊接宽度大于15 mm；

（4）防水板纵向与环向搭接处，应覆盖一层同类材料的防水板材，用热熔焊接法焊接；

（5）焊缝若有漏焊、假焊应予补焊，烤焦、焊穿处以及外露的固定点，应用塑料片覆盖焊接。

隧道防水纵向排水管设置如图6.3所示，应符合下列规定：

（1）纵向排水管应采用缓冲材料包裹，固定于基面上；

（2）喷膜防水层应喷涂至纵向排水管底部与边墙接触处，将排水管全面包裹封闭。

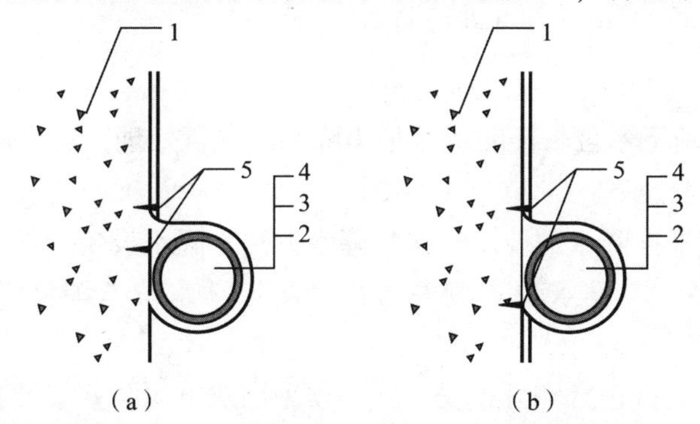

1—喷混凝土基层；2—纵向排水管；3—缓冲层；4—喷膜防水层；5—射钉

图**6.3**　隧道防水纵向排水管设置

（a）半包式；（b）全包式

注意：

（1）喷膜防水施工作业温度宜大于5 ℃，且小于35 ℃，在小于5 ℃时施工应做好防寒措施；

（2）防水板施工场合应有禁止烟火的标志，并应设置灭火设备。

防水层的保护，应符合下列规定：

（1）已完成的防水层施工地段，严禁用爆破法处理欠挖；

（2）挡头板的支撑物在接触到防水层处必须加设衬垫；

（3）在进行钢筋焊接作业时，应用阻燃材料覆盖防水层；

（4）浇注、振捣混凝土时应避免直接冲击防水板；

（5）对受到损伤的防水层，应及时进行修补，在修补丙烯酸盐喷膜防水层时，应将破损处防水膜切割平整，修复喷涂搭接长度大于 100 mm。

6.2.4 其他防水辅助措施

1. 地表处理

当隧道覆盖层较薄或地表水有可能渗入隧道时，施工前应对地表的积水、坑、洼等进行处理，并符合下列要求：

（1）洞口附近和浅埋地段洞顶地表应平整，不积水；

（2）地表坑洼、钻孔、探坑、陷坑等应采用不透水土进行回填，并分层夯实；

（3）黄土陷穴和岩溶孔洞等特殊地质的处理应符合设计要求；

（4）洞顶有流水的沟槽应予整治，确保水流畅通，必要时宜对沟床进行铺砌；

（5）周边影响范围内有河流、水塘等时，应有防渗漏措施。

对于浅埋隧道、洞口浅埋段地质条件较差或有涌水时，宜采用地表注浆进行加固处理。在对地表注浆前，首先应做好洞顶截水沟，再按设计进行地表封闭及注浆加固。地表注浆应满足下列要求：

（1）地表注浆时钻孔应严格按照设计孔位开孔，并保证孔向准确；

（2）地表注浆施工必须坚持先试验后施工的原则，以便选定注浆参数最佳值；

（3）地表注浆加固 15 d 后方可进行洞内施工。

2. 降水施工

当隧道内涌水或地下水位较高时，可采用降水法进行处理，直至降水水位达到防水要求。降水施工一般要求如下：

（1）降水施工应根据降水的要求，选择降水方法、降水设备，编制降水施工方案；

（2）降水过程中，应设水位观测井，及时测定动水位，调整降水参数，保证降水效果；

（3）为确保降水运行正常和开挖安全，必须采用双电源，并安装自动切换装置；

（4）应重视降水影响范围内地表环境的保护，建立监控测量体系进行降水监测。

6.3 结构缝防水处理

施工缝、变形缝及沉降缝是隧道结构施工过程中，由于施工分段、结构防护而产生的接缝，由于三缝处是防水薄弱部位，容易造成衬砌结构渗漏水，因此，结构缝处应按规范要求或现场试验进行防水处理。

6.3.1 防水材料的选取

隧道二次衬砌混凝土接缝防水材料应符合下列规定：

（1）止水带宜采用橡胶、塑料（PVC）、橡塑（氯乙烯合成橡胶）或金属止水带等，橡胶止水带和钢边橡胶止水带不得采用再生橡胶，塑料止水带不得采用再生塑料；

（2）高水压、预计变形大的地段，其施工缝、变形缝施工宜选用钢边橡胶止水带；

（3）中埋式止水带宜选用橡胶止水带或钢边橡胶止水带，当遇到有腐蚀性介质时宜选用氯丁橡胶止水带，橡胶止水带的防霉等级大于2级，在低温情况下，宜选用三元乙丙橡胶止水带，外贴止水带宜选用与防水板材质相同的塑料止水带；

（4）中埋式止水带的宽度宜控制在300～350 mm，并应视水压力大小、混凝土结构厚度而调整。

变形缝嵌缝材料及背衬材料应符合下列规定：

（1）处于输水隧道迎水面的嵌缝材料，其拉伸模量小于0.4 MPa，处于背水面的嵌缝材料，其拉伸模量大于或等于0.4 MPa，嵌缝材料的最大伸长率大于300%，拉伸-压缩循环性能的级别大于80/20（80 ℃时，拉伸-压缩率大于20%），嵌缝材料与混凝土具有良好黏接性能和抗老化性能；

（2）嵌缝材料宜选聚硫或聚氨酯类建筑密封膏的一等品或优等品；

（3）背衬材料的设置应符合设计要求。

变形缝填缝材料应符合下列要求：

（1）填缝板材质宜选用聚乙烯泡沫塑料板材或沥青木丝板；

（2）聚乙烯泡沫塑料板的物理力学性能应满足表6.8的要求。

表6.8　聚乙烯泡沫塑料板物理力学性能

项目	指标
表观密度/$(g \cdot cm^{-3})$	0.10～0.19
抗拉强度/$(N \cdot mm^{-2})$	≥0.15
抗压强度/$(N \cdot mm^{-2})$	≥0.15
撕裂强度/$(N \cdot mm^{-1})$	≥4.0
加热变形（+70 ℃）/%	≤2.0
吸水率/%	≤0.005
延伸率/%	≥100
硬度（邵尔A）/度	50～60
压缩永久变形/%	≤3.0

6.3.2　防水技术措施

1. 接缝防水

隧道二次衬砌混凝土采用衬砌台车作业时，施工缝和变形缝防水的设计与施工除应按规范相关规定执行外，用于伸缩的变形缝宜不设或少设；用于沉降的变形缝应少设，轨道交通隧道应不设。可根据不同的工程结构类别及工程地质情况采用诱导缝、加强带、后浇带等替代措施。

施工缝的防水措施应符合下列规定：

（1）纵向施工缝宜采用外贴式止水带和遇水膨胀止水条防水的复合构造形式（见图6.4）；

（2）环向施工缝宜采用设置外贴式止水带和中埋式止水带的复合构造形式（见图6.5），也可采用中埋式止水带与预埋注浆管路防水的复合构造形式（见图6.6）。

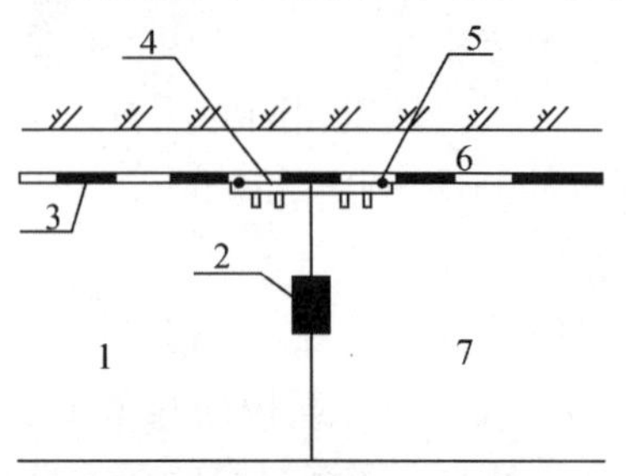

1—现浇混凝土；2—遇水膨胀止水条；3—防水板；4—外贴式止水带；5—焊接；6—初次支护；7—后浇混凝土

图6.4　外贴式止水带和遇水膨胀止水条防水的复合构造形式

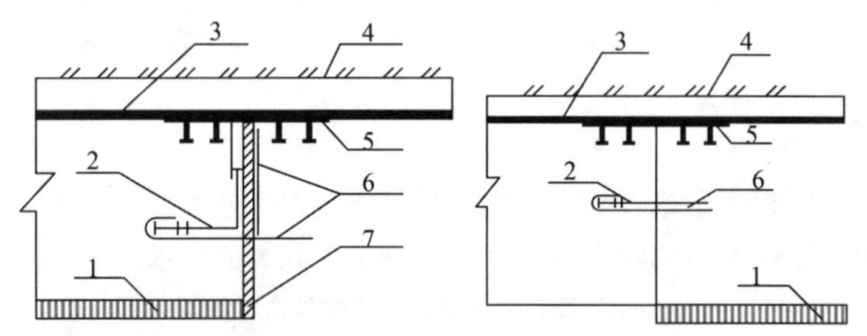

1—模板台车；2 —中埋式止水带；3— 防水板 ；4 —围岩；5 — 外贴式止水带；6 — 钢筋卡；7 —端头模板

图6.5　外贴式止水带和中埋式止水带防水的复合构造形式

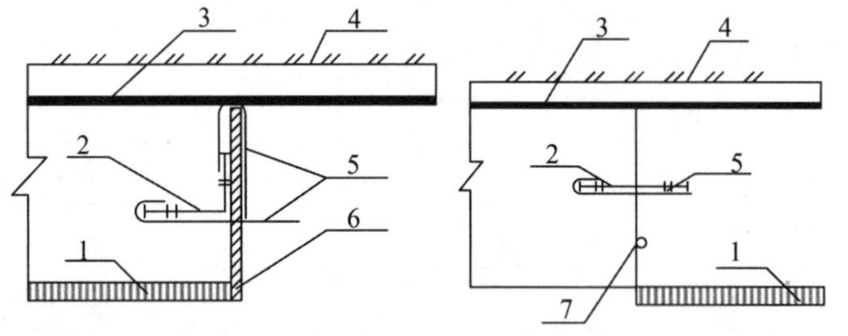

1—模板台车；2 — 中埋式止水带；3— 防水板；4 — 围岩；5 — 钢筋卡；6 — 端头模板；7 —预埋注浆管

图6.6　中埋式止水带和预埋注浆管路防水的复合构造形式

二次衬砌混凝土应连续浇筑完成，宜少留纵向施工缝；在分段浇筑时，应先做仰拱或底板，后做拱墙；边墙水平施工缝宜低于洞内排水侧沟盖板底面，且应高于边墙排水孔，其高度应大于止水带宽度的1/2。

对于富水隧道，二次衬砌混凝土施工缝的施工，应采取下列主要措施：

（1）在施工缝处应预埋可全断面出浆的注浆管路（注浆花管）或配有注浆管的遇水膨胀止水条等；

（2）背贴式塑料止水带应与防水板焊接或黏结；

（3）宜采用分区隔离防水技术，对防水板（或可防止纵向窜流的防水板）与二次衬砌迎水面之间进行分区注浆，图6.7为隧道分区防水示意、图6.8为注浆底座安装示意，注浆宜在发生渗漏后进行。

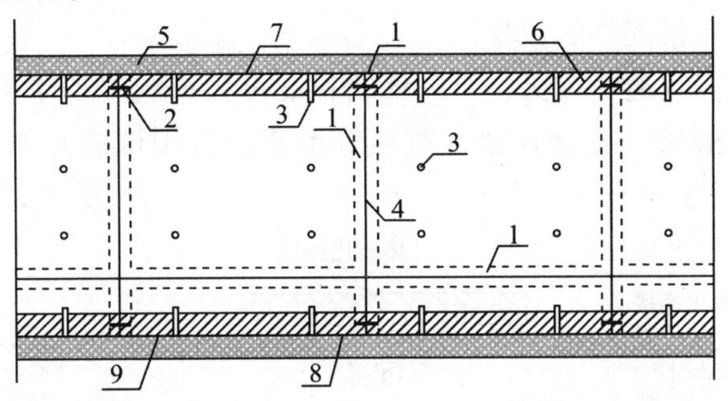

1—外贴式止水带；2—中埋式钢边橡胶止水带；3—预埋注浆管；4 —施工缝；5—初次支护；6—二次衬砌模筑混凝土；7—防水层及缓冲层；8—细石混凝土保护层；9—防水层、缓冲层及土工布保护层

图 6.7　隧道分区防水示意

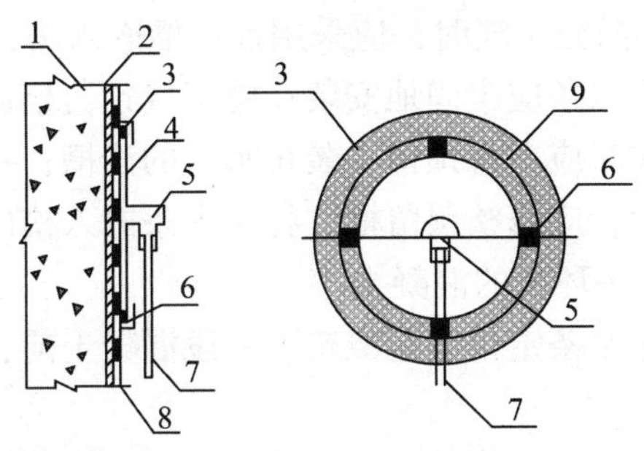

1—初次支护；2—土工布缓冲层；3—封口胶带；4 —注浆底座；5 —出浆孔；6—手工焊接点；7—注浆导管；8—PVC 防水板；9—注浆底座外轮廓线

图 6.8　注浆底座安装示意

隧道内衬混凝土接缝中埋式止水带施工应符合下列规定：

（1）止水带埋设位置应准确、固定牢靠，其中间空心圆环应与变形缝的中心线重合；

（2）止水带安装的位置宜按衬砌厚度的 1/2 确定，止水带安装的径向位置与设计的偏差值不超过 50 mm，止水带安装的纵向位置离其设计位置中心不得超过 30 mm；

（3）止水带应与衬砌端头模板正交；

（4）止水带应妥善固定，应利用附加钢筋、卡子、铅丝、模板等将止水带固定牢靠，宜采用专用钢筋套或扁钢固定，采用扁钢固定时，止水带端部应先用扁钢夹紧，并将扁钢与结构内钢筋焊牢，固定扁钢用的螺栓间距宜为 500 mm；

（5）中埋式止水带先施工一侧混凝土时，其端模应支撑牢固，严防漏浆；

（6）止水带的连接头宜为一处，应设在边墙较高位置上，不得设置在结构转角处，接头宜采用热压焊；

（7）中埋式止水带在转弯处宜采用直角专用配件，并应做成圆弧形，橡胶止水带的转角半径大于 200 mm，钢边橡胶止水带的转角半径大于 300 mm，且转角半径应随止水带的宽度增大而相应加大。

采用衬砌台车作业时，中埋式止水带的固定应按规范规定施工。

安设于结构内侧的可卸式止水带，施工时应符合下列规定：

（1）所需配件应一次配齐；

（2）混凝土结构转角处应做成45°折角；

（3）转弯处应增加紧固件的数量；

（4）止水带的焊接宜避免接头，每一环的长度可根据施工要求事先向生产厂家定制，如确需接头，应采取搭接、复合连接、对接等形式，常用橡胶止水带接头形式如图6.9所示。

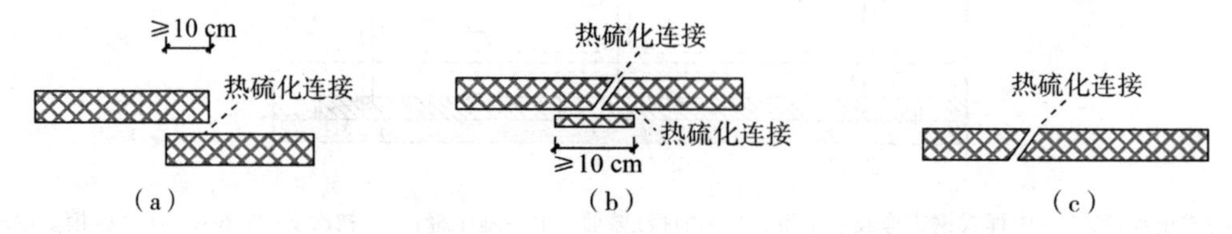

图6.9　常用橡胶止水带接头形式

(a) 搭接（推荐形式）；(b) 复合连接（推荐形式）；(c) 对接

遇水膨胀止水条设在环向施工缝时，应采用预留槽嵌入法，并应符合下列规定：

（1）制品型遇水膨胀止水条应牢固地安装在施工缝预留槽内；

（2）混凝土挡头板制作时应考虑预留安装止水条的浅槽；

（3）拆除混凝土模板后，应修整预留槽，将止水条嵌入槽内，并用配套的胶黏剂或水泥钉固定止水条，再浇筑下一环节的混凝土；

（4）制品型遇水膨胀止水条定位后至浇筑下一段混凝土前，应避免被水浸泡，并加涂缓膨剂；

（5）制品型遇水膨胀止水条接头处应重叠搭接后再黏接固定（见图6.10，其中B为衬砌厚度），沿施工缝形成闭合环路，其间不得留断点，搭接长度大于或等于50 mm。

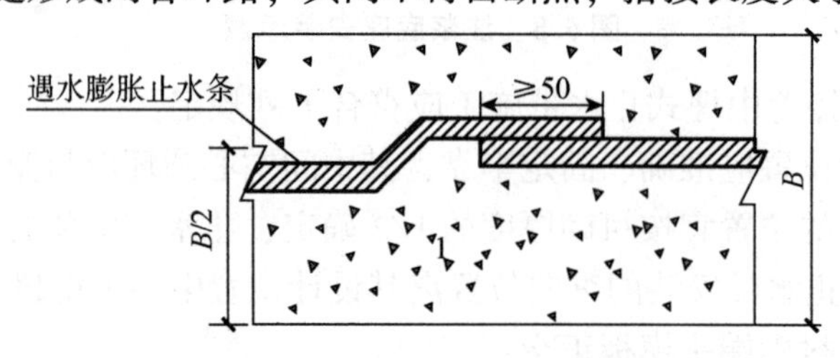

图6.10　遇水膨胀止水条搭接示意

6.4　排水系统设计

隧道排水系统由盲管、排水管和排水沟等结构组合而成，并共同发挥作用。排水系统应和防水系统协调配合，实现隧道防排水设计效果。

6.4.1　技术要求

矿山法隧道排水系统由隧道外截流排水系统和隧道内排水系统组成。

隧道内排水系统由环向排水盲管、土工席垫、纵向排水盲管、横向排水管、路面排水、路缘水沟和集中排水沟等组成。环向排水盲管宜采用软式排水管，应布置在初次支护与防水板之间，间距应根据围岩的渗水量确定，出口应接入纵向排水盲管。环向排水盲管设置应符合下列规定：

(1) 应沿隧道的周边固定于围岩或初次支护表面；

(2) 纵向间距宜为5～20 m，在水量较大或集中出水点应加密布置；

(3) 应与纵向排水盲管相连；

(4) 盲管与混凝土衬砌接触部位应外包无纺布隔浆层。

纵向排水盲管设置应符合下列规定：

(1) 纵向盲管应设置在隧道两侧边墙下部或底部中间，连接纵向排水盲管的横向排水管坡度宜为2%，间距宜为5～10 m；

(2) 纵向排水盲管应与环向排水盲管和横向排水管相连接；

(3) 纵向排水盲管管径应根据围岩或初次支护的渗水量确定，且大于100 mm，外侧宜采用土工布包裹，并设于防水板与初次支护之间，且固定牢固；

(4) 纵向排水坡度应与隧道或坑道坡度一致。

环向排水盲管、纵向排水盲管、横向排水管所排出的水应排向两侧水沟或中心排水沟，再由水沟统一排向泵房或洞外。纵向坡度与线路纵坡应一致，并大于0.1%。

排水沟的断面尺寸应根据排水量的大小计算确定。明沟应设盖板，排污水时应有密闭措施。

排水沟应顺直，坡度应均匀；排水管接头应平顺、稳固；排水系统内不得积水，排水应流畅。

横向排水管宜采用带孔混凝土管或硬质塑料管，其设置应符合下列规定：

(1) 横向排水管应与纵向排水盲管、排水明沟或中心排水盲沟（管）相连；

(2) 横向排水管的间距宜为5～25 m，坡度宜为2%；

(3) 横向排水管的直径应根据排水量大小确定，内径大于50 mm。

注意：

(1) 盲管应用固定卡子固定于基面上，拱部固定卡子的间距宜为300～500 mm，边墙固定卡子的间距宜为1 000～1 200 mm，在不平处应增加固定点；

(2) 环、纵向盲管宜采用扁平式塑料板或软式透水管，其规格、性能应符合现行行业标准《软式透水管》(JC 937—2004) 的规定；

(3) 排水管道材料宜选用塑料或不锈钢排水槽，混凝土排水明、暗沟表面应光滑、平整，并宜用聚合物水泥、聚合物水泥砂浆涂层等不易沾积水垢、耐腐蚀的涂层作表面处理，废水池内壁应采用防腐蚀聚合物水泥砂浆或改性环氧涂层处理。

6.4.2 中心排水管（沟）排水

侧（排水）沟、中心排水管（沟）应严格按设计要求施工，确保其排水通畅。

中心排水管（沟）的布置、结构形式、沟底高程、纵向坡度、埋设深度均应符合设计要求，根据隧道所在地区的不同，中心排水管（沟）埋设深度宜为0.5～2.0 m。

中心排水管的管材应符合国家标准《混凝土和钢筋混凝土排水管》（GB/T 11836—2009）3 级管的要求。

中心排水管施工具体要求如下：

（1）中心排水管（沟）断面面积应根据隧道长度、纵向坡度、地下水渗流量，通过水力计算确定；

（2）中心排水管（沟）管身不应变形，不得有裂缝，中心排水管（沟）管段拼装形式应符合设计要求，预制管段的内径、壁厚不应小于设计厚度，施工时，应注意检查中心排水管（沟）预制管段的规整性和管壁强度；

（3）中心排水管（沟）上部应设置进水孔，并确保进水孔畅通，不得有盲孔，上部进水孔的位置、间距、数量应满足设计要求；

（4）中心排水管（沟）盖板的预制、搬运、安装不得有断板现象，盖板安装就位后，应用砂浆将接缝填实；

（5）中心排水管（沟）基础的总体坡度、段落坡度和单管坡度应协调一致，并符合设计要求，不得高低起伏；

（6）中心排水管（沟）开挖断面形状、尺寸应符合设计要求，宜超挖 10 cm，并采用与回填层强度等级相同的混凝土回填，中心排水管（沟）底面高程每 50 m 随机抽查 10 个点，允许偏差为+5 mm；

（7）双线隧道Ⅰ、Ⅱ级围岩段中心排水管（沟）的开挖宜与隧道底部光面爆破层的开挖同步进行；

（8）无仰拱地段的中心排水管（沟）宜设反滤层，反滤层的砂、石粒径和含泥量应符合设计要求；

（9）有仰拱地段的中心排水管（沟）应直接埋设于仰拱填充混凝土中，图 6.11 为有仰拱断面中心排水管（沟）设置示意。

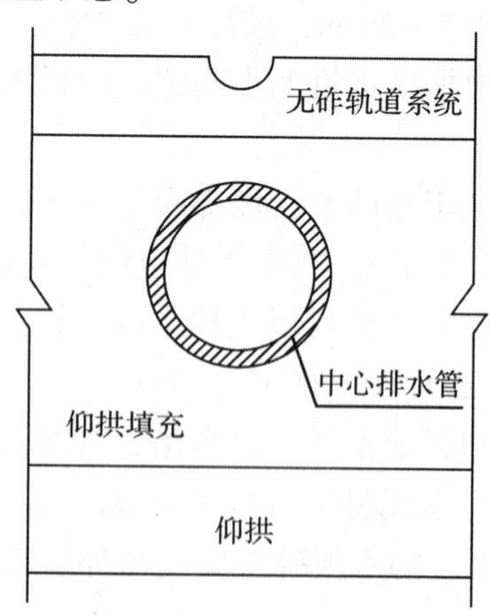

图 6.11　有仰拱断面中心排水管（沟）设置示意

在软弱破碎地段（无仰拱），中心排水管（沟）管段铺设时应在其下方安设混凝土预制块定位。在对中心排水管（沟）施工时，应先挖基槽，将不良岩体用强度较高的碎石替换，并用混凝土找平基面，使基础既平整又密实，为管段顺利铺设创造条件。无仰拱断面中心排水管（沟）设置示意如图 6. 12 所示。

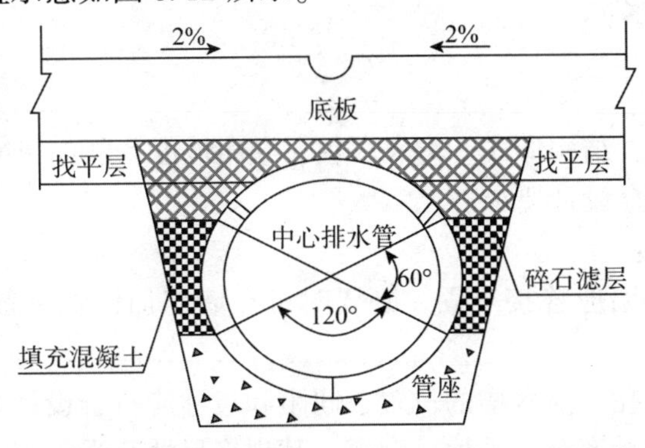

图 6. 12　无仰拱断面中心排水管（沟）设置示意

在无仰拱地段铺设中心排水管（沟）管段时，首先，应保证有透水孔的一面朝上；待管段逐个放稳后，再用水泥砂浆将管段间接缝密封填实；待砂浆凝固后，逐段进行通水试验，若发现漏水，及时处理；最后，用土工布覆盖管段透水孔，并注意检查横向导水管出口处与中心排水管（沟）的连接方式。

在无仰拱地段，中心排水管（沟）周围碎石应分层回填，回填时应注意保护管段的稳定及其上部透水性；浇筑底板混凝土前，用土工布覆盖碎石顶面，防止水泥浆漏入水沟；浇筑底板混凝土后，应立即进行水沟试水，将漏入的水泥浆冲洗干净。无仰拱地段中心排水管（沟）施工流程如图 6. 13 所示。

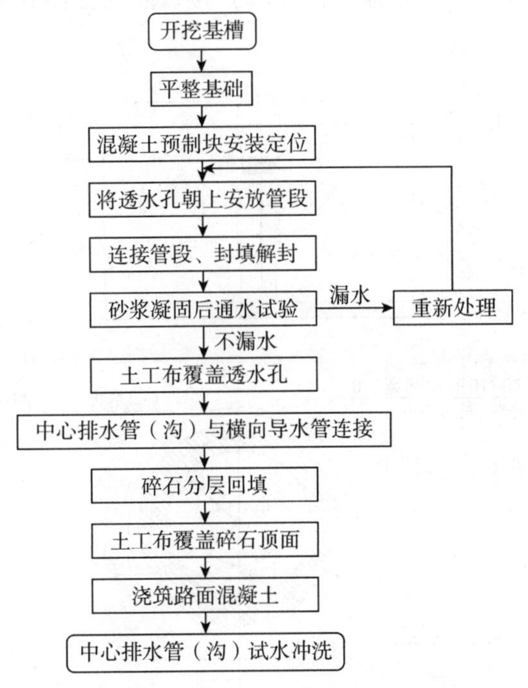

图 6. 13　无仰拱地段中心排水管（沟）施工流程

6.4.3 边沟排水

1. 侧沟

隧道内侧沟的布置、结构形式、沟底高程、纵向坡度、断面尺寸，以及侧沟外墙距线路中心线的距离均应符合设计要求。

侧沟施工要求如下：

(1) 侧沟与隧道边墙应连接牢固，必要时可在墙部加设短钢筋，使边墙与沟壁连成一体；

(2) 进水孔、泄水孔、泄水槽的位置、间距和尺寸应符合设计要求；

(3) 侧沟盖板应铺设齐全、平稳、顺直，其规格尺寸和强度应符合设计要求；

(4) 侧沟旁设有集水井时，集水井宜与侧沟、路面同时施工；

(5) 侧沟进水孔的孔口端应低于该处路面的高程，底板或仰拱施作时不得堵塞孔口。

隧道边墙下部通过纵、环向排水管将水引入侧沟，并在每段纵向排水盲管中部设置泄水管，泄水管的设置应根据水量适当调整。

排水盲管、侧沟和孔槽等组成的排水系统应具有良好的排水效果，做到洞内排水顺畅，无淤积堵塞，进水孔、泄水孔、泄水槽畅通，排污水时应有密闭措施。

2. 水沟连接

侧沟与中心排水管（沟）的连接形式应符合设计要求，中心排水管（沟）接头可采用钢丝网水泥砂浆抹带接口，中心排水管（沟）接口断面如图 6.14 所示，图中数值单位为 mm。

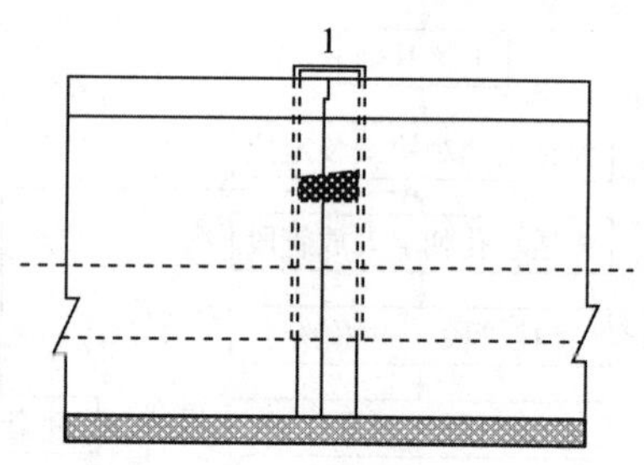

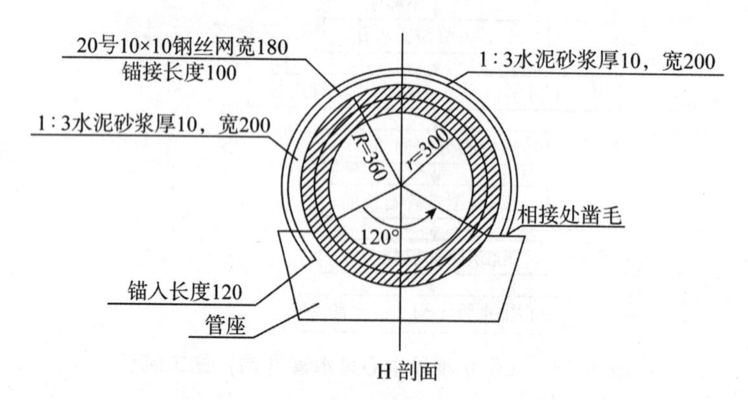

图 6.14 中心排水管（沟）接口断面

隧道内两侧水沟与中心排水管（沟）通过横向引水管连接，横向引水管的直径大于 100 mm，坡度大于或等于2%，其纵向间距应根据地下水量确定。横向引水管与中心排水管（沟）的连接如图 6.15 所示。

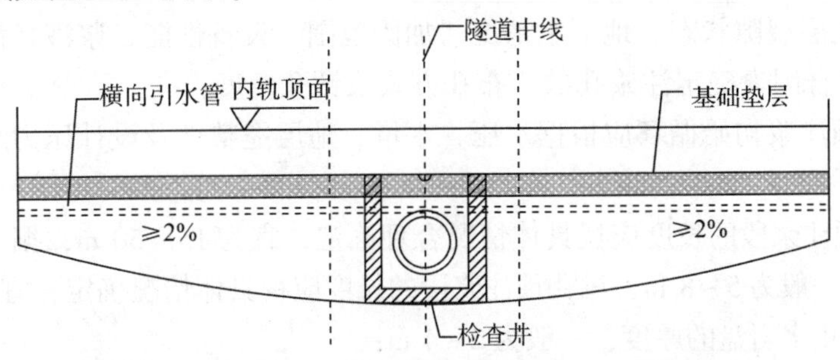

图 6.15　横向引水管与中心排水管（沟）的连接

中心排水管（沟）埋设好后，应进行通水试验，若发现漏水、积水应及时处理。

6.5　注浆堵水技术

注浆堵水是山岭隧道常用的堵水方式，主要应用浆液填充围岩缝隙，封堵地下水渗流通道的原理达到堵水的目的。

6.5.1　技术要求

1. 注浆堵水的规定

注浆堵水一般规定如下：

（1）注浆施工应根据设计并结合工程实际制定注浆方案；

（2）注浆施工时，应根据现场试验进行参数调整和工艺完善，保证注浆效果；

（3）注浆材料宜以水泥系材料为主，浆液配合比应经现场试验确定；

（4）注浆过程中应做好施工记录（如注浆里程、孔位、孔径、孔深、浆液配合比、注浆压力、注浆量等），注浆结束后应对注浆钻孔及检查孔封填密实。

注浆过程中应加强监控量测，当围岩或支护结构发生较大变形、窜（跑）浆等异常情况时，可采取下列措施：

（1）降低注浆压力或采用间歇注浆，直至停止注浆；

（2）改变注浆材料或缩短浆液凝胶时间；

（3）对窜（跑）浆部位进行封堵；

（4）调整注浆实施方案。

2. 全断面预注浆

在富水地段或软弱地层（水压和涌水量较大且围岩自稳能力差的地层）可采用全断面

预注浆进行加固堵水，主要加固隧道开挖轮廓线以外一定范围以及隧道开挖面，加固范围宜为开挖线外 3 ~8 m。

全断面预注浆方案，参数设计宜按下列原则确定：

（1）根据地层裂隙状态、地下水情况、加固范围、设备性能、浆液扩散半径和对注浆效果的要求等综合因素确定注浆孔数、布孔方式及钻孔角度；

（2）深孔预注浆初始循环应根据水压、水量、地层完整性及设计压力来确定止浆墙的形式；

（3）深孔预注浆段的长度应视具体情况合理确定，宜为 15 ~50 m，掘进时必须保留止水岩盘的厚度，一般为 5 ~8 m，浅孔预注浆段的长度应视具体情况确定，宜为 5 ~15 m，掘进时必须预保留止水岩盘的厚度，一般为 2 ~4 m；

（4）全断面预注浆设计压力应根据围岩水文地质条件合理确定，宜比静水压力大 0.5 ~1.5 MPa，当静水压力较大时，宜为静水压力的 2 ~3 倍，注浆泵的量程应达到设计压力的 1.3 ~1.5 倍；

（5）注浆方式应根据水文地质情况、机械设备等因素综合确定；

（6）钻孔孔位允许偏差深孔为 ±5 cm，浅孔为 ±1 cm，钻孔偏斜率允许偏差为孔深的 ±0.5%，同时应满足设计要求；

（7）钻孔注浆应采取隔孔钻注的方式；

（8）预注浆单孔注浆结束的条件为，深孔各段均达到设计终压并稳定 10 min，且注浆量不小于设计注浆量的 80%，进浆速度为开始进浆速度的 1/4，浅孔达到设计终压；

（9）检查孔的渗水量应小于设计允许值，浆液固结体达到设计强度后方可开挖；

（10）注浆前应进行压水或压稀浆试验，判断地层的吸浆和扩散情况，以确定浆液浓度、注浆压力和注浆量。

注浆材料应按下列原则合理选用：

（1）具有良好流动性，可注性；

（2）耐久性强；

（3）固化时体积收缩小，与岩体、混凝土、砂土等有一定的黏结力；

（4）结石率高，固结后有较高的强度和抗渗性；

（5）稳定性好，注浆时浆液不产生离析和沉淀；

（6）原材料来源丰富、价格适宜，便于运输与储存，常温常压条件下存放较长时间不改变其基本性质；

（7）无毒、无臭，不污染环境，对人体无害；

（8）对注浆设备、管路、混凝土结构物及橡胶制品等无腐蚀性，容易清洗；

（9）配置方便，工艺及设备简单，操作容易、简便；

（10）在动水条件下，注浆材料除了满足上述原则外，还应满足抗分散性好、早期强度高、凝胶时间可调、结石体抗冲刷性好等要求。

预注浆视围岩状况可采取前进式分段注浆、后退式分段注浆和全孔一次性注浆施工工艺。钻孔注浆分段长度根据地质情况确定，深孔宜为 3 ~10 m，浅孔宜为 1 ~5 m。前进式分段注浆施工工艺流程和后退式分段注浆施工工艺流程分别如图 6.16 和图 6.17 所示。

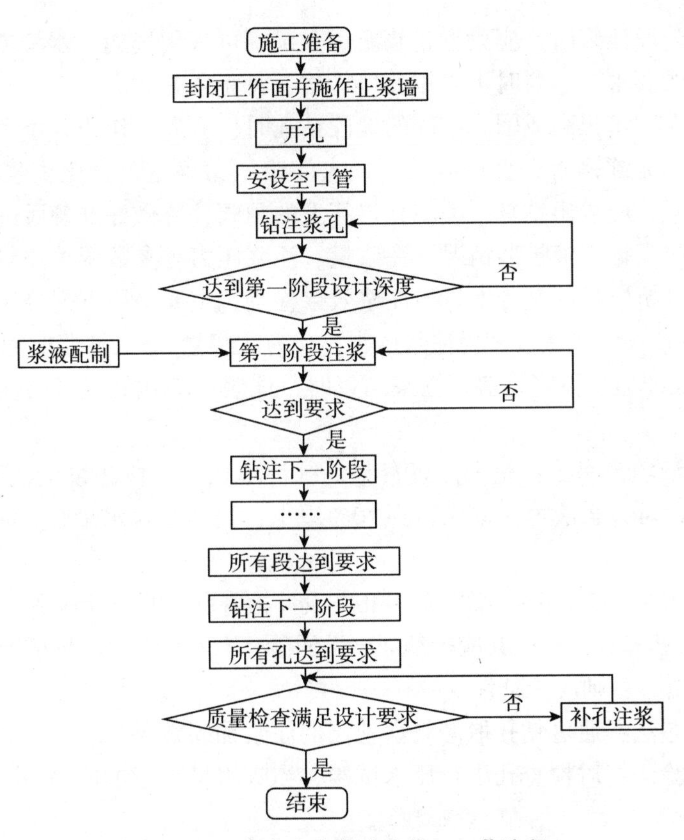

图 6.16　前进式分段注浆施工工艺流程

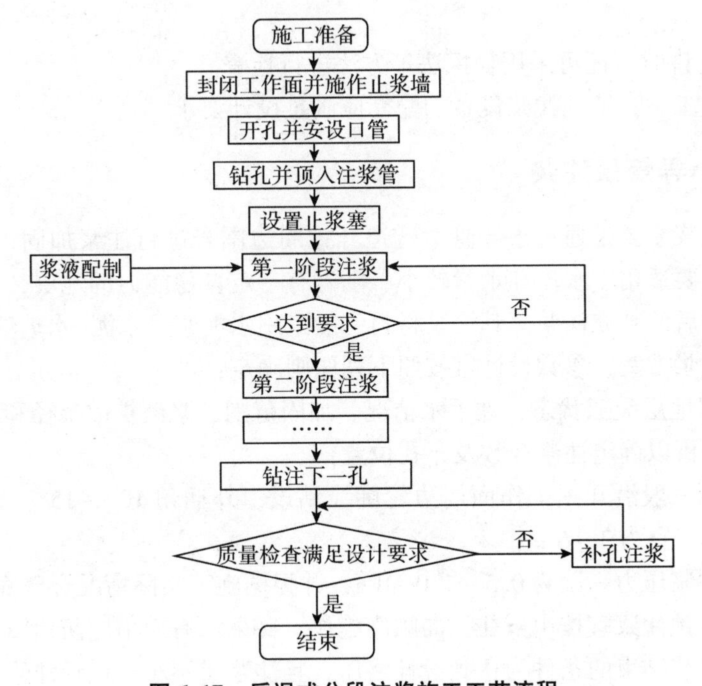

图 6.17　后退式分段注浆施工工艺流程

进行后退式分段注浆时，应设置止浆塞。止浆塞可采用气囊、水囊或橡胶止浆塞，并能承受注浆终压的要求，必要时可采用孔口管法兰盘止浆方式。

当在涌水量大、水压高或围岩破碎的地段钻孔时，应先施作止浆墙和设置带闸阀的孔口管。孔口管应为无缝钢管，直径应根据最大注浆压力确定，宜比止浆墙厚度长 50 cm。当出现大量涌水时，应拔出钻具，关闭孔口管上的闸阀，待做好准备后进行注浆。

注浆过程中应根据浆液扩散情况、注浆量、注浆压力等参数调整注浆材料的配比。

预注浆应在分析资料的基础上进行注浆效果检查，主要采用下列分析方法。

（1）分析 $P-Q-t$ 曲线法（P 为注浆压力，Q 为注浆量，t 为注浆时间）：$P-t$ 曲线应呈上升趋势，$Q-t$ 曲线应呈下降趋势，注浆结束时，注浆压力达到设计终压，注浆速度达到设计速度。

（2）反算浆液填充率法：整理注浆资料，统计单孔、全段注浆量，反算浆液填充率，当地层含水量不大时，浆液填充率应达到70%以上；当地层含水量较大时，浆液填充率应达到80%以上。

（3）钻检查孔法：按总注浆孔的5%～10%设计检查孔，检查孔应在均匀分布的原则下，结合注浆资料的分析布设；检查孔应无涌泥、无涌砂、不塌孔，渗水量小于0.2 L/(min·m)或小于设计涌水量，否则应予补注。

（4）钻孔取芯法：通过钻孔取芯观察地层的注浆加固效果。

（5）压水实验法：对检查孔进行压水试验，当吸水量大于1 L/(min·m）时，必须进行补充注浆。

（6）流量测试法：采取连续测试渗流量的方法，若所测渗流量小于设计值，则注浆效果满足要求。

（7）条件允许时，还可采用物探法等方法进行检查。

钻孔注浆施工中，钻孔注浆设备的配套应满足设计要求。

6.5.2 小导管预注浆

小导管预注浆主要是通过小导管对隧道开挖周边围岩进行注浆加固，满足开挖需要。小导管预注浆主要适用于水压和水量较小、围岩有一定自稳能力的地层，或作为全断面预注浆和帷幕注浆后的补充注浆。其注浆材料一般采用水泥浆、水泥-水玻璃双液浆等。

小导管预注浆方案、参数设计宜按照下列原则确定：

（1）应根据地层裂隙状态、地下水情况、加固范围、浆液扩散半径和对注浆效果的要求等因素综合分析以确定注浆孔数及布孔位置；

（2）注浆孔一般沿开挖工作面周边轮廓线钻设，外插角10°～15°，钻孔深度应视具体情况合理确定，宜为3～6 m；

（3）设计注浆压力一般为0.5～1.0 MPa，并根据施工实际情况合理确定；

（4）小导管预注浆宜按由下往上的顺序施作，并采取有效措施防治窜（跑）浆；

（5）单孔注浆结束的条件为达到设计终压，且注浆量不小于设计注浆量的80%；

（6）小导管预注浆后浆液固结体达到设计强度后方可开挖；

（7）小导管预注浆的工艺宜采用全孔一次性注浆工艺，其工艺流程如图6.18所示。

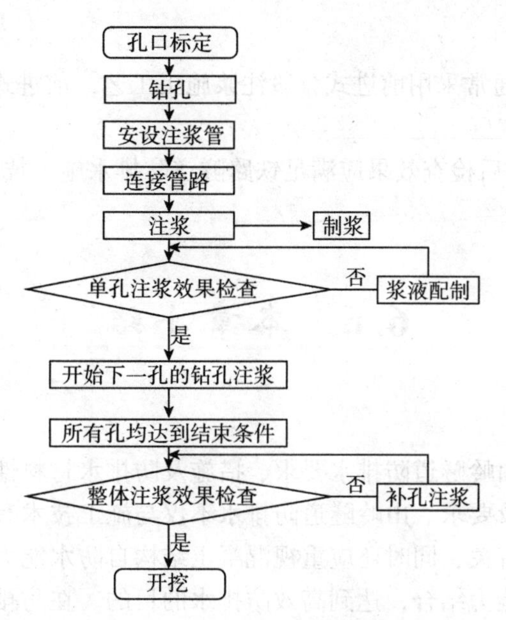

图 6.18 小导管预注浆工艺流程

小导管宜采用注浆花管，管径宜为 32 ~ 50 cm，管间间距宜为 0.2 ~ 0.4 m，可采用风动凿岩机顶入。小导管预注浆后，必须在分析资料的基础上进行注浆效果检查，当未达到设计要求时，必须进行补充注浆。

6.5.3 超前帷幕注浆

在富水地段（涌水量较大但水压不大，且围岩有一定自稳能力的地层）可采用超前帷幕注浆进行加固堵水，主要加固隧道开挖轮廓线以外的一定范围（3 ~ 8 m）。

超前帷幕注浆的注浆材料按照 6.5.1 节注浆材料要求选用。

注浆前应做压水或压稀浆试验，确定浆液种类和浓度。

超前帷幕注浆方案的参数设计宜按下列原则确定：

（1）根据地层裂隙状态、地下水情况、加固范围、设备性能、浆液扩散半径和对注浆效果的要求等综合分析以确定注浆孔数、布孔方式及钻孔角度；

（2）帷幕注浆段的长度应视具体情况合理确定，宜为 15 ~ 50 m，掘进时必须保留止水岩盘的厚度，一般为 5 ~ 8 m；

（3）岩石地层超前帷幕注浆设计压力应根据水文地质条件合理确定，宜比静水压力大 0.5 ~ 1.5 MPa，注浆泵的量程应达到设计压力的 1.3 ~ 1.5 倍；

（4）注浆方式应根据水文地质情况、机械设备等因素综合选择；

（5）钻孔孔位允许偏差为±5 cm，钻孔偏斜率允许偏差为孔深的±0.5%，同时应满足设计要求；

（6）钻孔注浆应采取隔孔钻注；

（7）超前帷幕注浆单孔注浆结束的条件为各孔段均达到设计终压并稳定 10 min，且注浆量不小于设计注浆量的 80%，进浆速度为开始进浆速度的 1/4；

（8）超前帷幕注浆检查孔的渗水量应小于设计允许值，浆液固结体达到设计强度后方可开挖；

（9）超前帷幕注浆通常采用前进式分段注浆施工工艺，前进式分段注浆施工工艺流程图见图 6.16；

（10）超前帷幕注浆后检查效果应满足铁路隧道防排水施工技术相关规定。

6.6 本章小结

本章通过总结分析山岭隧道防排水要求、措施及防排水材料性能，详细阐述了山岭隧道防排水施工处置工序及要求。山岭隧道防排水不仅与施工技术有关，还与防排水方案设计、防排水材料选取等有关，同时还应重视混凝土结构自防水能力，将防水措施或结构构造与混凝土结构自防水能力结合，达到高效防排水的目的。在防排水处置过程中，应严格按照规范或设计要求，选取合适的防排水材料，提出合理的防排水方案，成功实现高效防排水的目的。此外，本章从防、排、堵系统地介绍了山陵隧道防排水施工技术，包括防水系统设计、施工缝防水处理、排水系统设计和堵水技术。提出了隧道“防、排、堵、截”的设计原则，在防水措施上分析了衬砌结构自防水、防水布及防水板防水、施工缝防水等具体防水措施；在排水措施上分析了中心排水沟排水和边沟排水等排水措施；在堵水技术上分析了小导管预注浆和超前帷幕注浆技术，形成了较为完整的防、排水系统，可为类似工程提供参考。

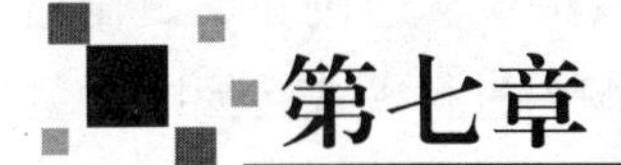

第七章 盾构隧道防排水施工技术

盾构隧道衬砌结构由预制管片组装而成，其防排水施工流程与钻爆法隧道防排水施工流程有一定差异。为了深入了解盾构隧道防排水技术，本章将对盾构隧道地层注浆、管片防水系统、接缝防水系统及抽排水系统进行论述。

7.1 盾构施工的特点

盾构分为开式模式、闭式模式和双模式盾构。双模式是开式模式和闭式模式在同一设备上的高度集成，集两者结构和功能特点于一身，大大扩大了设备的使用范围和灵活性。相较于单一模式盾构，双模式盾构在设计上主要有以下特点。

(1) 双模式刀盘。刀盘是影响设备开挖性能的核心部件，具备开式刀盘和闭式刀盘的全部特点，通过合理布局、功能集成，并在有效吸收彼此优点的基础上获得比单一模式刀盘更多的性能优势，单一模式刀盘与双模式刀盘功能对比如表 7.1 所示。

表 7.1 单一模式刀盘与双模式刀盘功能对比

功能项目	闭式刀盘	开式刀盘	双模式刀盘
刀盘旋转方向	双向	单向	双向
适用地质	软土、复合地层	软岩	软土、复合地层、软岩
刀具类型	滚刀、切刀、刮刀等	滚刀、刮刀	滚刀、切刀、刮刀等
耐磨措施	中等	强	强
能否承压	能	不能	能

由上表看出，双模式刀盘实现了开式刀盘和闭式刀盘的优势互补，有效集成了各自的优点，从而实现其更大的使用范围。

(2) 两套出渣装置。不同掘进模式下，主机的出渣方式不同。开式模式采用带式输送机出渣，闭式模式采用螺旋输送机出渣。由于主机内部空间较狭小，而两套出渣装置的安装空间又有交叉，故在任一选定模式下只能完整布置一套出渣装置，因此合理的出渣装置结构和转换方法是影响双模式出渣功能效率的关键。通过合理分块（分段）、优化连接结构和吊点布置等方法，双模式盾构在主机内有效集成布置了主机带式输送机和螺旋输送机两套出渣装置，两套装置的结构、尺寸、分块（分段）均满足洞内进行模式转换时拆装快速、便捷的要求。

（3）增强的主机防滚措施。由于双模式盾构施工期间将穿越不同的地层，特别是在岩石地层掘进时，仅仅依靠主机自重产生的摩擦力有可能无法提供足够的掘进反力矩，为此采取了在主机底部加设防扭条，并在盾体径向布置多个液压稳定器的方式来提高主机反扭性能。

7.2 地层分段注浆堵水技术

在富水地层采用盾构法修建的大型斜井，其主要技术难点之一在于防水处置。分段注浆堵水技术、管片斜向拼装整体防水处置技术可以避免管片壁后因水力连通造成的过大涌水灾害，因此在盾构隧道防水中广泛应用。

根据工程地质及施工特点，可利用管片壁后填充层与管片共同构成防水体系，并可进一步对管片壁后地下水采取分段隔水处置技术。分段止水方法包括壁后回填注浆法、化学浆环向封堵法，本节根据双模式盾构工作特点，采用壁后回填注浆法对分段隔水效果进行模拟研究。

7.2.1 密封掘进模式下壁后回填注浆

盾构密封掘进时，衬砌管片与地层之间的环形空隙通过同步注浆以及二次注浆进行充填，形成一道外围防水层。在下坡掘进的情况下，注浆浆液易往前流，导致注浆质量不高、浆液流失严重，甚至存在盾壳抱死风险。为减少水泥浆液往盾构前方流动，弥补因水泥灌浆防水性能不稳定引起的上下含水层之间的水力联通，每隔 30 环取 2 环，采用快凝双液浆或化学浆液进行全环封闭止水注浆。为减小浆材硬化收缩，所有的注浆材料皆宜掺加一定量的微膨胀剂。同步注浆浆液应具有良好的抗水分散性和可注性，胶凝时间一般为 3～10 h（终凝），也可根据地层条件和掘进速度，通过现场试验加入促凝剂或变更配比来调整胶凝时间。对于强透水地层和需要注浆提供较高早期强度的地层，可通过现场试验调整配比和加入早强剂，以缩短胶凝时间获得早期强度，保证良好的注浆效果。对于埋深较大、地层较软弱地段，应适当延长终凝时间，以加大围岩应力释放，减少结构内力。

注浆固结体强度：1 d 凝期大于 0.2 MPa；28 d 凝期大于 2.5 MPa。注浆作业时应对注浆量和注浆压力进行控制，当注浆压力达到设计压力、注浆量达到设计注浆量的80%时应结束注浆。

注浆压力应高于正常掘进时掘进面水土压力0.1～0.2 MPa。裂隙发育的岩层中，注浆充填系数取130%～180%；较为完整的基岩中，注浆充填系数取120%～160%。完成注浆后，注浆孔应采用聚合物砂浆填充密实。

注浆质量采用地质雷达和超声波探测法进行检查，对未满足要求的部位，应进行补充注浆。对于物探异常部位，必要时应进行钻孔验证。环向测线位于该环管片中部，间距10环管片。图7.1为超声检测测线布置示意，图7.2为隧道内侧测线布置示意。

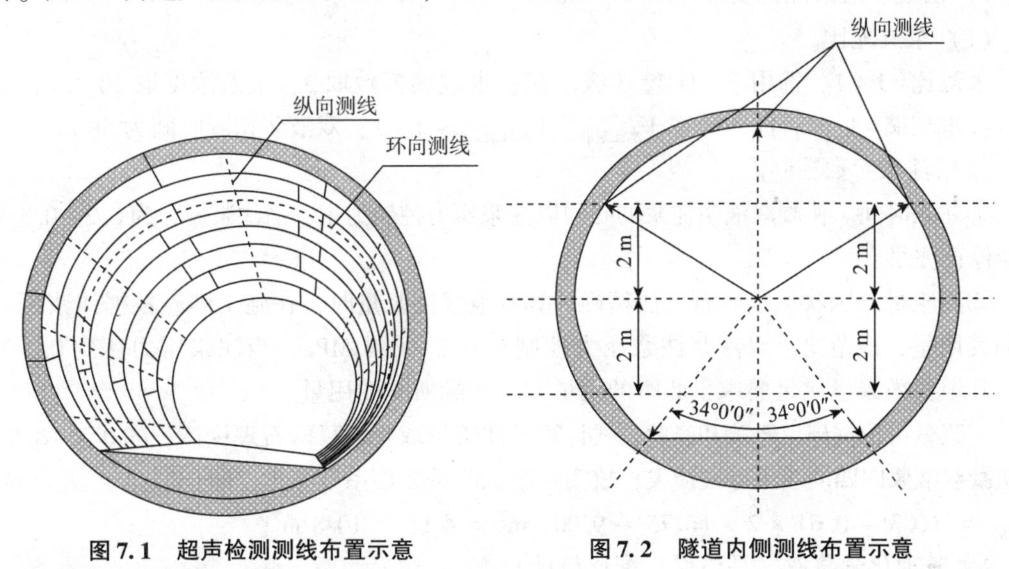

图7.1　超声检测测线布置示意　　**图7.2　隧道内侧测线布置示意**

7.2.2　敞开掘进模式下壁后回填注浆

盾构采用敞开掘进模式掘进时，管片壁后采用分布注浆堵水与豆砾石吹填相结合的方案。

1. 填充细石混凝土、吹填豆砾石

管片拼装成环推出盾构盾尾后，管片外侧与围岩之间的空隙应充填密实，并立即采用C20早强细石混凝土对底拱处进行填充，以保证衬砌环推出盾尾后保持基底稳定。随后及时安排豆砾石吹填（除底拱衬砌块处采用细石混凝土填充外，其余各衬砌块均吹填豆砾石）以防止管片结构失稳。用豆砾石材料装载车将豆砾石运至豆砾石泵，然后用高压风通过管片的预留孔吹填豆砾石。吹填顺序应按底部两侧拱顶的顺序进行，避免吹填的豆砾石架空而出现不密实。豆砾石粒径应为5～10 mm，吹填前应清洗干净。

2. 注浆回填

豆砾石吹填完成后，立即进行回填灌浆，以固结豆砾石。为避免上下含水层之间水力联通，每隔30环取2环，填充快凝双液浆或化学浆液进行全环封闭注浆止水，其方法同闭式模式。应根据结构埋深、地层条件和掘进速度，通过现场试验来调整注浆浆液胶凝时间和强度。注浆材料对管片的膨胀力应通过现场试验确定，膨胀力不能对管片造成损伤，不能影响管片的安全性。如果地下水涌水量较大，影响盾构正常掘进，可适当缩小快凝双液浆或化学浆液的注浆间距。

3. 注浆加固

全环封闭后在封闭的区段进行快凝双液浆或化学浆液灌浆，形成一道外围防水层。注浆浆液应具有相应的抗水分散性，满足固结体强度要求；注浆作业时应对注浆量和注浆压力进行监控，检测注浆质量。

1）快凝双液浆配比设计

（1）浆液配比。

水灰比=1∶1，选用P·O 42.5级水泥；水玻璃模数取3，浆液浓度取20 °Bé；水泥浆液：水玻璃=1∶1；注入速率$V_{水泥浆液}$∶$V_{水玻璃浆液}$=1∶1；双液浆初凝时间为58 s。

（2）注浆参数控制。

①注浆时间。快凝双液浆注浆的时间以注浆压力控制为主，当注浆压力为0.2～0.3 MPa时应停止注浆。

②注浆量。因吹填豆砾石无法精确计算双液浆注浆量时，在施工中应根据注浆压力来控制其用量，规范要求双液浆注浆压力控制在0.2～0.3 MPa，当注浆压力达到0.3 MPa时，其填充效果已满足要求，此时的用量就是实际所需的用量。

注浆量可根据施工经验和经验公式计算，注浆量取吹填豆砾石理论体积的0.3～0.6倍，因快凝双液浆向四周渗流造成损失，故实际施工时按2倍系数考虑，即：$V_{双液浆} = K_1 \times K_2 \times V_{豆砾石} = (0.3 \sim 0.6) \times 2 \times (6.75 \sim 9.00)\ \mathrm{m}^3 = 4.05 \sim 10.8\ \mathrm{m}^3$。

2）其他化学浆液（马格尼）配比设计

（1）浆液配比。

底黏度树脂A∶固化剂B=1∶1；注入速率$V_{树脂A}$∶$V_{固化剂B}$=1∶1；浆液初始反应时间为35～45 s，反应结束时间60～100 s。

（2）注浆参数控制。

①注浆时间。马格尼注浆的时间以注浆压力控制为主，当注浆压力为0.2～0.3 MPa时应停止注浆。

②注浆量。马格尼注浆时，因吹填豆砾石无法精确计算注浆量，在施工中根据注浆压力来控制其用量，规范要求马格尼注浆压力控制在0.2～0.3 MPa，当注浆压力达到0.3 MPa时，其填充效果已满足要求，此时的用量就是实际所需的用量。

根据施工经验和经验公式计算，注浆量取充填豆砾石理论体积的0.3～0.6倍；注浆量因渗流时产生损失，故实际施工时取2倍系数；因浆液遇水膨胀10～20倍，不遇水膨胀1.05倍，计量时需取1/20～1/1.05的系数。$V_{马格尼} = K_1 \times K_2 \times K_3 \times V_{豆砾石} = (0.3 \sim 0.6) \times 2 \times (1/20 \sim 1/1.05) \times (6.75 \sim 9.00)\ \mathrm{m}^3 = 0.21 \sim 10.29\ \mathrm{m}^3$

7.2.3 分段隔水方案及效果分析

环向封堵采用的是快凝双液浆及化学浆，优点是胶结快、堵水好。当管片脱出盾构盾尾10环时，从仰拱至拱顶，自下而上沿每个注浆孔注入浆液，取连续3环为一次注浆循环，注浆压力小于0.5 MPa。某工程盾构分段止水设计图如图7.3所示。

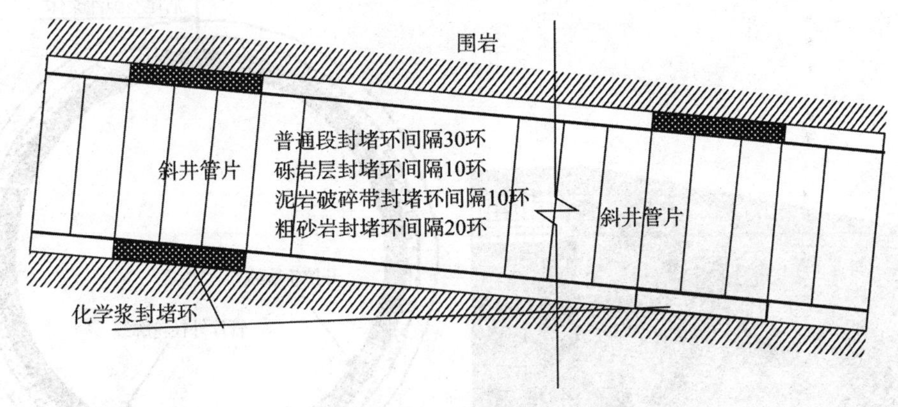

图7.3 某工程盾构分段止水设计图

1. *考虑填充层特性的井筒环境渗流分析模型*

为了验证壁后注浆方案的有效性，针对“每隔30环取2环填充快凝双液浆进行全环封闭止水注浆，环间采用水泥浆”方案进行井筒环境渗流分析，采用FLAC3D流固耦合模块进行。采用实体单元模拟地层、衬砌和壁后注浆材料。考虑到对称性，建立模型尺寸为25 m×69 m×360 m，共计单元数量52 080个。本构关系采用弹性模型，流体计算时采用各项同性渗流模型，并认为颗粒不可压缩，即取Biot系数为1。由于地层水源补给充足，认为隧道开挖渗流为饱和渗流问题，取饱和度$S=1$。其他计算参数根据地勘报告结合工程经验取值，地层与结构材料参数取值如表7.2所示。

表7.2 地层与结构材料参数取值

项目	ρ/(kg·m^{-3})	E/MPa	μ	c/kPa	φ/(°)	k/(m·d^{-1})	n/%
砂质泥岩	2 200	1.439×10^4	0.21	35.09	4.33	0.06	16.53
细粒砂岩	2 500	1.226×10^4	0.21	34.99	3.15	0.08	21.85
混凝土	2 500	32.5×10^4	0.22	—	—	—	—
水泥浆	2 000	0.7×10^4	0.20	—	—	8.64×10^{-6}	—
双液浆	2 200	1.0×10^4	0.20	—	—	8.64×10^{-7}	—

力学边界条件为：上表面为自由面，侧面及底面施加法向约束，初始地应力取自重应力。渗流边界条件为：上表面为透水边界，侧面及底面为不透水边界，开挖临空面孔隙水压力固定为0，初始渗流场取静水压力场。地下水位偏于不安全考虑，取与地表平齐。

由于扰动属性主要是流体，在数值模拟时，采用两步求解法：首先设置静水场，计算自重及开挖的应力场变化，然后同时打开渗流场和岩土体自重应力场，计算工作面处的涌水量。整个计算分为7步掘进，每次进尺为48 m，其中包括30环环间采用水泥浆及2环快凝双液浆。环境渗流计算模型示意如图7.4所示。

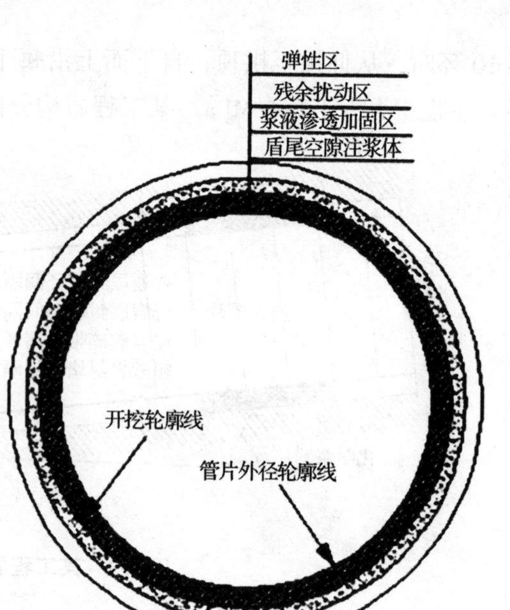

(a) (b)

图 7.4 环境渗流计算模型示意

(a) 整体模型；(b) 盾构管片壁后注浆计算模型

2. 基于开挖-注浆过程的孔隙水压力仿真分析

盾构掘进过程中孔隙水压力分布如图 7.5 所示。

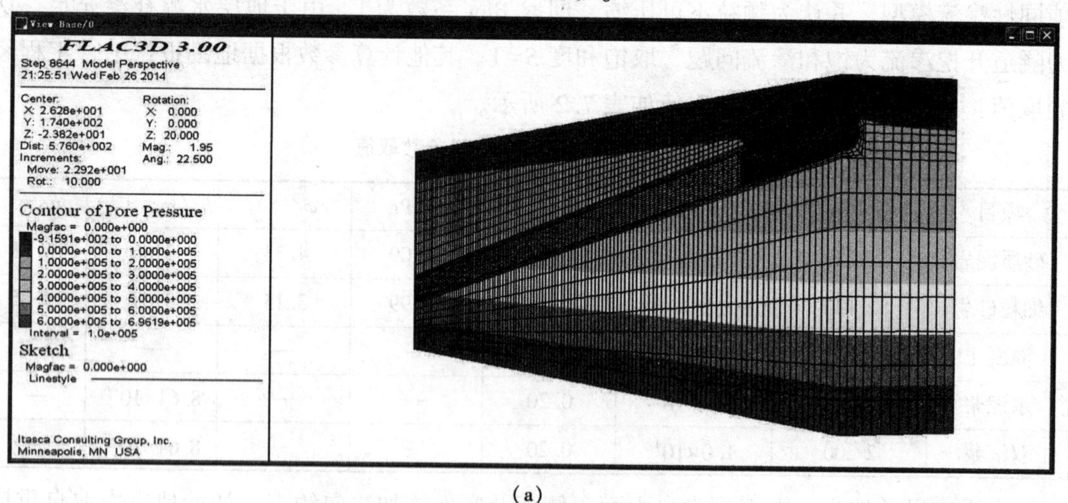

(a)

图 7.5 盾构掘进过程中孔隙水压力分布

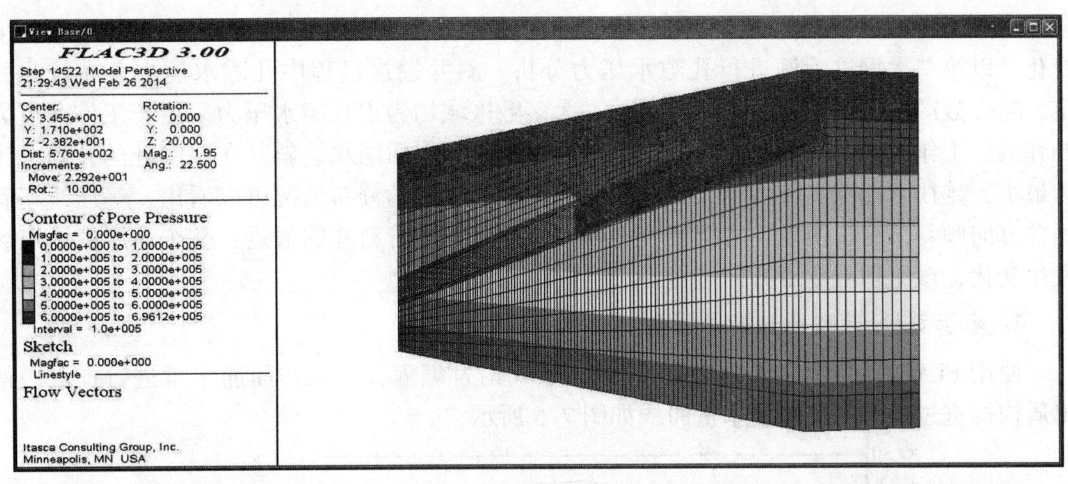

(b)

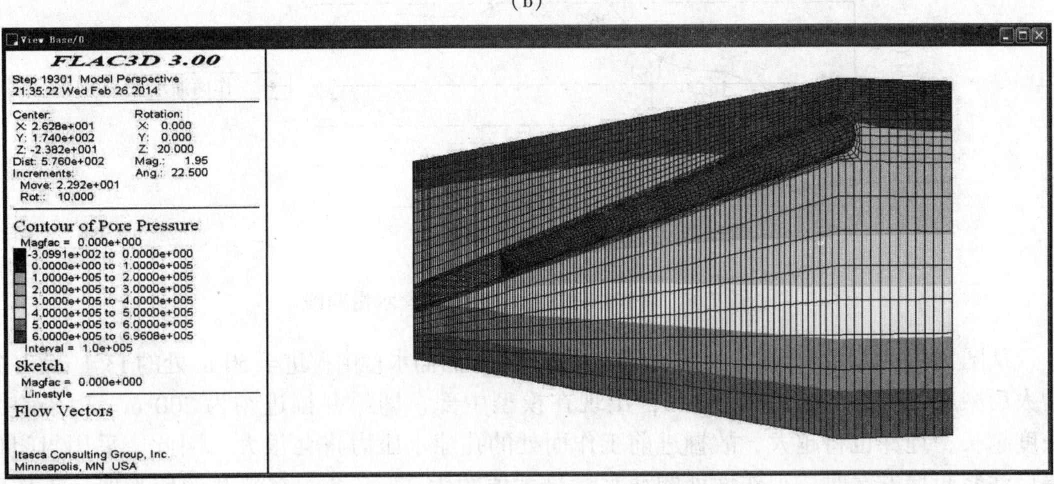

(c)

(d)

图 7.5　盾构掘进过程中孔隙水压力分布（续）

（a）第一次掘进（斜井长 48 m）；（b）第三次掘进（斜井长 144 m）；

（c）第五次掘进（斜井长 240 m）；（d）第七次掘进（斜井长 336 m）

从图 7.5 可以看出，随着斜井盾构的掘进，整个地层的孔隙水压力与渗流场逐渐发生变化。以第 7 次掘进为例进行孔隙水压力分析。斜井掘进过程中孔隙水压力分布较为稳定，除少数区域出现超孔隙水压力之外，大多数区域均为正孔隙水压力。由于工作面应力的释放，工作面处的孔隙水压力极小，从而导致了工作面涌水。斜井在明洞处的孔隙水压力最小，越往下孔隙水压力越大。从孔隙水压力等压线的分布情况可以看出，等压线朝着斜井方向倾斜，这说明地下水正朝着斜井方向涌出。随着斜井的掘进，整个地层的渗流场发生变化，渗流朝着隧道方向进行。

3. 基于支护-注浆条件的工作面涌水量仿真分析

使用 FLAC3D 自定义函数功能，通过 FISH 语言编程，对工作面涌水量进行提取，得出盾构掘进过程中工作面涌水量曲线如图 7.6 所示。

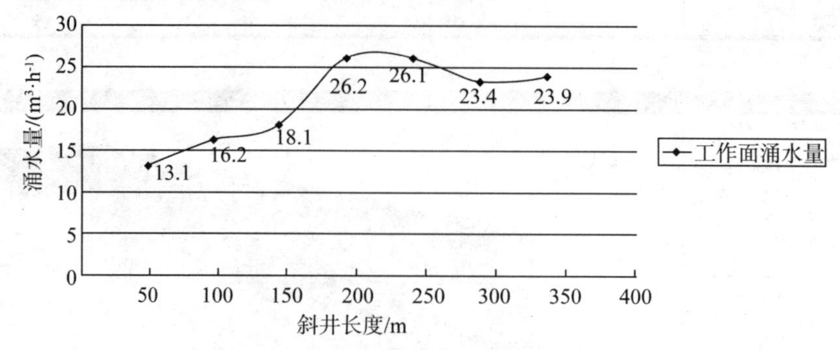

图 7.6　盾构掘进过程中工作面涌水量曲线

从图 7.6 可以看出，随着斜井盾构的掘进，工作面涌水量由掘进至 50 m 处的 13.1 m^3/h 先增大后减小，最大值约为 27 m^3/h，出现在模型中部，即斜井掘进约为 200 m。由于斜井长度越长，埋深也将越大，故掘进前工作面处的孔隙水压力将会很大。因此，采用封闭型壁后注浆封堵方案时，工作面处的涌水量最大值约为 27 m^3/h；在斜井的后半段，工作面的涌水量逐渐降低至 23.9 m^3/h。

7.3　管片结构防水要求

盾构隧道衬砌结构由预制管片组装而成，管片自防水能力强，但管片之间的接缝处为盾构隧道防水薄弱环节，其防水难度较大。

1. 防水原则

以斜井结构为例，根据工程地质、水文地质等特点，确定防水原则为以下几点：

（1）以防为主、多道设防、综合治理；

（2）以管片混凝土自防水、管片接缝防水、斜井与始发井接头防水为重点，确保斜井整体防水效果；

（3）所有防水构件、混凝土外加剂等应满足耐久性要求。

2. 管片自防水

管片自防水时采用管片混凝土材料的致密性进行防水，管片自防水应满足以下要求：

(1) 隧道管片采用强度等级为 C40 的高性能混凝土，抗渗等级为 P12，限制裂缝开展宽度小于 0.2 mm；

(2) 防水混凝土应采用普通硅酸盐水泥（掺量为 2% ~5%）或硅酸盐水泥（掺量为 0% ~5%），宜掺粉煤灰、粒化高炉矿渣微粉等活性粉料；

(3) 管片在使用期间应满足强度、抗裂要求，最大裂缝宽度小于 0.2 mm，对于出现渗漏的裂缝及裂缝宽度大于设计允许值的干裂缝应进行封堵处理；

(4) 管片拼装前应确保密封垫槽和嵌缝槽的宽度（无缺损和气孔）；

(5) 每生产 50 环管片应抽查 1 块作检漏测试，试验标准为 1.0 MPa 水压力下可维持 3 h，且渗水深度小于 5 cm。

3. 管片间密封垫设置要求

某工程斜井采用拼装式管片，环向衬砌分块方式为“3（标准块）+2（邻接块）+1（仰拱块）+1（封顶块）”。衬砌纵向拼装每环长 1.5 m。接缝是防水的薄弱环节，也是能够控制衬砌最大外水压力的关键部位，其指标的选取非常关键。密封垫需具备相应的耐压性能、变形性能等。

4. 管片壁后填充层与管片结构共同防水

壁后注浆改变了斜井壁后局部岩土体渗透参数，注浆区域与管片接缝相互作用，管片壁后填充层对管片结构防水性能产生影响，填充层与管片结构形成共同防水的体系。采用装配式管片衬砌时，可以采取图 7.7 所示的管片衬砌应对水压的 3 种主要方式来应对高水压。

(1) 注浆全封堵方式 [见图 7.7（a）]：将衬砌结构设计成能够承受外水压力的抗水压衬砌，并使衬砌与周围注浆围岩尽可能形成整体来共同承受外水压力。

(2) 单纯泄水方式 [见图 7.7（b）]：通过降低地下水位以减小或消除地下水对衬砌结构的影响。

(3) 堵水限排方式 [见图 7.7（c）]：允许地下水有限排放，当衬砌背后通过注浆圈渗入的地下水量小于衬砌的排水能力时，衬砌的外水压力将大大降低，从而确保隧道衬砌的安全。

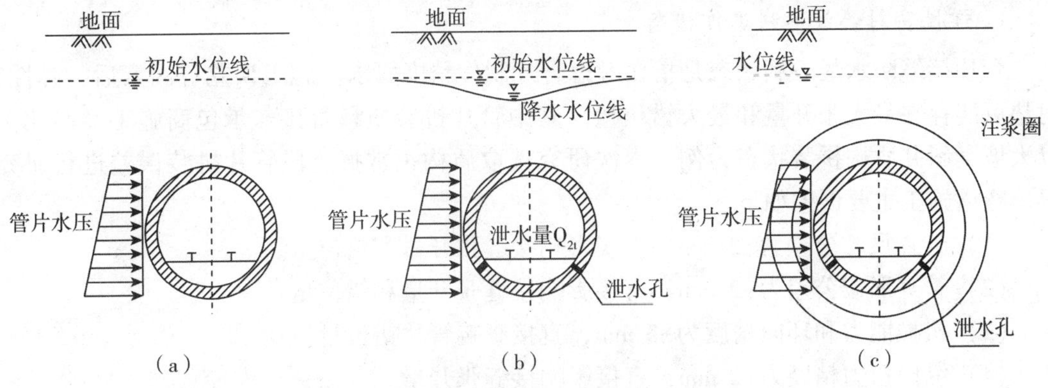

图 7.7　管片衬砌应对水压的 3 种主要方式

(a) 注浆全封堵方式；(b) 单纯泄水方式；(c) 堵水限排方式

当采用盾构法施工时，由于管片在掘进之后立即支护，并具有较高的防渗能力，再加上壁后注浆系统的使用，故能够起到很好的防水堵水功能。

壁后填充层与管片结构共同防水的实质是“堵水限排”方式，其本质是将地下高静水压力变为动水压力，通过注浆圈对动水压力进行有效消减，管片衬砌采用对渗进其壁后流量的有效排放来实现降压和保护生态的目的，采用衬砌堵水限排方式消减水压示意图如图7.8所示。将静水压力转换为动水压力就是要把面力转换成体积力，从而实现注浆圈消能的目的。

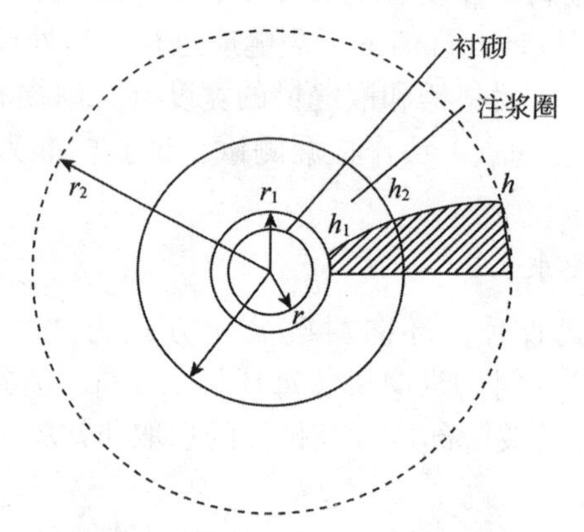

图 7.8　采用衬砌堵水限排方式消减水压示意图

7.4　管片接缝密封防水

管片结构自身和接缝防水是盾构防水的技术难点，为避免防水失效，造成大量渗漏水，危及隧道安全，其防水指标的选取非常关键。本节从弹性密封垫耐压性能、技术指标等方面研究提出了相关要求和措施。

1. 弹性密封垫最不利工作状态

管片接缝防水最不利状态是指在考虑管片制作精度要求、施工误差等因素后，弹性密封垫可能存在最大张开量和最大错位量。其中管片拼装质量直接与承包商施工经验相关。以大坡度斜井盾构拼装状态为例，本次研究选取盾构正常掘进段管片拼装误差进行研究，得出隧道施工主要误差如下。

（1）管片尺寸公差为±2 mm，直接影响接缝张开量和错位量。

（2）管片形位公差为±2 mm，直接影响接缝张开量和错位量。

（3）机械能力和环向精度为±5 mm，直接影响管片错位量。

（4）纵向扭力精度为±2 mm，直接影响接缝张开量。

（5）人为因素、环境影响因素为±3 mm，直接影响管片错位量。

（6）密封垫配合面尺寸公差为±1 mm，直接影响密封垫的对接错位量。

（7）弹性密封垫最不利工作状态：最大张开量为 8 mm；最大错位量为 15 mm。

2. 弹性密封垫耐压性能

作为接缝防水主要材料的三元乙丙弹性密封橡胶垫，一般加工为多孔状结构，但是中间开孔的形状各异。本次对 3 种结构形式的密封垫进行了有限元分析，以优化密封垫的结构。3 种密封垫结构对应的有限元模型如图 7.9 所示，3 种密封垫结构的接触压力分布如图 7.10 所示，3 种密封垫结构的变形形态如图 7.11 所示。

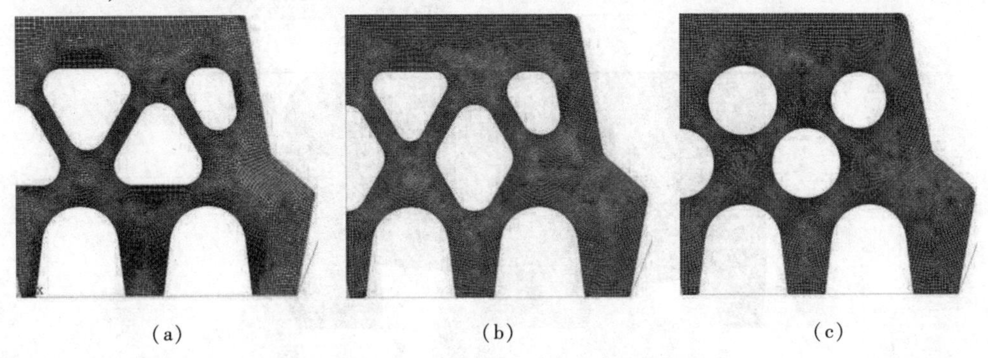

图 7.9　三种密封垫结构对应的有限元模型

（a）结构Ⅰ；（b）结构Ⅱ；（c）结构Ⅲ

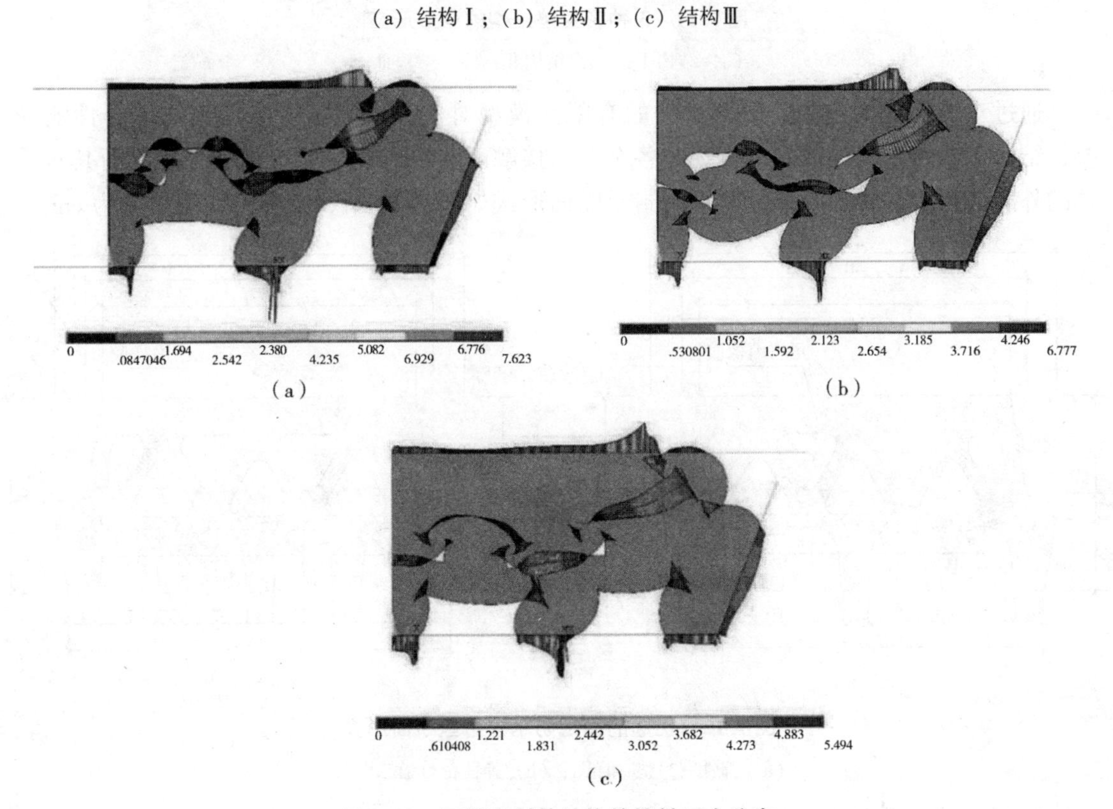

图 7.10　三种密封垫结构的接触压力分布

（a）结构Ⅰ；（b）结构Ⅱ；（c）结构Ⅲ

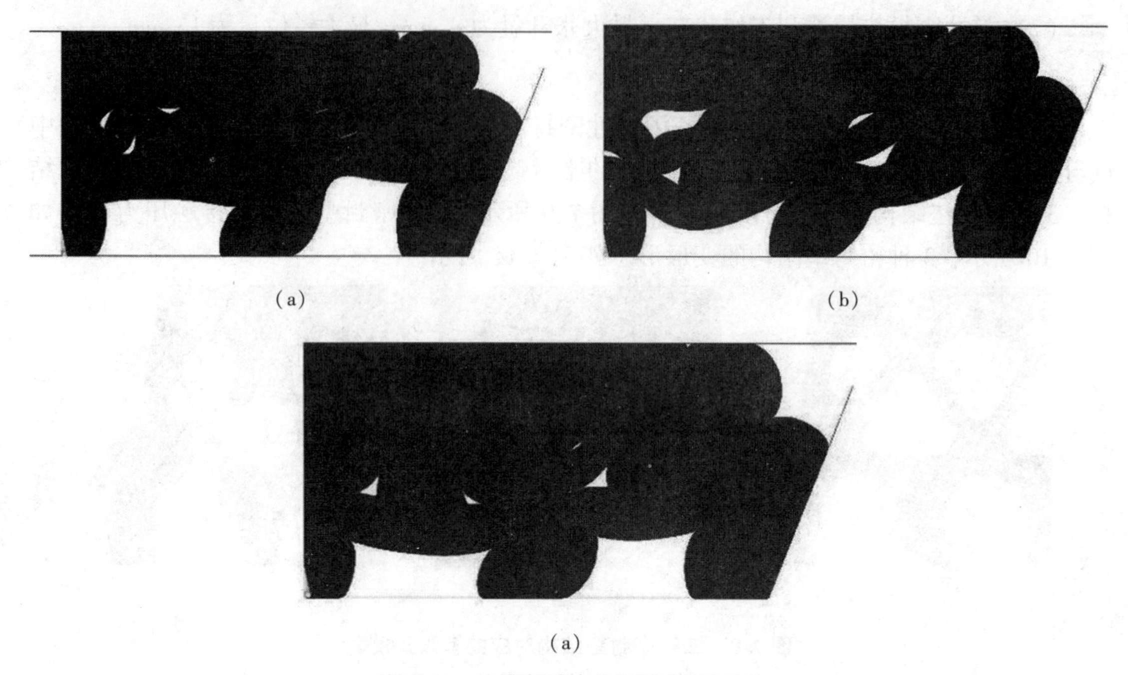

图 7.11　3 种密封垫结构的变形形态

(a) 结构Ⅰ；(b) 结构Ⅱ；(c) 结构Ⅲ

通过对 3 种常见密封垫结构方案的有限元模型对比分析得出：结构Ⅲ的综合性能最差，结构Ⅰ的密封效果最好，表现为各个密封接触面的接触应力分布比较合理，而其所需要的外载荷最小。优选的接缝防水密封垫断面形式如图 7.12 所示，图中数值单位为 cm。

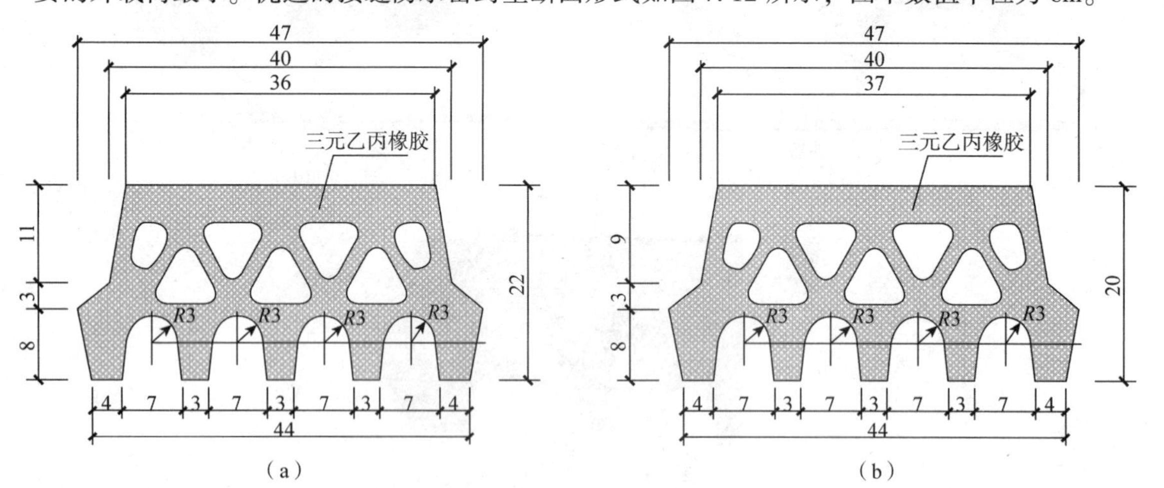

图 7.12　优选的接缝防水密封垫断面形式

(a) 弹性密封垫一详图；(b) 弹性密封垫二详图

3. 弹性密封垫技术指标

1）防水技术要求

根据斜井泄水降压的外水压力控制标准，斜井结构泄水降压后的防水标准是 0.5 MPa，斜井接缝防水应以弹性密封垫最不利状态即 0.5 MPa 为防水标准。设计时考虑泄水降压后的水力梯度变化，结构安全后斜井接缝防水标准应按 0.7 MPa 控制，仰拱块与相邻管片间纵缝弹性密封垫按 0.5 MPa 控制，这样可以保证管片外水压力超过 0.5 MPa 时，地下水也仅从路面两侧的管片接缝渗出，上部的接缝不发生渗漏。

弹性密封垫的防水标准为：

一般条件的接缝在张开 8 mm、错位 15 mm 条件下，在其弹性密封垫设计使用年限内能够抵抗 0.7 MPa 的水压；当埋深大于 100 m（考虑实际地下水位后外水压为 0.7 MPa 左右）时，仰拱块与相邻管片间纵缝弹性密封垫接缝在张开 6 mm、错位 10 mm 条件下，在其设计使用年限内能够抵抗 0.5 MPa 的水压。

2）弹性密封垫的材质、构造及性能

弹性密封垫材质为三元乙丙橡胶，截面加工为多孔梳形。弹性密封垫加工成棱角分明的框形橡胶圈，将橡胶圈套在四周有沟槽的管片上，通过弹性密封垫的压缩来保证防水效果。三元乙丙橡胶的物理性能指标及测试方法如表 7.3 所示。

表 7.3　三元乙丙橡胶的物理性能指标及测试方法

项目		指标	测试方法	备注
硬度/SH	密封垫一	67±5	按 GB/T 531.1—2008 测试	检测频率：每一批次产品均需检验，且同批次产品每 200 环检测一次
	密封垫二	60±5	按 GB/T 528—2009 测试	
扯断伸长率/%		≥350	按 GB/T 528—2009 测试	
拉伸强度/MPa		≥10	按 GB/T 531.1—2008 测试	
热空气老化（70 ℃×96 h）	硬度变化值/SH	≤+6	按 GB/T 528—2009 测试	
	拉伸强度变化率/%	≥-15	按 GB/T 528—2009 测试	
	扯断伸长率变化率/%	≥-30	按 GB/T 531.1—2008 测试	
压缩永久变形/%	70 ℃×24 h	≤25	按 GB/T 7759.1—2015 测试	
防霉等级		1 级	参照 GB/T 2423.16—2008	

3）弹性密封垫成品尺寸及允许误差

由施工单位和密封垫生产厂家根据管片尺寸和三元乙丙橡胶的特性确定密封垫的长度，试套成功后方可批量生产，密封垫成品尺寸允许误差见表 7.4。

表 7.4　密封垫成品尺寸允许误差

项目	允许误差	备注
长度	纵向±0 5 mm，环向±0 10 mm	—
高度	纵向±0.0 mm，环向±0.5 mm	—
宽度	纵向±0.0 mm，环向±1.0 mm	—
接头	纵向±0.0 mm，环向±0.5 mm	相对高差

4）弹性密封垫用黏结剂

弹性密封垫与混凝土管片间用单组分丁—酚醛黏结剂黏结，弹性密封垫用黏结剂指标如表7.5所示。黏结剂涂刷后，晾置一段时间（一般10～15 min，随气温、湿度而异），待手指接触不黏时，再将加工好的框形橡胶圈套入密封垫沟槽内，管片在密封垫黏结装设后的12 h内，不得送井下拼装，且不得与水接触。

表7.5　弹性密封垫用黏结剂指标

项目		指标
氧指数（不燃物）		37（或阻燃性，离火2 s自熄）
黏接面剪切强度/MPa	橡胶与不锈钢板	≥4.0
	橡胶与水泥	≥0.27
	橡胶与橡胶	≥0.3

5）弹性密封垫用润滑剂

封顶块两侧的弹性密封垫在拼装前，应在表面涂水性润滑剂，黏度小于0.2 Pa·s，以减小封顶块插入时弹性密封垫间阻力，润滑剂不得影响密封垫的耐久性。

7.5　涌水抽排技术方案研究

盾构施工时，由于地下水涌入隧道，影响盾构的顺利进行，需采用抽排方式将隧道内积水抽排出隧道外。因此，需根据隧道内涌水量大小、隧道轴向放坡大小等因素选取合适的抽排方案，方可经济高效排水。

1. 涌水抽排技术方案比选

根据目前国际和国内隧道反坡排水施工的案例来看，涌水抽排施工整体上可以分为两大类：一类是利用大功率、高扬程的水泵将斜井中的涌水一次性抽排到洞外；另一类是采用多级水仓、分段抽排水的反坡排水方式，即在隧道施工过程中分段开挖排水沟，在每一段的终点设置集水坑或水仓，并利用与涌水量相适宜的水泵把积水抽至最后一段反坡，以此类推，由最后一级水仓将隧道涌水排出洞外。

针对工程实际情况，须对两种排水技术方案进行比选分析。以斜长为6 553 m、坡度为10.5%、反坡排水静扬程为685 m的斜井工程为例。若采用单级排水，按照目前市面上的水泵类型需选择多级分离式离心泵，该类型水泵对输送液体要求较高，若水中含有少量石屑，则会造成水泵的损坏，安全性差。随着隧道斜井长度的增加，排水水管将承受巨大的静水压力，可能造成排水管道的破坏。

多级排水可在避车洞或联络通道处设置水仓或集水坑，可有效利用洞内空间。同时对不同的涌水量采取斜井分级、分流量梯度的抽排水技术，不仅可以保证水泵的扬程满足要求，又可通过设置不同管径的水管来保证水流速度达到经济流速，提高了抽排水的效率。

基于以上分析，选择多级水仓、分段抽排水的反坡排水技术方案可有效解决长大反坡斜井地下水抽排问题。

2. 抽排水设备的配置原则

反坡排水采用机械排水，特别是对于长距离斜井。由于水泵的扬程限制，还需设置多级泵站接力排水，工作面积水则采用盾构自带移动式潜水泵抽至污水箱内，其余已施工地段隧道渗（涌）水经斜井泄水管排放至固定水仓，由固定排水泵站将积水经排水管路抽排至上一级排水泵站内，由固定式排水泵站接力将洞内积水抽排至洞外，经污水处理池处理后排放。

抽排水设备的配置原则如下：

抽排水设备按照《煤矿安全规程》的要求，根据全斜井最大涌水量进行选型配置。水泵按照一用、一备、一检修的原则进行配备。工作水泵的能力应满足在 20 h 内排出全斜井 24 h 正常涌水量；备用水泵的工作能力应为工作水泵的 70% 以上；工作水泵和备用水泵的总能力应满足在 20 h 内排出全斜井 24 h 最大涌水量。各级泵站的水泵选型，应按排水能力递增原则自下而上递增选配，在主泵房内还应预留安装一定数量水泵的位置。

水管按照工作和备用原则设置，工作水管须在 20 h 内排出全斜井 24 h 内正常涌入隧道的涌水量；工作水管和备用水管总能力应满足在 20 h 内排出全斜井 24 h 最大涌水量。管径的配置尽可能使管道中的流速满足经济流速。

7.6　涌水抽排系统设计

盾构排水系统选型与配置必须考虑隧道内的工作环境及排水系统工况参数，可参考国家标准《煤矿井下排水泵站及排水管路设计规范》（GB/T 50451—2017）进行计算，并结合实际情况进行设备的选型与配置。

1. 涌水抽排系统总体布局

以斜井为例，选择多级水仓、分段抽排水的反坡排水技术方案。水仓的设置考虑斜井自身的结构设计情况，充分利用斜井本身的避险车道和联络巷，结合目前市面上常用的水泵扬程、排水量等相关参数，在避险车道和联络巷设置固定式水仓。斜井各级涌（渗）水通过泄水管排放至相应水仓，因此水仓排水量将逐级递增。水泵选型时，排水量按各级最大用水量之和进行计算。排水系统总体布局如图 7.13 所示。

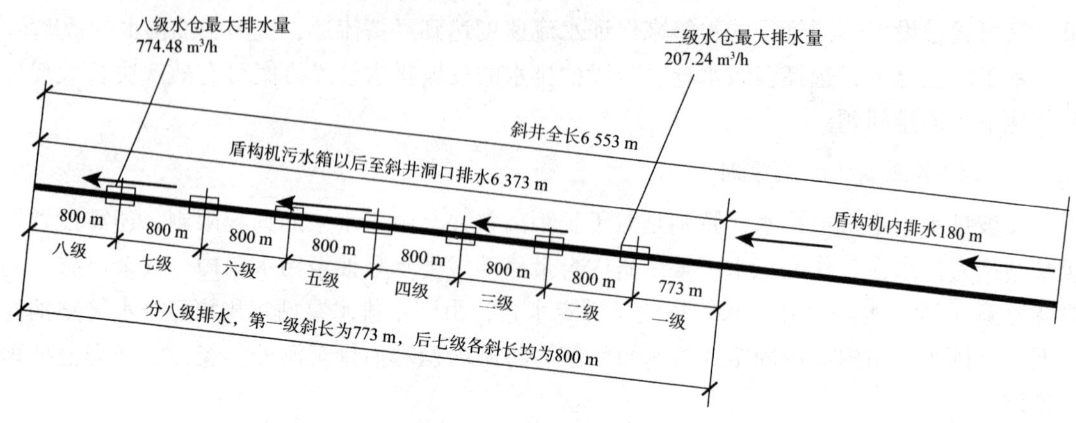

图 7.13　排水系统总体布局

2. 排水管配置

根据斜井内排水系统工作环境要求，考虑斜井涌水量及排水管道内允许流速，适当考虑安全系数，对排水管做出如下选择。

1）确定管路材质

根据国家标准《煤矿井下排水泵站及排水管路设计规范》（GB/T 50451—2017），排水管路材质可以选择无缝钢管、螺旋缝钢管或球墨铸铁（QT400）管，煤矿斜井排水管路材质允许应力如表 7.6 所示。

表 7.6　煤矿斜井排水管路材质允许应力

钢管				球墨铸铁管/MPa
钢号	无缝钢管/MPa	螺旋缝钢管（双面焊，全探伤）/MPa	直缝焊接钢管/MPa	
10	85	85	79	100
15	95	95	89	
20	100	100	92	

2）确定排水管直径与壁厚

（1）排水管内流速确定。

根据相关国家标准，管道内流体介质密度不大于 1 600 kg/m³ 时，流速一般取 1.5～2.4 m/s；由于排水管道的流体介质主要是污水，因此可按此标准进行计算。

（2）确定过水断面面积。

过水断面面积的计算公式为

$$A=\frac{Q}{3\ 600v} \tag{7.1}$$

式中：A 为过水断面面积；Q 为排水流量；v 为排水流速，取最大值 2.4 m/s。

计算结果如表 7.7 所示。

（3）确定排水管壁厚。

根据排水扬程及沿程阻力损失，确定排水管路最大压力，同时考虑管道壁厚制造过程

产生的负偏差及腐蚀余量，据此得出管路计算壁厚为

$$\delta = \delta' + c \tag{7.2}$$

$$\delta' = \frac{p \times d_w}{2.3 \times ([\sigma] \times \varphi - 6.4) + p} \tag{7.3}$$

$$c = 0.15 \times (\delta' + 1) \tag{7.4}$$

式中：δ 为计入附加厚度后的管壁计算厚度（cm）；δ' 为管子计算壁厚（cm）；c 为计入制造负偏差和腐蚀的附加厚度（cm）；p 为计算管段的最大工作压力（MPa），其值为1.12 MPa，计算过程为 $p=\rho gh=$（1 000×9.8×114.23）Pa＝1.12×10^6Pa＝1.12 MPa；d_w 为管子外径（cm）；φ 为管子焊缝系数，对于无缝钢管，取1；$[\sigma]$ 为管材允许应力（MPa），对于10号无缝钢管，取85 MPa。

计算结果如表7.7所示。

表7.7　排水管的配置

分段斜长/m	最大涌水量/($m^3 \cdot h^{-1}$)	最大排水量/($m^3 \cdot h^{-1}$)	经济流速管道面积/m^2	选择水管	过水断面面积/m^2	管道计算壁厚/mm	管道壁厚/mm
0～800	94.80	774.48	0.089 64	*DN*150	0.092 61	2.64	4.5
				*DN*300		5.30	8.0
800～1 600	86.64	679.68	0.078 67	*DN*150	0.092 61	2.64	4.5
				*DN*300		5.30	8.0
1 600～2 400	139.08	593.04	0.068 64	*DN*150	0.070 32	2.64	4.5
				*DN*250		3.43	7.0
2 400～3 200	91.56	453.96	0.052 54	*DN*150	0.070 32	2.64	4.5
				*DN*250		3.43	7.0
3 200～4 000	78.60	362.40	0.041 94	*DN*150	0.051 3	2.64	4.5
				*DN*200		3.05	6.0
4 000～4 800	76.56	283.80	0.032 85	*DN*150	0.035 32	2.64	4.5
				*DN*150		2.64	4.5
4 800～5 600	80.28	207.24	0.023 99	*DN*150	0.030 00	2.64	4.5
				*DN*150		2.64	4.5

3）排水管路布置

根据国家标准《煤矿井下排水泵站及排水管路设计规范》（GB/T 50451—2017），为提高斜井排水的可靠性，在斜井内按照一用一备的原则进行管路布置，按备用水管排水能力不能小于工作水管70%的原则布置排水管。

3. 水泵配置

1）排水泵选型计算

（1）斜井基本情况。

以某斜井为例，井筒内径6.6 m，斜井坡度-10.5%（6°下坡），斜井为直线延伸，全程无水平曲线转弯，斜井斜长6 553 m，盾构全长238 m，位于盾构第13、14节拖车处的污水箱及排水泵距盾构前端约180 m。

（2）分段最大涌水量及最大排水量计算。

依据斜井最大涌水量预测资料，并按《煤矿井下排水泵站及排水管路设计规范》（GB/T 50451—2017）调整涌水量值，得出如表7.8所示的斜井分段最大涌水量及最大排水量计算表，该表中的各项数据将作为排水泵选型的基础数据。

表7.8　斜井分段最大涌水量及最大排水量计算表

分段斜长/m	层段最大涌水量/($m^3 \cdot h^{-1}$)	累积最大排水量/($m^3 \cdot h^{-1}$)
0～800	94.80	774.48
800～1 600	86.64	679.68
1 600～2 400	139.08	593.04
2 400～3 200	91.56	453.96
3 200～4 000	78.60	362.40
4 000～4 800	76.56	283.80
4 800～5 600	80.28	207.24
5 600～6 553	126.96	126.96

（3）斜井排水总扬程计算。

排水管路阻力水头损失分为沿程阻力水头损失，以及管路入口、弯头、法兰连接、变径处的局部水头损失。

①排水管路沿程阻力水头损失为

$$H_{f_1} = f \times \frac{L}{D} \times \frac{v^2}{2g} \tag{7.5}$$

式中：H_{f_1}为沿程阻力水头损失；f为钢管沿程阻力系数，取0.017；L为实际排水斜长，实际排水斜长应为斜井全长（6 553 m）减去盾构主机至其后配套拖车污水箱部位的距离（约180 m），即（6 553-180）m=6 373 m；D为管道直径，根据管路选型结果，按较为不利的条件考虑，分别取0.15 m、0.20 m两种管道直径进行计算；v为管路流速，依标准规范可取1.5～2.4 m/s，此处按最不利的情况（即2.4 m/s）计算。

②斜井高度差引起的静扬程为

$$H_0 = L \times f' \tag{7.6}$$

式中：H_0为斜井高度差引起的静扬程；f'为斜井坡度6°，即10.5%。

③总扬程为

$$H = H_{f1} + H_0$$

综上可知，当D=0.15 m时，取总扬程H=910 m；当D=0.20 m时，取总扬程H=850 m。

2）排水泵选择及布置

（1）排水泵总体布局。

由于斜井总斜长为 6 553 m，盾构全长为 238 m，盾构第 13、14 节拖车上各有一个 15 m^3 的水箱，此水箱距盾构前端约为 180 m。斜井排水按区段划分可分为两个部分，即盾构主机至后配套拖车污水箱段排水和后配套拖车污水箱至斜井洞口段排水。

（2）排水泵选择。

排水泵选择分为盾构主机至后配套拖车污水箱段排水泵选择和后配套拖车污水箱至斜井洞口段排水泵选择两个部分。根据《煤矿井下排水泵站及排水管路设计规范》（GB/T 50451—2017），排水泵选择又分为正常工作泵选择、备用泵选择和检修泵选择三个方面。为提高排水可靠性，正常工作泵拟按最大排水量设计，备用泵按不低于正常工作泵排水能力的 70% 设计，检修泵按不低于正常工作泵排水能力的 25% 设计。

①盾构主机至后配套拖车污水箱段排水泵选择。由于盾构主机至后配套拖车污水箱段排水泵属盾构自带水泵，在盾构设计制造时已做出选型并安装完毕，此处不再进行计算，只对选型结果进行说明：盾构主机至后配拖车污水箱段排水由安装在尾盾的 2 台 50 m^3/h 气动隔膜泵和 2 台 100 m^3/h 潜水泵组成，盾构主机至后配套拖车污水箱段排水泵配置情况如表 7.9 所示。

表 7.9　盾构主机至后配套拖车污水箱段排水泵配置情况

泵型号	数量/台	泵扬程 /m	泵流量 /($m^3 \cdot h^{-1}$)	电机功率 /kW	电机总功率 /kW
100 m^3/h 潜水泵（斗牛士）	2	30	100	18	36
50 m^3/h 气动隔膜泵	2	30	50	—	—

②后配套拖车污水箱至斜井洞口段排水泵选择。后配套拖车污水箱至斜井洞口段排水泵选择：按斜井里程 0 ~ 6 373 m 斜长段计算，拟采用八级排水泵接力排水，其中第一级排水斜长为 773 m，后七级排水斜长均为 800 m，如图 7.14 所示。第一级排水所用排水泵位于盾构的第 13、14 节拖车污水箱处，为盾构自带设备，无须再行设计，只需进行配置验算；而第二至第八级排水泵则需进行选型设计。

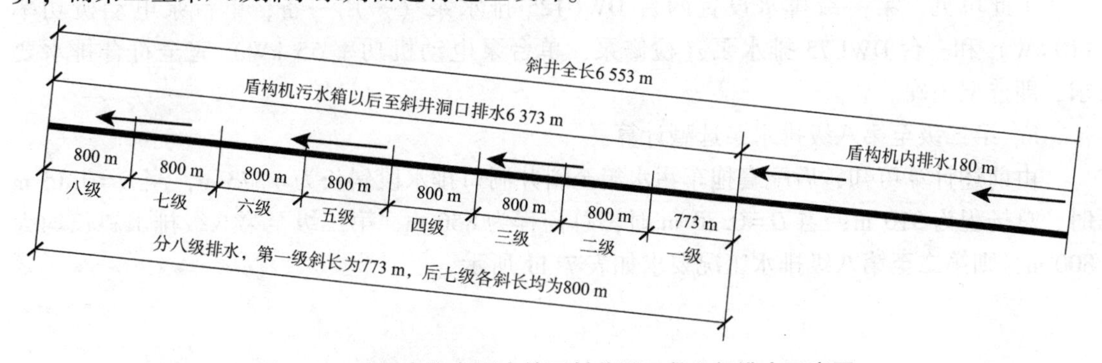

图 7.14　后配套拖车污水箱至斜井洞口段八级排水示意图

a. 第一级排水泵配置验算。第一级排水泵采用两台 DWU125 排水泵（一用一备，单台泵电动机功率 110 kW）和一台 DWU75 排水泵（检修泵，单台泵电动机功率 55 kW），如表 7.10 所示。

表 7.10　第一级排水泵出厂配置情况

分类	泵型号	数量/台	配套电动机型号	电动机额定电压/V	电动机功率/kW
正常工作泵	DWU125 伟尔 U 系列高扬程卧式浑水排水泵	1	南阳防爆电动机 YB2-315S-2WTH	1 140	110
备用泵	DWU125 伟尔 U 系列高扬程卧式浑水排水泵	1	南阳防爆电动机 YB2-315S-2WTH	1 140	110
检修泵	DWU75 伟尔 U 系列高扬程卧式浑水排水泵	1	南阳防爆电动机 YB2-250M-2WTH	1 140	55
排水泵总功率为 275 kW					

根据计算，盾构污水箱至斜井洞口排水段斜长为 6 373 m，第一级排水斜长为 773 m，根据管路选型结果，按较为不利的情况考虑，第一级排水扬程按管路直径 $D=0.15$ m 时的扬程来计算，则第一级排水泵扬程为 110.38 m。

排水流量按斜井全长最大涌水量计算，即 1 260～2 405 m 段按流量 165.85 m^3/h 计算，再考虑适当安全储备系数（取 1.2）作为验算标准。水泵电动机功率验算为

$$P = k_f \times \frac{r \times H_w \times Q_w}{1\,000 \times 3\,600 \times \eta_w \times \eta_m} \tag{7.7}$$

式中：k_f 为电动机富余系数，水泵轴功率大于 100 kW 时取 1.1，水泵轴功率小于等于 100 kW 时取 1.1～1.2；r 为水的重度，取 1.0×10^4 kN/m^3；H_w 为工况扬程（m）；Q_w 为工况流量（m^3/h）；η_w 为水泵工况效率，取 0.72；η_m 为电动机输出轴传动效率，取 0.98。

代入数据计算，得

$$P = 1.1 \times \frac{10\,000 \times 110.38 \times 199.02}{1\,000 \times 3\,600 \times 0.72 \times 0.98}\ \text{kW} = 95.13\ \text{kW}$$

由此可见，第一级排水设置两台 DWU125 排水泵（一用一备，单台泵电动机功率 110 kW）和一台 DWU75 排水泵（检修泵，单台泵电动机功率 55 kW）完全符合排水要求，即选型正确。

b. 第二级至第八级排水泵选型计算。

由前述计算可知，后配套拖车污水箱至斜井洞口排水段斜长为 6 373 m，当 $D=0.15$ m 时，总扬程为 910 m；当 $D=0.20$ m 时，总扬程为 850 m，第二级至第八级排水斜长均为 800 m，则第二至第八级排水工况要求如表 7.11 所示。

表 7.11　第二至第八级排水工况要求

分级	斜井区间/m	最大涌水量/($m^3 \cdot h^{-1}$)	最大排水量/($m^3 \cdot h^{-1}$)	排水扬程/m	
				D=0.15 m	D=0.20 m
第八级	0～800	94.80	774.48	114.23	106.70
第七级	800～1 600	86.64	679.68	114.23	106.70
第六级	1 600～2 400	139.08	593.04	114.23	106.70
第五级	2 400～3 200	91.56	453.96	114.23	106.70
第四级	3 200～4 000	78.60	362.40	114.23	106.70
第三级	4 000～4 800	76.56	283.80	114.23	106.70
第二级	4 800～5 600	80.28	207.24	114.23	106.70

第二级排水泵及配套电动机的选择：结合管路选型结果，依据表 7.11 进行选择，该级排水扬程按管路直径 D=0.15 m 考虑，扬程取 114.23 m，最大排水流量为 207.24 m^3/h。拟选择一台 DWU125 排水泵作为正常工作泵，配套电动机功率取 132 kW，第二级排水泵及配套电动机选型结果详见表 7.12。

表 7.12　第二级排水泵及配套电动机选型结果

分类	泵型号	数量/台	配套电动机型号	电动机额定电压/V	电动机功率/kW
正常工作泵	DWU125 伟尔 U 系列高扬程卧式浑水排水泵	1	南阳防爆电动机 YB2-315M-2WTH	1 140	132
备用泵	DWU125 伟尔 U 系列高扬程卧式浑水排水泵	1	南阳防爆电动机 YB2-315M-2WTH	1 140	132
检修泵	DWU125 伟尔 U 系列高扬程卧式浑水排水泵	1	南阳防爆电动机 YB2-315M-2WTH	1 140	132
排水泵总功率为 396 kW					

第三级排水泵及配套电动机选择结合管路设计情况，依据表 7.12，该级排水扬程按管路直径 D=0.20 m 计算，扬程为 106.70 m，最大排水流量为 283.8 m^3/h。拟选择 1 台 DWU125 排水泵作为正常工作泵，配套电动机功率取 132 kW，第三级排水泵及配套电动机选型结果如表 7.13 所示。

表 7.13　第三级排水泵及配套电动机选型结果

分类	泵型号	数量/台	配套电动机型号	电动机额定电压/V	电动机功率/kW
正常工作泵	DWU125 伟尔 U 系列高扬程卧式浑水排水泵	1	南阳防爆电动机 YB2-315M-2WTH	1 140	132

续表

分类	泵型号	数量/台	配套电动机型号	电动机额定电压/V	电动机功率/kW
备用泵	DWU125 伟尔 U 系列高扬程卧式浑水排水泵	1	南阳防爆电动机 YB2-315M-2WTH	1 140	132
检修泵	DWU125 伟尔 U 系列高扬程卧式浑水排水泵	1	南阳防爆电动机 YB2-315M-2WTH	1 140	132
排水泵总功率为 396 kW					

按相同方法进行选型计算，可得出如表 7.14～7.18 所示的第四至第八级排水泵及配套电动机选型结果。

表 7.14 第四级排水泵及配套电动机选型结果

分类	泵型号	数量/台	配套电动机型号	电动机额定电压/V	电动机功率/kW
正常工作泵	DWU125 伟尔 U 系列高扬程卧式浑水排水泵	2	南阳防爆电动机 YB2-280M-2WTH	1 140	90
备用泵	DWU125 伟尔 U 系列高扬程卧式浑水排水泵	2	南阳防爆电动机 YB2-280M-2WTH	1 140	90
检修泵	DWU125 伟尔 U 系列高扬程卧式浑水排水泵	1	南阳防爆电动机 YB2-280M-2WTH	1 140	90
排水泵总功率为 450 kW					

表 7.15 第五级排水泵及配套电动机选型结果

分类	泵型号	数量/台	配套电动机型号	电动机额定电压/V	电动机功率/kW
正常工作泵	DWU125 伟尔 U 系列高扬程卧式浑水排水泵	2	南阳防爆电动机 YB2-315S-2WTH	1 140	110
备用泵	DWU125 伟尔 U 系列高扬程卧式浑水排水泵	2	南阳防爆电动机 YB2-315S-2WTH	1 140	110
检修泵	DWU125 伟尔 U 系列高扬程卧式浑水排水泵	1	南阳防爆电动机 YB2-315S-2WTH	1 140	110
排水泵总功率为 550 kW					

表 7.16　第六级排水泵及配套电动机选型结果

分类	泵型号	数量/台	配套电动机型号	电动机额定电压/V	电动机功率/kW
正常工作泵	DWU125 伟尔 U 系列高扬程卧式浑水排水泵	1	南阳防爆电动机 YB2-315M-2WTH	1 140	132
	DWU150 伟尔 U 系列高扬程卧式浑水排水泵	1	南阳防爆电动机 YB2-315L1-2WTH	1 140	160
备用泵	DWU125 伟尔 U 系列高扬程卧式浑水排水泵	1	南阳防爆电动机 YB2-315M-2WTH	1 140	132
	DWU150 伟尔 U 系列高扬程卧式浑水排水泵	1	南阳防爆电动机 YB2-315L1-2WTH	1 140	160
检修泵	DWU125 伟尔 U 系列高扬程卧式浑水排水泵	1	南阳防爆电动机 YB2-315M-2WTH	1 140	132
排水泵总功率为 716 kW					

表 7.17　第七级排水泵及配套电动机选型结果

分类	泵型号	数量/台	配套电动机型号	电动机额定电压/V	电动机功率/kW
正常工作泵	DWU125 伟尔 U 系列高扬程卧式浑水排水泵	1	南阳防爆电动机 YB2-315M-2WTH	1 140	132
	DWU150 伟尔 U 系列高扬程卧式浑水排水泵	1	南阳防爆电动机 YB2-315L2-2WTH	1 140	200
备用泵	DWU125 伟尔 U 系列高扬程卧式浑水排水泵	1	南阳防爆电动机 YB2-315M-2WTH	1 140	132
	DWU150 伟尔 U 系列高扬程卧式浑水排水泵	1	南阳防爆电动机 YB2-315L2-2WTH	1 140	200
检修泵	DWU125 伟尔 U 系列高扬程卧式浑水排水泵	1	南阳防爆电动机 YB2-315M-2WTH	1 140	132
排水泵总功率为 796 kW					

表 7.18　第八级排水泵及配套电动机选型结果

分类	泵型号	数量/台	配套电动机型号	电动机额定电压/V	电动机功率/kW
正常工作泵	DWU125 伟尔 U 系列高扬程卧式浑水排水泵	1	南阳防爆电动机 YB2-315M-2WTH	1 140	132
	DWU150 伟尔 U 系列高扬程卧式浑水排水泵	1	南阳防爆电动机 YB2-355M2-2WTH	1 140	250

续表

分类	泵型号	数量/台	配套电动机型号	电动机额定电压/V	电动机功率/kW
备用泵	DWU125 伟尔 U 系列高扬程卧式浑水排水泵	1	南阳防爆电动机 YB2-315M-2WTH	1 140	132
	DWU150 伟尔 U 系列高扬程卧式浑水排水泵	1	南阳防爆电动机 YB2-355M2-2WTH	1 140	250
检修泵	DWU125 伟尔 U 系列高扬程卧式浑水排水泵	1	南阳防爆电动机 YB2-315M-2WTH	1 140	132
排水泵总功率为 896 kW					

4. 水箱及水仓配置

1）盾构水箱布置

盾构尾部台车布置（15+15）m^3 的污水箱。

2）水仓布置

根据斜井的结构设计，充分利用已有洞室的避险车道和联络巷来布置水仓，在斜井内每 800 m 布置 1 套排水装置，水仓及排水泵布置如表 7.19 所示。

表 7.19　水仓及排水泵布置

水仓名称	掘进线路位置/m	利用洞室名称
8 号水仓	800	避险车道
7 号水仓	1 600	联络巷
6 号水仓	2 400	避险车道
5 号水仓	3 200	联络巷
4 号水仓	4 000	避险车道
3 号水仓	4 800	联络巷
2 号水仓	5 600	避险车道
盾尾污水箱	6 373	—

水仓大小设计应考虑最大涌水量，假设出现一倍最大涌水量的突涌，备用泵或备用电动机出现故障不能启动。根据《消防给水及消火栓系统技术规范》（GB 50974—2014）规范要求的条件（检修水泵和检修电动机的响应时间不得大于 2 min ）计算水仓的容积。

假设 8 号水仓处备用水泵或者备用电动机故障，此时最大涌水量为 774.48 m^3/h，2 min 内涌水量为 25.82 m^3，此时水仓剩余容量为 30%，故水仓最小容量为 86.07 m^3。据此可依次计算出各水仓的最小容量，6～8 号水仓容量为 100 m^3，2～6 号水仓容量设计为 80 m^3。8 号水仓纵向布置图如 7.15 所示，图中数值单位为 mm。

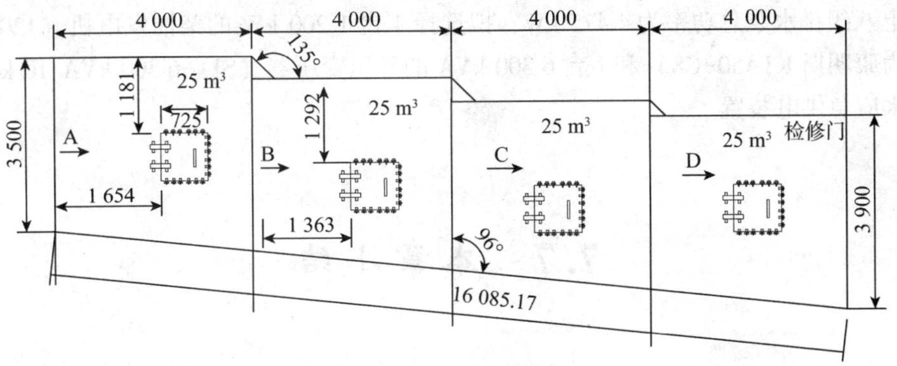

图 7.15　8 号水仓纵向布置图

5. 安全保障配套研究

1）盾构主机至后配套拖车污水箱段排水泵电动机供电

（1）2 台 50 m³/h 气动隔膜泵不需要供电，其采用盾构内的压缩空气为动力。

（2）2 台 100 m³/h 潜水泵供电采用盾构内自带电源，不需要另行设计。

2）后配套拖车污水箱至斜井洞口段排水泵电动机供电

（1）第一级排水泵，即 2 台 DWU125 排水泵和 1 台 DWU75 排水泵供电采用盾构自带电源，不需要另行设计；但要考虑斜井掘进完成后排水供电问题，故仍需在该处布置单独的用电接口，供后续排水供电使用。

（2）第二至第八级排水泵应设置单独的供电系统，外部采用两路 10 kV 电源供电，并设置相应的应急发电机，保证排水系统可无间断运行。

因此，以上八级排水泵均需设置单独的供电变压器，排水泵供电变压器选型如表 7.20 所示。其中，KBSGZY-1250/10 变压器 1 台、KBSGZY-1000/10 变压器 2 台、KBSGZY-800/10 变压器 1 台、KBSGZY-630/10 变压器 1 台、KBSGZY-500/10 变压器 3 台。

表 7.20　排水泵供电变压器选型

排水分级	斜井区间/m	排水电机功率/kW	容量/kVA cos φ 取 0.8	修正容量/kVA	变压器型号	数量/台
第八级	0～800	896	1 120.00	1 250	KBSGZY-1250/10	1
第七级	800～1 600	796	995.00	1 000	KBSGZY-1000/10	1
第六级	1 600～2 400	716	895.00	1 000	KBSGZY-1000/10	1
第五级	2 400～3 200	550	687.50	800	KBSGZY-800/10	1
第四级	3 200～4 000	450	562.50	630	KBSGZY-630/10	1
第三级	4 000～4 800	396	495.00	500	KBSGZY-500/10	1
第二级	4 800～5 600	396	495.00	500	KBSGZY-500/10	1
第一级	5 600～6 402	275	343.75	500	KBSGZY-500/10	1

以上八级排水泵总功率为 4 475 kW，拟选择 4 台 1 200 kW 的柴油发电机（1200GFSZ1，柴油机为康明斯 KTA50-G8）和 1 台 6 300 kVA 的升压变压器（S11-6 300 kVA/10 kV）作为斜井排水应急供电装置。

7.7 本章小结

本章通过分析盾构隧道的施工特点，详细阐述了盾构隧道注浆堵水技术、管片混凝土自防水技术、管片接缝防水技术及涌水抽排设计等相关内容。并以斜井为例对抽排设计进行了详细分析，为斜井抽排水设计计算提供了详细分析过程和计算步骤。同时，本章详细论述了抽排系统在隧道中的布置方法，为盾构隧道施工提供了安全保障。

第八章 岩溶隧道高压区施工工艺分析

隧道施工穿越大型溶腔是不可避免的，但邻近既有线穿越溶腔的高位释能泄压泄水支洞施工工法在国内应用很少。本章以渝怀铁路二线项目新圆梁山隧道工程为例，通过科学组织、精心谋划，形成一套毗邻既有线穿越溶腔的高位释能泄压泄水支洞施工关键技术。

8.1 岩溶地质状况预测技术

毗邻既有线穿越溶腔的高位释能泄压泄水支洞施工工法满足了隧道穿越大型溶腔隧道的诉求，保证了邻近铁路隧道列车运输的安全，并且既有隧道在溶腔段不产生次生灾害，实现了泄水支洞的高位释能泄压泄水功能，减小了对环境的污染等，取得了较大的经济效益、环保效益和社会效益。

超前地质预报是隧道施工的重要环节，准确预报施工前方地质条件是隧道安全施工的重要保证。

隧道超前地质预报的内容包括地层岩性、褶皱、断层、岩脉、破碎带、长大裂隙的节理、地下水状况、地应力状况、岩性和围岩类别等。预报的重点是断层、岩脉、破碎带、溶洞、暗河、煤系地层及其他不良地质体在掌子面前方的出露位置和对施工的影响等。目前常用的预报方法有地面地质调查法、地质雷达探测、TSP203 探测、超前水平钻探和红外探测等。

地面地质调查法是常用的超前地质预报方法。预报距离可以达到 200 m 以上，它有可靠的理论基础，适用性强，成本低，但预报的范围有限，特别是在地层岩性变化极为复杂的隧道中预报的难度很大，如强烈褶皱地层。

地质雷达探测是短期超前地质预报方法。它分辨高、无损伤、探测和数据处理快、机动灵活，但其预报距离较短，只能预报掌子面前方10～30 m，较准确预报距离往往只有十几米；而且，很难克服隧道内的干扰因素，如地下水对其探测结果的影响较为严重，易使其探测成果准确性降低或失去探测的作用。

TSP203探测是长距离超前地质预报方法之一。它利用地震波在不均匀地质构造中产生的反射波特性来预报隧道施工前方150 m范围内的地质条件变化；同时，还可以提供弹性模量、泊松比等岩石力学参数，可预测围岩级别，从而清晰地反映了掌子面前方的地质状况，为顺利进行信息化施工奠定基础。但它存在探测费用高、受探测人员专业技术水平限制及多解性等缺点。在探测成果图中，断层、节理、软弱岩层界面，都以相近的异常形式出现，差别甚小，在经验不足或解释水平不高的情况下很难区分，对判识人员的个人技术水平的依赖性比较大。

超前水平钻探最直接地揭示了掌子面前方地质特征，准确率很高，在超前地质预报中占有极其重要的地位。如在齐岳山隧道这种岩溶非常发育的地区，结合其他探测成果进行确认和验证，效果很好。超前水平钻探以钻孔深度小于100 m为宜，钻孔越深，扭矩、推进力、打击力、送水压力都相应提高，钻机的负荷就越大。

红外探测是一种辅助探水方法，根据掌子面温度受前方水体影响，其温度变化来探查15 m以内的水体。但由于该方法受施工环境各种因素的影响较大，而且掌子面的温度受到各种因素的干扰，严重影响探查效果。到目前为止，红外探测技术在圆梁山隧道、昆明滇池西园水工引水隧道和一些矿井工程中获得成功应用，而且有较高的准确率。

TRT探测法是一种利用机械波在介质中的传播特性来进行超前地质预报的方法。由于TRT探测法是采用锤击的模式产生机械波对前方围岩情况进行探测，因此，该方法受隧道内部的噪声、围岩破碎情况、地下水发育情况等因素的影响较为严重。该方法预测范围为掌子面前方200 m以内，但是需根据地质条件调整预报距离。另外，需要准确探测掌子面前方围岩情况，TRT探测法与技术人员的专业知识和探测经验有重要关系。

因此，在工程地质及水文地质情况复杂的地区，应多种方法联合使用，利用各自的优点进行超前地质预报，弥补彼此之间的不足，达到准确预报的目的。如地质雷达对小型溶洞感应较为敏感，但由于其探测距离短，可与长距离探测仪器进行联合预报，使得探测结果更为准确。

8.2 高压岩溶开挖方案分析

当采用相应超前地质预报方法辨明了掌子面前方溶洞情况时，为了安全通过溶洞区，需采取合理的开挖方案，本节以酉阳某铁路隧道溶洞施工为例，分析岩溶隧道开挖方案设计要点。

8.2.1　工况介绍

为了确保既有线铁路隧道的征程运营和溶洞扩挖施工安全，扩挖施工前应先做好超前预加固，超前预加固采取右侧半断面超前帷幕注浆+径向注浆+双层超前小导管的方案，而隧底采用 ϕ76 钢化管注浆加固。由于距离既有线隧道较近，根据围岩情况和既有线检测、监测相关数据动态来调整开挖方式，采用机械开挖、静态爆破及分部控制爆破相结合的开挖方式，尽量减少开挖对溶洞周边及既有隧道的影响，开挖方法采用台阶+临时仰拱法。

施工工序以准确把控施工工序时间、提前介入、提前准备、流水作业与平行作业交叉转换为原则，即在上道工序施工时做好下道工序的施工人员和材料机具的准备，上道工序合格后立即进入下道工序施工，尽量压缩工序衔接时间，缩短穿越溶洞的时间，采用型钢钢骨架+钢板制作的箱涵型通道作为物流通道。

施工坚持“控制爆破、喷锚紧跟、及时反馈和修正”的原则；软弱围岩坚持“短进尺，弱（不）爆破，快封闭，强支护，勤测量，紧衬砌”的原则，及时封闭成环。施工过程中，配套先进的监控探测技术，将隧道超前地质预报与监控量测贯穿于整个隧道施工过程，时时监测隧道围岩变形、隧道支护与衬砌结构受力情况，与设计单位等相关部门及时沟通，以便对原设计进行优化，确保隧道施工安全和隧道结构的稳定。

8.2.2　施工方案设计

施工技术参数、施工步骤、施工辅助措施等设计都将影响通过岩溶区的安全性。

1. 设计参数的选取

超前支护：采用线路右侧半断面帷幕注浆，设置 58 个注浆孔，单次加固长度 25 m，开挖长度 20 m，注浆范围为开挖轮廓外 5 m。拱部 120°区域设置双层超前小导管，采用 $\phi42\times3.5$ 热轧无缝钢管 $L=3.5$ m，环向间距 30 cm，纵向间距 2.5 m，外插角 150°施作。

初次支护：采用 H200 型钢架支护，钢架纵向间距 50 cm；ϕ25 中空锚杆，间距 120 cm×100 cm（环×纵），长度 $L=3$ m，ϕ12 钢筋网 20 cm×20 cm，CF25 钢纤维喷射混凝土施作，预留沉降量 20 cm。

二次衬砌：采用 120 cm 厚钢筋混凝土，采用 ϕ25 带肋钢筋为环向主筋，间距 25 cm；ϕ16 带肋钢筋为纵向主筋，间距 30 cm；ϕ12 光圆钢筋为箍筋，间距 25 cm。

隧底加固：ϕ76 钢化管注浆，深度 5 m，间距 1 m。

衬砌设计图如图 8.1 所示，图中数值单位为 cm。

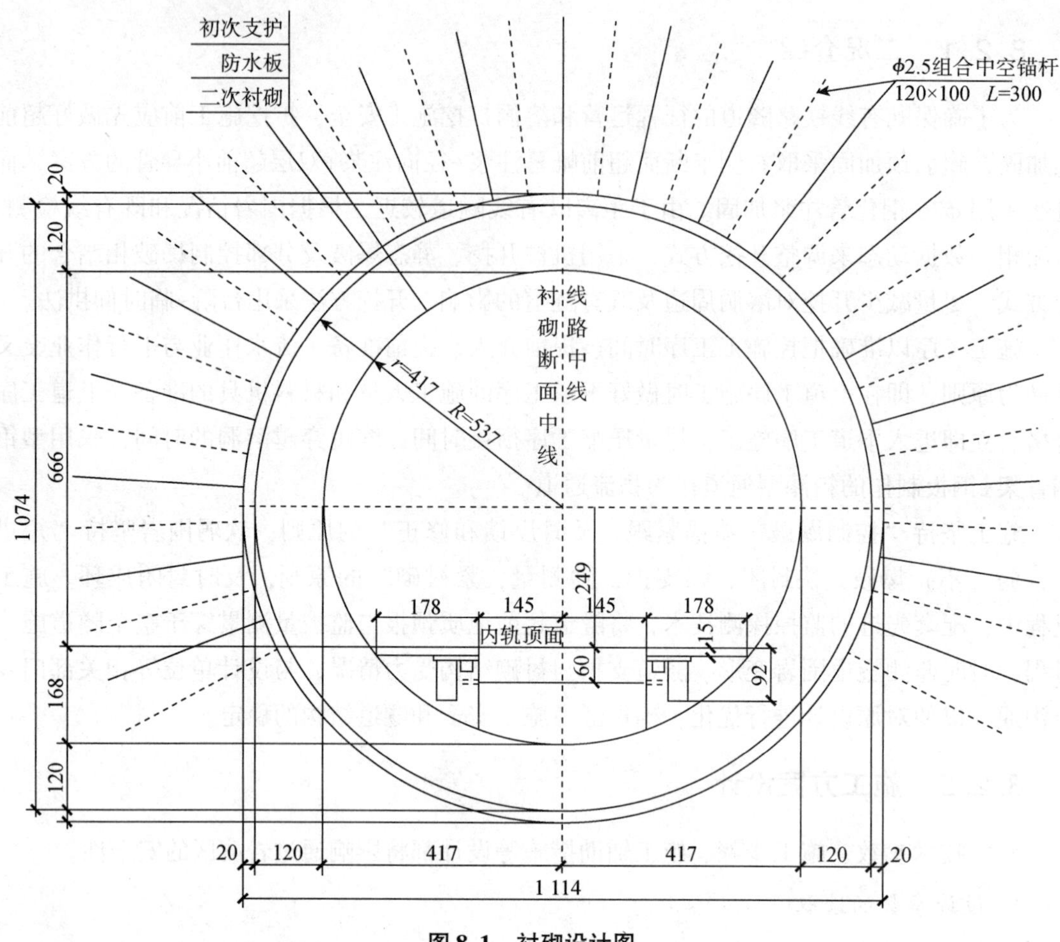

图 8.1　衬砌设计图

衬砌初次支护参数如表 8.1 所示。

表 8.1　衬砌初次支护参数

预留变形量		CF25 钢纤维混凝土		锚杆			ϕ8 钢筋网		四肢格栅钢架	
设置部位	厚度/cm	设置部位	厚度/cm	设置部位	长度/m	间距/m	设置部位	网格间距/cm	设置部位	间距/cm
全环	10	全环	20	拱、墙	3.0	1.2×1.0（环、纵）	—	—	全环	1.0

2. 施工工艺

1）帷幕注浆施工参数

帷幕注浆孔按 6 环设置，注浆开孔孔径大于 108 mm，终孔直径大于 90 mm，各孔间距 40 cm，终孔间距小于 3 m，注浆长度 25 m，搭接长度 5 m，设置 2 m 厚止浆墙，设置 58 个注浆孔，注浆完成后施钻 4 个检测孔检查注浆效果。

2）技术参数

（1）帷幕注浆参数。

帷幕注浆参数如表8.2所示。

表8.2　帷幕注浆参数

序号	参数名称	正洞
1	加固范围	隧道开挖轮廓线外5 m范围
2	扩散半径/m	2
3	注浆压力/MPa	1.5~2.0
4	注浆速度/$(L\cdot min^{-1})$	5~110
5	围岩孔隙率	破碎围岩：10%~20%；溶腔充填物：20%~50%
6	浆液充填系数	0.8以上
7	浆液损耗系数	0.2~0.3

（2）帷幕注浆结束标准。

单孔结束标准：

①当达到设计终压并继续注浆10 min以上；

②注浆结束时的进浆量小于20 L/min；

③检查孔涌水量小于0.2 L/(m·min)；

④检查孔钻取岩芯，浆液充填饱满。

全段结束注浆标准：

①所有注浆孔均已符合单孔结束条件，无漏浆现象；

②注浆后涌水量小于3 $m^3/(m\cdot d)$；

③浆液有效注入范围大于设计值。

（3）帷幕注浆浆液配比。

帷幕注浆浆液配比见表8.3。

表8.3　帷幕注浆浆液配比

序号	名称	浆液配比
1	水泥单浆液	$W:C=0.8:1\sim1:1$
2	水泥-水玻璃浆双液	水灰比 $W:C=0.6:1\sim1:1$ 水泥：水玻璃体积比 $C:S=1:0.8$

3. 帷幕注浆施工准备

1）帷幕注浆施工洞室扩挖

根据帷幕注浆设计图进行工作空间扩挖，扩挖时考虑排水沟及集水坑设置部位开挖，帷幕注浆工作室断面示意如图8.2所示，图中数值单位为cm。

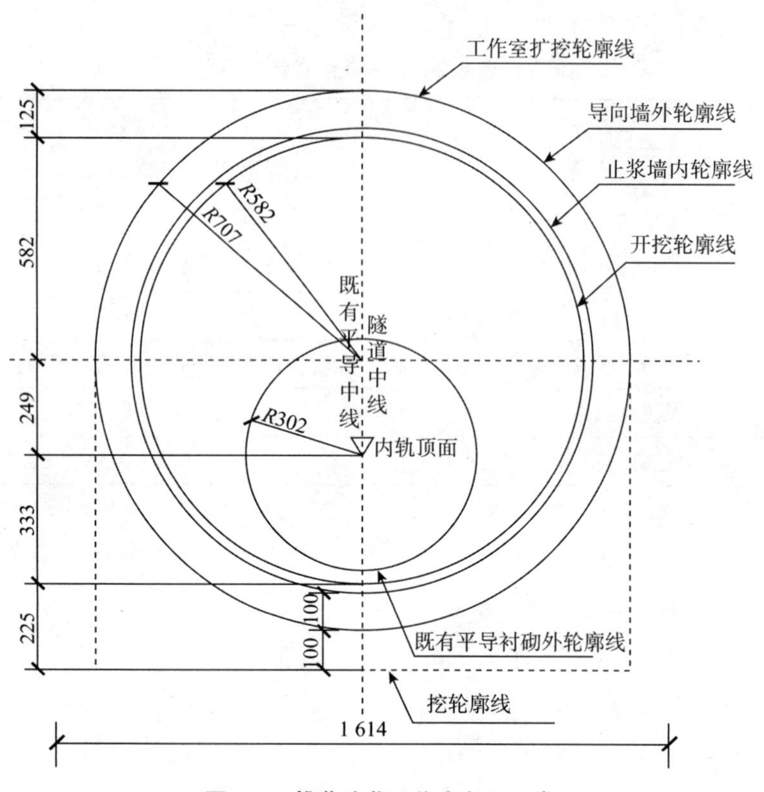

图 8.2　帷幕注浆工作室断面示意

2）帷幕注浆止浆墙混凝土施工

帷幕注浆止浆墙厚度为 2 m，采用 C30 混凝土浇筑，为保证止浆效果及钻孔施工条件，止浆墙一次浇筑成型，全断面设置。为确保止浆墙稳定，在掌子面施作 $\phi22$ 砂浆锚杆，锚杆间距 1.5 m×1.5 m，锚管外露 1 m 浇筑于止浆墙内，植入岩层大于 3 m。帷幕注浆止浆墙施工工艺流程如图 8.3 所示。

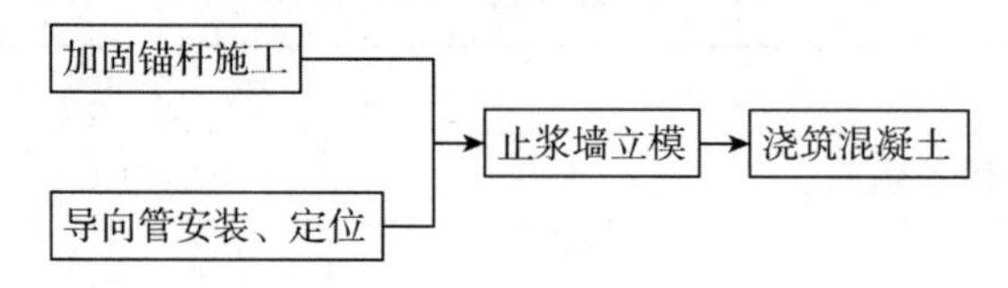

图 8.3　帷幕注浆止浆墙施工工艺流程

3）上断面帷幕注浆施工平台

为了满足钻机施工作业要求，需在掌子面后方施作 10 m 长的帷幕注浆施工平台，施工平台采用型钢钢骨架+钢板+回填渣制作为箱涵型。帷幕注浆施工平台横断面如图 8.4 所示，帷幕注浆施工平台纵断面如图 8.5 所示，图中数值单位为 mm。

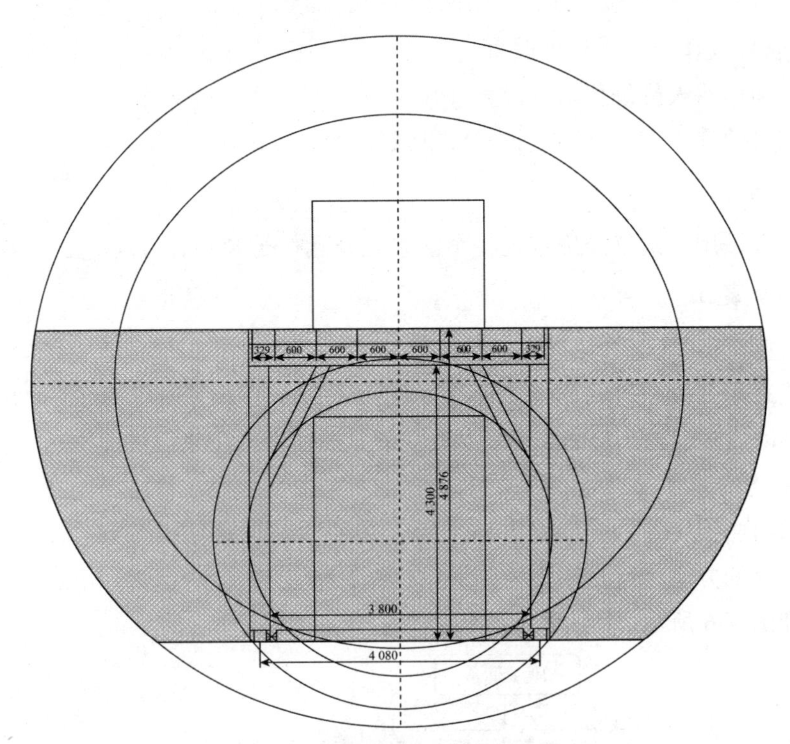

图 8.4　帷幕注浆施工平台横断面

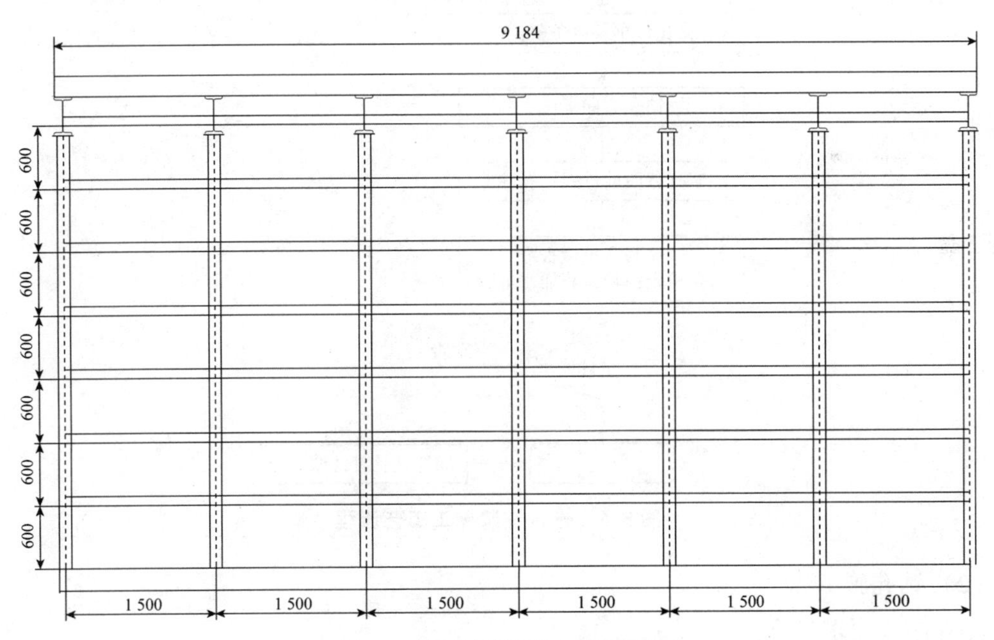

图 8.5　帷幕注浆施工平台纵断面

4）施工原材料储备

为保证注浆施工有序进行，现场需设置 2 个注浆水泥专业储存罐，达到能够储备 400 ~ 500 t 水泥的要求。在已完成扩挖及衬砌施工的正洞段设置特殊水泥储存区，储存注浆施工的超细水泥及硫铝酸盐水泥。

5）施工管理及作业人员培训教育

对施工现场作业人员进行培训教育并在现场逐个工序进行交底，保证每名现场施工人员熟知与之相对的施工工艺流程、技术标准及安全注意事项。

4. 测量定位

按设计要求采用全站仪准确定位各个注浆孔开孔位置及钻孔方向。

5. 帷幕注浆施工

1）帷幕注浆施工工艺

注浆方式采用分段前进式注浆，每段注浆长度 25 m，帷幕注浆共 58 个孔，注浆孔开孔直径 108 mm，终孔直径 90 mm；具体孔位布置根据帷幕注浆设计图执行。

（1）钻机就位。

钻机要求与已设定好的导向管方向平行，必须精确核定钻机位置。用全站仪、挂线、钻杆导向相结合的方法，反复调整，确保钻机钻杆轴线与注浆孔轴线相吻合。帷幕注浆施工工艺流程如图 8. 6 所示。

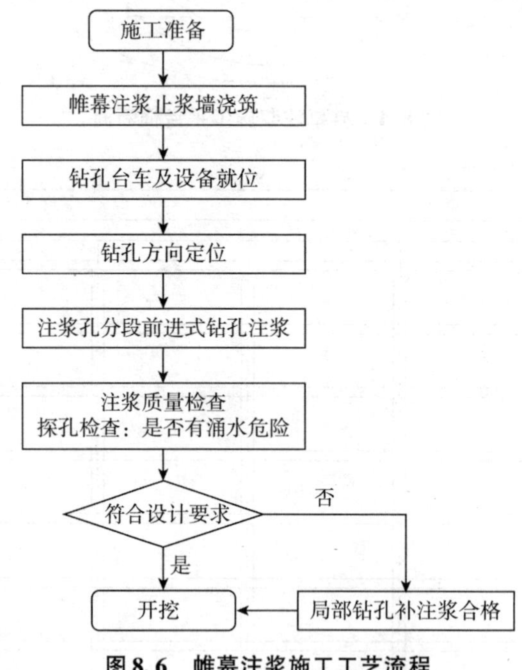

图 8. 6　帷幕注浆施工工艺流程

（2）钻孔施工。

钻孔施工要求如下：

①孔口位置应准确定位，每钻进一段检查一段，及时纠偏；

②注浆孔开孔直径 108 mm，终孔直径 90 mm；

③钻孔顺序由外向内，同一排（圈）孔间隔施工；

④钻机开钻时应低速低压，待成孔后根据地质情况调整钻速及压力；

⑤在钻孔过程中遇到较大突水时，应立即停止钻孔进行注浆；

⑥认真做好钻进过程的原始记录，及时对孔口岩屑进行地质判断、描述，作为注浆和洞身开挖时的地质预测预报参考资料，从而优化注浆方案、指导洞身开挖。

（3）帷幕注浆工艺。

帷幕注浆工艺要求如下：

①采用分段前进式注浆方式进行钻孔注浆施工，预设计分段长度 5 m，根据现场钻孔情况适时调整分段长度；

②注浆顺序与钻孔顺序一致由外向内，同一排（圈）孔间隔施工；

③采用孔口管安装法兰盘进行注浆施工；

④注浆施工中，每个孔段注浆作业要连续进行直到结束，对于因实行间歇注浆，制止串浆、冒浆等而有意外中断情况，应先扫孔至原设计深度以后进行复注；

⑤注浆施工时，根据注浆情况动态调整注浆浆液配合比。

（4）帷幕注浆参数。

帷幕注浆参数如表 8.2 所示。

（5）帷幕注浆过程控制。

帷幕注浆过程控制要求如下：

①注浆过程中，要随时注意泵压及流量变化，若出现吸浆量很大或压力突然下降、注浆压力长时间上不去等情况，应及时查明原因；如工作面漏浆，可采取封堵措施；如跑浆，可采取调换浆液种类、调整浆液配合比等措施，必要时采用间歇注浆，以达到注浆目的；

②注浆过程中发现大的空洞时，可首先注水泥砂浆或混凝土，后注水泥浆；

③注浆过程中应严格控制施工顺序，按照设计方案及相关规定、规范实施。

（6）帷幕注浆结束标准。

单孔结束标准：

①当达到设计终压并继续注浆 10 min 以上；

②注浆结束时的进浆量小于 20 L/min；

③检查孔涌水量小于 0.2 L/(m · min)；

④检查孔钻取岩芯，浆液充填饱满。

全段结束注浆标准：

①所有注浆孔均已符合单孔结束条件，无漏浆现象；

②注浆后涌水量小于 3 m^3/(m · d)；

③浆液有效注入范围大于设计值。

（7）效果检查及评定。

注浆效果评定是决策支护、结构参数选取是否合理及开挖施工方案优劣的依据，其要求如下：

①对注浆过程中 P–Q–t 曲线进行分析，要求达到设计终压，单孔注浆速度小于 5 L/min，并且 P–t 曲线呈上升趋势，Q–t 曲线呈下降趋势；

②利用施工总注浆量反算出浆液填充率，应大于80%；

③根据设计位置施钻4个检测孔，抽样钻探检验注浆质量，检测孔应根据现场情况重新成孔，不可利用即有注浆孔，检测孔应覆盖整个注浆加固体（隧道开挖轮廓线外5 m，纵向长25 m范围）。

检测孔具体要求为：检测孔取芯率达到80%以上，浆液充填率必须达到80%以上；对检测孔进行注浆，压力应很快上升，且进浆量很小；检测孔应无流泥，成孔好，无坍孔现象，涌水量小于0.2 L/(m·min)，且某一处漏水小于2 L/min。

（8）帷幕注浆施工控制要点。

帷幕注浆施工控制要点如下：

①钻孔前精确测定孔的平面位置、倾角、外插角，并对每个孔进行编号；

②施工中应严格控制钻机下沉量及左右偏移量；

③掌握好开钻与正常钻进的压力和速度，防止断杆。

（9）帷幕注浆质量保证措施。

帷幕注浆质量保证措施如下。

①严格按照设计参数进行钻孔。钻孔孔位及角度偏差符合相关规范规定，以保证注浆范围及效果。

②注浆材料要满足设计要求，注浆前对水泥等注浆材料进行检查，检查合格方可投入现场施工。

③浆液配比要符合设计要求，配浆时最大误差为：水泥、水±5%。

④浆液搅拌要均匀，水泥浆搅拌时间为2~5 min，不得超过30 min，未搅拌均匀或沉淀的浆液严禁使用。

⑤注浆过程中，时刻注意泵压和流量的变化，若出现吸浆量很大或压力突然下降、注浆压力长时间不上升等情况，应查明原因。如工作面漏浆，可采取封堵措施；如跑浆，可通过调换浆液、调整浆液配比，缩短浆液凝胶时间，进行大泵量、低压力注浆，必要时采用间歇注浆，以达到控制注浆目的。

⑥注浆过程中压力突然升高，应当立即暂缓注浆，查找原因，及时进行处理。

⑦现场配置备用注浆泵，发生故障时，应立即换上备用泵继续注浆，保证注浆连续。

⑧注浆过程中，保持注浆管路畅通，防止因管路堵塞而影响注浆结束标准的判断。

⑨注浆过程中根据钻孔情况，及时调整前进式注浆分段长度，遇到大的出水时应立即进行注浆。

⑩严格进行注浆效果检查评定，符合要求时才能结束注浆作业。如未达到注浆结束标准时，应进行补孔注浆。

（10）注浆试验。

注浆前应进行现场注浆试验，掌握浆液填充率、注浆量、浆液配合比、凝结时间、浆液扩散半径、注浆终压等参数，据此优化相关注浆参数，保证注浆质量，从而达到注浆的目的与注浆效果。当注浆参数和设计参数有较大出入时，应及时进行修正。

8.3　高压溶腔泄压开挖技术

溶洞施工方案确定后，依托项目根据其水压及溶洞大小等特点，采用合适的开挖方法进行开挖，确保安全通过溶洞区。

1. 工法特点

高位释能泄压泄水支洞施工利用地质雷达探测和超前水平钻探相结合的方法作为地质预报。超前水平钻探采用发散形式，钻孔范围均在开挖线以外，钻孔机械采用履带式高压风动钻机（风压 2 MPa 以上），软弱地层每小时钻进 15 m 以上，大量节约了时间成本。

泄水支洞穿越溶腔的超前支护主要采用 ϕ76 自进式管棚与 ϕ42 小导管相结合的方式，管棚和小导管需注浆提高管身刚度，但浆液不能向周围大范围扩散。ϕ76 自进式管棚施工选用超前探孔的履带式高压风动钻机，但需改装自进式管棚转换接头。自进式管棚主要支撑溶腔内大型块石，小导管支撑溶腔内小块石。

溶腔段水位降低至支洞开挖底部以下时，在既有平导和泄水支洞上坡段钻孔放水，降低溶腔水位，减小开挖风险。履带式高压风动钻机如图 8.7 所示；ϕ76 自进式管棚如图 8.8 所示；自进式管棚转换接头如图 8.9 所示；自进式管棚连接头如图 8.10 所示。

图 8.7　履带式高压风动钻机

图 8.8　ϕ76 自进式管棚

图 8.9　自进式管棚转换接头

图 8.10　自进式管棚连接头

溶腔段支洞采用圆形断面形式，开挖方式主要为局部爆破配合小型挖机，出碴采用电动扒碴机，初次支护采用双层20工字钢拱架，二次衬砌采用50 cm厚钢筋混凝土。

二次衬砌施工完成后，采用ϕ150径向钻孔排水，达到高位释能泄压泄水功能。

2. 适用范围

本工法适用于邻近既有线穿越溶腔的高位释能泄压泄水支洞施工。

3. 工艺原理

1）超前探孔和自进式管棚机械选型原理

超前探孔机械需360°旋转，终孔位置需在支洞开挖线8 m以外，探孔机械和自进式管棚机械通用。采用高风压钻具系统，加快探孔速度。

2）超前探孔、自进式管棚施工及超前小导管工艺原理

每循环超前探孔、自进式管棚施工前，需在掌子面施工20 cm厚的喷射混凝土。超前探孔选用履带式高压风动钻机（风压2 MPa以上），保证钻进速度和一般破碎地段不卡钻。探孔钻头和自进式管棚钻头均为ϕ110，探孔塌孔或卡钻时换用自进式管棚钻进，探完后自进式管棚留在孔内。自进式管棚相较普通钻杆便宜很多，可提高经济效益。

自进式管棚施工和超前探孔不同之处在于自进式管棚施工动力在后端，钻进速度慢，适合软弱、易塌孔和卡钻地层；超前探孔施工动力在钻杆前端，钻进速度快，适合围岩较完整、不易塌孔地层。加工自进式管棚转换接头，使自进式管棚施工与超前探孔施工采用同一机械。自进式管棚施工刚开始围岩较完整、不易塌孔，地层采用高风压探孔方法成孔，塌孔或卡钻时换用自进式管棚钻进，可加快管棚施工速度。超前探孔如图8.11所示，自进式管棚施工如图8.12所示。

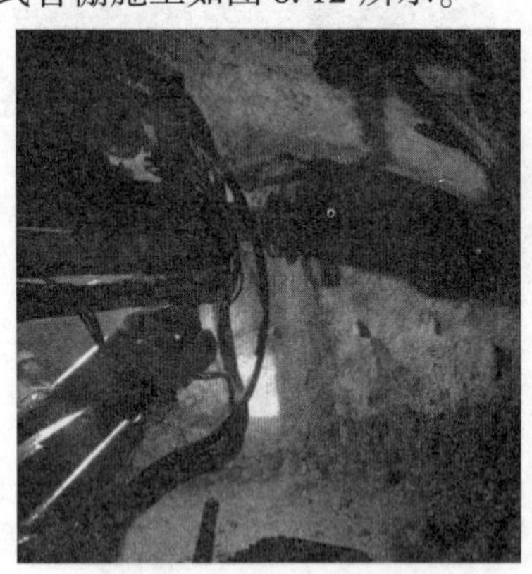

图8.11　超前探孔

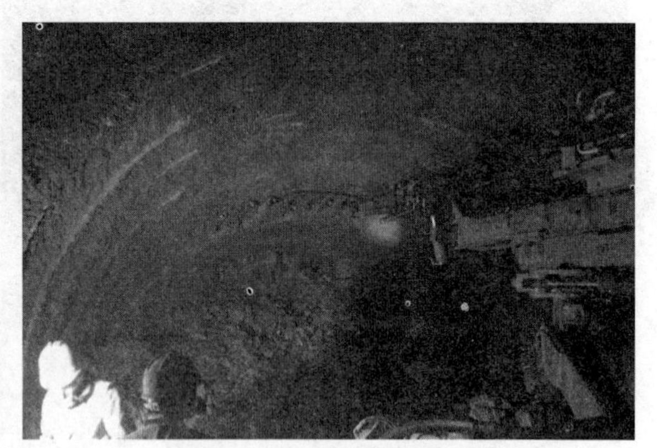

图8.12　自进式管棚施工

支洞每循环开挖前，施工2.5 m长的ϕ42小导管，小导管前段做成尖锥状，尾端与初次支护钢架焊接；因不注浆，故小导管不钻孔；岩质地段采用风枪成孔后穿入小导管，土质地段采用风枪直接顶入小导管。

3）支洞水位降低施工工艺原理

在既有平导内向溶腔方向径向钻孔放水，孔口安装孔口管、闸阀及水压表。通过水压表可确定水位高度是否降低到支洞开挖底部以下，以及确定放水钻孔的孔数。

泄水支洞上坡段水平钻孔作为水位观察孔，进一步验证水位高度，水位上升时还可作

为排水孔。

4）泄水支洞开挖、支护工艺原理

地质预报、水位降低、超前支护等准备工作完成后，进行支洞开挖。施工过程严格遵循“短进尺、弱爆破、强支护、勤量测和及时成环”的原则。开挖方式为台阶+临时仰拱法，主要采用小型挖机开挖，局部孤石采用钻孔爆破；开挖每循环进尺一榀拱架间距，采用电动扒碴机和自卸车出碴。初次支护采用双层20工字钢拱架，每3 m进行仰拱拱架成环和仰拱施工；每2 m布置一组监控量测点，每8 h测量1次；及时施工二次衬砌，二次衬砌采用50 cm厚钢筋混凝土。既有平导内径向钻孔放水见图8.13；既有平导内钻孔安装闸阀见图8.14；既有平导内钻孔安装水压表如图8.15所示；支洞上坡段水平钻孔放水如图8.16所示。

图8.13　既有平导内径向钻孔放水

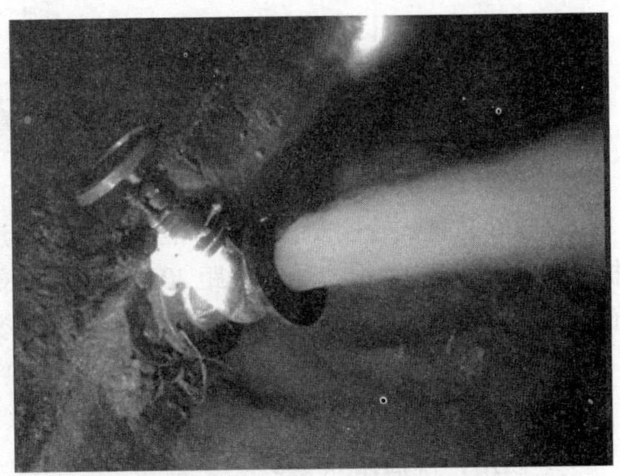

图8.14　既有平导内钻孔安装闸阀

图8.15　既有平导内钻孔安装水压表

图8.16　支洞上坡段水平钻孔放水

5）主要工艺流程及操作要点

（1）工艺流程。ϕ76自进式管棚施工工艺流程如图8.17所示。

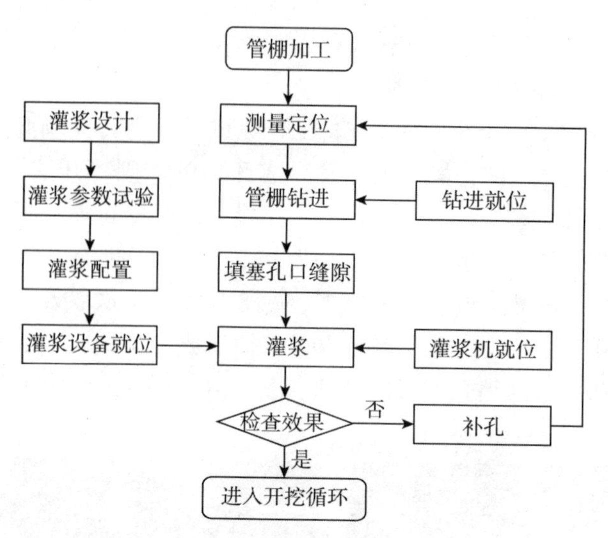

图 8.17　ϕ76 自进式管棚施工工艺流程

（2）操作要点。

①ϕ76 自进式管棚安装。既有泄水支洞排水连接通道于拱部 120°区域设置 ϕ76 自进式管棚，每循环设置 11 根，环向间距 30 cm，施工长度 15 m，外插角 8°，循环开挖长度 12 m，预留搭接长度 3 m。ϕ76 自进式管棚采用套筒连接，参数如下。

a. 管棚规格：外径 76 mm，壁厚 9 mm，热轧无缝钢管。

b. 管距：环向间距 30 cm。

c. 倾角：外插角 6°~8°。

②管棚加工。管棚堆放时应保证管棚的准直度，避免其翘曲。管棚长度 15 m，由 6 根 2 m 和 1 根 3 m 的管棚节段通过连接套筒丝扣方式连接构成，按设计管棚数量分别加工 2 m 和 3 m 管棚节段。

③测量放样。利用全站仪测量放样，按设计放出管棚孔口位置，注明管棚编号。

④安装钻机。按照管棚钻机工作高度开挖施作钻孔平台，平台无虚土，以防钻孔时钻机晃动。测量放线确定钻机钻孔方向，确保管棚施作方向正确，管棚超前支护效果合格。

⑤管棚施作顺序。钻孔前对管棚进行编号。现场采用 1 台钻机由下至上，从两侧向中间，先钻奇数孔后钻偶数孔的顺序进行管棚施作。管棚施钻时注意第 1 节管棚长度，保证同一断面管棚接头数不大于 50%。

⑥配管。按钻孔编号，根据设计对每个孔进行配管和编号，顺序相连的 2 个孔的第 1 节管棚长度分别为 3 m 和 2 m，以保证接头不在同一断面上。

⑦管棚施作。管棚的外插角为 6°~8°。管棚施作前，采用全站仪测量钻杆首尾端的空间方位，以保证钻机转轴及钻杆的轴线与管棚的轴线一致。钻进过程中要始终注意钻杆角度的变化，并保证钻机不移位。每钻进一节管棚应用仪器复核钻孔的角度是否正确，以确保钻孔方向。管棚施作一半时，测量控制偏斜度（施工误差：径向小于 2 cm）。若发现偏斜超过设计，应及时纠正。

⑧灌注 M10 水泥浆。采用 1 台注浆机灌注，灌注时钻一孔灌一孔，并分段灌注。灌浆前应进行现场灌注试验，采用计量设备准确按照配合比称量拌制。灌浆前将管棚口间隙用

速凝水泥或其他材料堵塞严密，以防浆液冒出。堵塞时设置排气孔，以单孔灌浆量灌满管棚为准。自进式管棚灌满浆如图 8.18 所示。

图 8.18　自进式管棚灌满浆

(3) 超前小导管施工。

①钻孔。岩质地段小导管采用钻孔安设，钻孔采用 YT28 风枪；土质地段小导管直接采用风枪顶入。钻孔前根据设计要求定出孔位，钻孔直径为 50 mm。

②安装。将小导管穿过钢拱架，并采用钻机顶入，顶入长度不小于钢管长度的 90%，并用高压风将钢管内的砂石吹出。为了便于超前小导管插入围岩内，将钢管前端做成尖锥状，尾部焊加 $\phi 6$ 加劲箍。小导管安装好后，用塑胶泥封堵孔口及周围裂隙，必要时在小导管附近及工作面喷射混凝土，以防止工作面坍塌。

③注浆。小导管注浆可采用群管注浆，一般 1 次 3 ~ 5 根，注浆前应进行注浆试验，以确定合适的注浆参数。浆液采用水泥浆液（添加 5% 水玻璃），水泥浆液的水灰比为 1∶1，注浆量以灌满小导管为准。

(4) 支洞开挖。

支洞主要采用小型挖机开挖，局部孤石钻孔爆破，尽量减少开挖对既有隧道影响。施工以“岩变我变”为施工原则，根据围岩情况采取适宜的开挖施工工法。开挖每循环进尺一榀拱架间距，采用电动扒碴机和自卸车出碴。施工工序步进图如图 8.19 所示，施工工序立面图如图 8.20 所示。

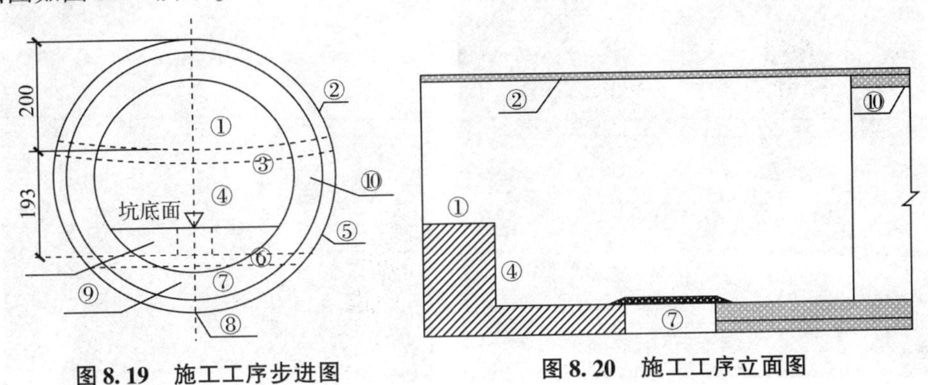

图 8.19　施工工序步进图　　**图 8.20　施工工序立面图**

图 8. 19、图 8. 20 中数字的具体含义如下：

①上台阶开挖；②上台阶初次支护；③施工临时仰拱；④下台阶开挖；⑤下台阶初次支护；⑥下台阶临时仰拱；⑦仰拱开挖；⑧仰拱初次支护；⑨仰拱浇筑；⑩拱部及边墙二衬浇筑；⑪水沟及填充浇筑。

6）钢拱架安装。

（1）钢拱架的制作与拼装。钢架按设计要求预先在洞外结构件厂家加工成型，经过预拼装满足设计及规范要求后，运输至掌子面，采用螺栓连接成整体。钢架加工后进行试拼，允许误差为：沿隧道周边轮廓误差小于 3 cm；螺栓孔眼中心间误差不超过±0. 5 cm；钢架平放时，平面翘曲范围不超过±2 cm。

（2）测量定位。按设计位置现场测量定位。首先，测定出隧道中线，确定高程；然后，再测定钢拱架的纵向位置，确保钢拱架平面与隧道中线垂直。

（3）钢拱架的安设。钢架应在初喷混凝土后及时架设，每榀拱架组合时，其间的连接板要对齐密贴，沿钢架外缘每隔 1 m 采用混凝土预制块楔紧。为确保钢架的整体受力和稳定，并防止拱架下沉，在施工时，除使用纵向连接钢筋将各榀钢架连成一体外，同时还要将拱架脚焊在锁脚锚杆上，并与径向锚杆焊为一体。架立钢构件时，要使其与混凝土喷射面密贴，在拱脚底部设托板，以增大其受力面积，控制拱架下沉量。

7）二衬施工。

（1）仰拱和仰拱填充施工。仰拱距离掌子面不超过 3 m，达到 3 m 时及时施作仰拱，体现“早闭合，防坍方”的作用。在仰拱混凝土达到一定强度后，整幅灌注填充混凝土。

（2）边墙、拱顶衬砌施工。施作时间满足下列条件：

①隧道水平净空变化速度及拱顶或底板垂直位移速度明显下降；

②隧道位移相对值已达到总相对位移量的 90% 以上。

在满足上述条件后尽快进行二次衬砌的施作。对于自稳性很差的围岩（可能长时间达不到基本稳定条件），当初次支护的混凝土发生大量明显裂缝，而支护能力又难以加强，变形无收敛趋势时，应提前施作仰拱及二次衬砌，采取增设钢筋和提高混凝土强度等级的措施。掌子面围岩如图 8. 21 所示；挖机开挖如图 8. 22 所示。

图 8. 21　掌子面围岩

图 8. 22　挖机开挖

8.4　本章小结

本章就隧道穿越岩溶区的施工方法和要点进行了论述，详细介绍了施工方案的选取、施工技术控制及各个环节的详细操作流程。本章介绍的案例可为岩溶隧道的开挖提供借鉴和参考。

第九章 高水压岩溶地层释能泄压技术

邻近既有铁路线修建穿越大型溶腔群的隧道，其施工难度之大与安全质量标准之高不言而喻。随着交通建设的投入，我国隧道穿越溶腔的工况日益增多，部分溶腔隧道也已通车使用。但由于施工技术的不成熟导致隧道的后期缺陷越来越明显，大量隧道出现严重渗水、开裂甚至超限沉降等问题，逐渐影响到交通运营安全，而且此类地质问题也为新建隧道的修建带来严重影响，不仅浪费人力、物力，还会造成严重的人员伤亡。

9.1 释能泄压基本原理

释能泄压技术是针对复杂的岩溶高压富水溶腔所采取的技术手段，通过设置永久排水洞和排水支洞（与排水洞相连通）、钻孔至正洞溶腔或采取临界爆破等技术手段揭示溶腔，从而释放溶腔所存储的能量，降低施工及运营过程中水土压力对隧道形成的影响，从而达到排水、排泥和排石的目的。

释能泄压技术主要内容包括：岩溶特征分析、临近界面锁定、相邻洞室分隔、洞外排水规划、专项定控爆破、预警预报监控、配套措施实施。

释能泄压技术有效解决了以下技术难题，达到了岩溶隧道“堵排结合，限量排放，综合治理”的目的。

（1）岩溶隧道运营正线排水沟排泄岩溶涌水能力不足；

（2）运营水害的安全隐患；

（3）高压富水泥石充填溶腔突水突泥；

（4）抗水压支护结构抵抗外荷载费用高、施工难度大。

9.2 释能泄压力学特性分析

岩溶隧道溶腔泄水是由于受溶腔水压力作用，使得溶腔水通过钻孔或掌子面释放出来。溶腔水压力大小受地表降雨影响，与溶腔排泄基准面排泄能力有关。公式如下：

$$p=f(Q_{排}^{+},\ Q_{排}^{-},\ Q_{给}) \tag{9.1}$$

式中：p 为水压力（MPa）；$Q_{排}^{+}$ 为隧道标高以上与隧道存在联系的排泄基准面排泄能力（m^3/h）；$Q_{排}^{-}$ 为隧道标高以下与隧道存在联系的排泄基准面排泄能力（m^3/h）；$Q_{给}$ 为地表降雨补给能力（m^3/h）。

当隧道与溶腔相交时，揭穿溶腔后，隧道内涌水量在地表降雨一段时间后（达到 T_1）开始增大，经历峰值，然后开始衰减。直到经历一段时间后（到达 T_2），稳定为正常涌水量。包络面积为降雨引起的洞内排水量。降雨量与洞内排水量应存在平衡关系，即

$$\sum Q_{补}=f(h,\ S)\ 或 \sum Q_{补}=f(h)=\int_{T_A}^{T_B}Q(t)\,\mathrm{d}t \tag{9.2}$$

$$\sum Q_{排}=\int_{T_1}^{T_2}Q(t)\,\mathrm{d}t \tag{9.3}$$

$$\frac{Q_{排}}{Q_{补}}\rightarrow 1 \tag{9.4}$$

式中：$Q_{补}$ 为地表降雨补给于溶腔的补给水总量（m^3/h）；h 为地表降雨量（mm）；S 为地表汇水面积（m^2）；T_A 为采取统计分析法计算降雨后溶腔补给水量时统计开始时间（h）；T_B 为采取统计分析法计算降雨后溶腔补给水量时统计结束时间（h）；T_1 为洞内涌水量统计开始时间（h）；T_2 为洞内涌水量统计结束时间（h）。

隧道内溶腔受地表降雨量影响引起的洞内涌水分为突水型和正常型两种，溶腔突水型特征曲线如图 9.1 所示。突水型曲线特征表现为：地表发生强降雨后，由于溶腔管道不通畅，溶腔内首先表现为水压力积聚；当水压力达到临界水压力时，溶腔内充填物因无法抵抗水压力，造成突水、突泥、突石，瞬时水量达到峰值；突水使溶腔管道逐渐得到疏通，短时间持续后水量稳定。突水型峰值流量大，持续时间短。正常型曲线特征为：地表发生强降雨后，由于溶腔管道得到疏通，涌水量逐渐持续增大，到达峰值涌水并持续一段时间后水量稳定。正常型峰值流量不大，持续时间长。

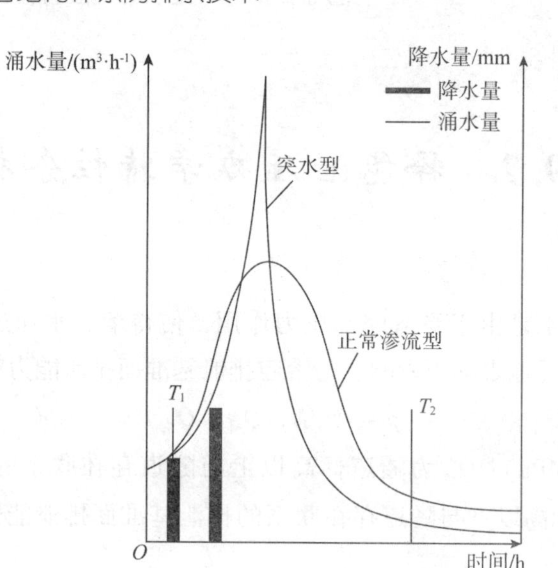

图 9.1 溶腔突水型特征曲线

释能泄压的基本原理在于释放溶腔所存储的能量，降低水土压力对隧道的稳定性影响，避免隐伏溶腔的高压作用产生的塑性区和隧道开挖及排水（泥）压力差形成的塑性区贯通。

1. 充填物参数测试

1）各溶洞充填物初步判定

各溶洞充填物初步判定结果如下：

（1）1 号溶洞内的充填物为粉质黏土和淤泥质黏土，其含少量水，自稳能力较差；

（2）2 号溶洞内的充填物为黄红色的粉细砂与溶蚀灰岩及灰岩碎块石犬牙交错；

（3）3 号溶洞内的充填物为硬塑-可塑状黏土，现状为含砂体介质（具体物质需进一步测试）。

2）溶洞充填物参数测试

每个溶洞取 1 ~3 个孔，每孔充填物测试 3 组试样，测试项目为：天然重度、相对密度、颗粒分析（筛分试验）、天然含水量、天然快剪（测 c、φ 值）、液限、塑限、孔隙比、无侧限抗压强度、弹性模量等。

3）注浆后充填区域介质参数测试

注浆后，在前述钻孔附近位置再钻孔，每孔充填物测试 3 组试样，将注浆后的充填区域介质进行再测试，对比注浆后的介质参数（相关图片对比），测试项目为：重度、直剪试验（测 c、φ 值）、抗压强度、弹性模量等。

可对比参数：重度、c 值、φ 值、抗压强度与弹性模量、含水量变化情况。

2. 各种水泥的参数测试

42.5R 普通硅酸盐水泥（C 浆）、超细水泥（MC 浆）、硫铝酸盐水泥（TGRM 浆液）

的测试参数：渗透性、凝胶时间、抗压强度、黏度、结石率、比表面积、颗粒大小百分比等。

3. 室内配合比

（1）各种单液浆配合比。对 5 种情况水灰比（0.5∶1、0.6∶1、0.7∶1、0.8∶1 和 1∶1）的水泥单液浆其胶凝时间和 1、3、7 d 强度进行试验。

（2）各种双液浆配合比。对 4 种情况水灰比（0.6∶1、0.7∶1、0.8∶1 和 1∶1）和 3 种情况水玻璃添加配比（体积比）（1∶0.5、1∶0.7 和 1∶0.8）的双液浆其胶凝时间和 1 d、3 d、7 d 强度进行试验。

（3）添加早强剂、速凝剂、絮凝剂情况下，浆液的胶凝时间和 1 d、3 d、7 d 强度进行试验。

9.3 释能泄压技术应用分析

根据前述对释能泄压基本原理及力学特性的介绍，本节主要从独立释能泄压排水系统、穿越溶腔群超前支护技术、局部限量定位爆破开挖及双层衬砌综合施工技术分析了释能泄压技术的应用，提出了具体的施工技术要点。

9.3.1 高位独立释能泄压泄水

按照设计先施工新建泄水洞至设计里程逼近溶腔，开挖排水通道下穿既有平导连接既有 6-1 号支洞，配合使用改进型自进式管棚及超前小导管从 6-1 号支洞开挖高位排水支洞穿过溶腔。开挖过程中通过局部定位限量爆破风险孤石，高位支洞施工完毕后，立即进行初次支护及双层衬砌的施作，待衬砌加固稳定后，通过在施工完成后的高位支洞内部设置多个 $\phi150$ 径向管，孔口安装精密压力表及限流限压球阀进行泄水降压，再通过高位泄水支洞将水引至下穿隧道底部的排水通道，进而引入新建泄水洞排至洞外，将溶腔与隧道分割开进行独立排水，最大限度保障后期隧道运营安全。独立释能泄压排水系统示意如图 9.2 所示。

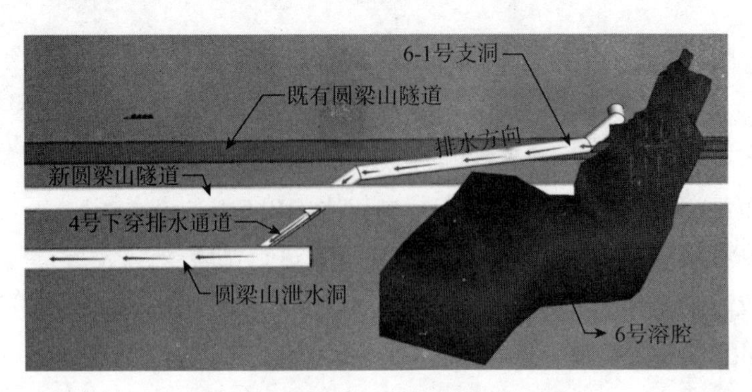

图 9.2　独立释能泄压排水系统示意

9.3.2　穿越溶腔群超前支护技术

高位支洞邻近既有运营铁路线，若采用常规的帷幕注浆方案对泄水洞溶腔进行处理，将会造成泄水孔封堵引起水压上升，从而对运营线造成极大的安全风险。相较超前探孔施工而言，自进式管棚施工其动力在后端，钻进速度慢，因此适合软弱、易塌孔和卡钻地层。加工自进式管棚转换接头，使自进式管棚施工与超前探孔采用同一机械。管棚施工在围岩较完整、不易塌孔地层时可采用高风压探孔方法成孔，当塌孔或卡钻时可换用自进式管棚钻进，加快管棚施工速度，保证高位支洞施工安全。

1. 施工参数

既有泄水支洞排水连接通道在拱部 120°区域设置 ϕ76 自进式管棚，每循环设置 11 根，环向间距 30 cm，施工长度 15 m，外插角 8°，循环开挖长度 12 m，预留搭接长度 3 m。ϕ76 自进式管棚采用套筒连接，参数如下：

（1）管棚规格：外径 76 mm，壁厚 9 mm，热轧无缝钢管。

（2）管距：环向间距 30 cm。

（3）倾角：外插角 6°～8°。

2. 管棚加工

管棚堆放时应保证管棚的准直度，避免其翘曲。管棚长度 15 m，由 6 根 2 m 和 1 根 3 m 的管棚节段通过连接套筒丝扣的方式连接构成，按设计管棚数量分别加工 2 m 和 3 m 管棚节段。

3. 测量放样

利用全站仪测量放样，按设计放出管棚孔口位置，并注明管棚编号。

4. 安装钻机

按照管棚钻机工作高度开挖施作钻孔平台，平台无虚土，以防钻孔时钻机晃动。测量放线确定钻机钻孔方向，确保管棚施作方向正确和管棚超前支护效果合格。

5. 管棚施作顺序

钻孔前对管棚进行编号。现场采用 1 台钻机按照“由下至上、从两侧向中间、先钻奇数孔后钻偶数孔”的顺序进行管棚施作。管棚施钻时注意第 1 节管棚长度，保证同一断面管棚接头数不大于 50%。

6. 配管

按钻孔编号，根据设计对每个孔进行配管和编号，顺序相连的 2 个孔的第 1 节管棚长度分别为 3 m 和 2 m，以保证接头不在同一断面上。

7. 管棚施作

管棚的外插角为 6°～8°。管棚施作前，用全站仪测量钻杆首尾端的空间方位，以保证钻机转轴及钻杆的轴线与管棚的轴线一致。钻进过程中要始终注意钻杆角度的变化，并保证钻机不移位。每钻进一节管棚应用仪器复核钻孔的角度是否正确，以确保钻孔方向。管棚施作一半时，测量控制偏斜度（施工误差：径向小于 2 cm）。若发现偏斜超过设计，及时纠正。在围岩较完整、不易塌孔地层进行管棚施作时，采用高风压探孔方法成孔；当塌孔或卡钻时，可换用自进式管棚钻进，加快管棚施工速度。

8. 限量注浆

利用自研的“一体化卧式水泥自动制浆系统”进行浆液生产。注浆前将水泥储存在水泥仓中，掺加水泥时通过出料斗放入拌合机内，双水泥出料斗能保证水泥掺加效率。拌和用水则储存在水池中，通过泵送入拌合机中，采用计算机控制计量设备，准确按照配合比称量拌制，保证掺量准确。通过送浆机及送浆管道把浆液送至工作面储浆桶内，然后采用数控液压注浆泵注浆。一体化卧式水泥自动制浆系统工作原理如图 9.3 所示。

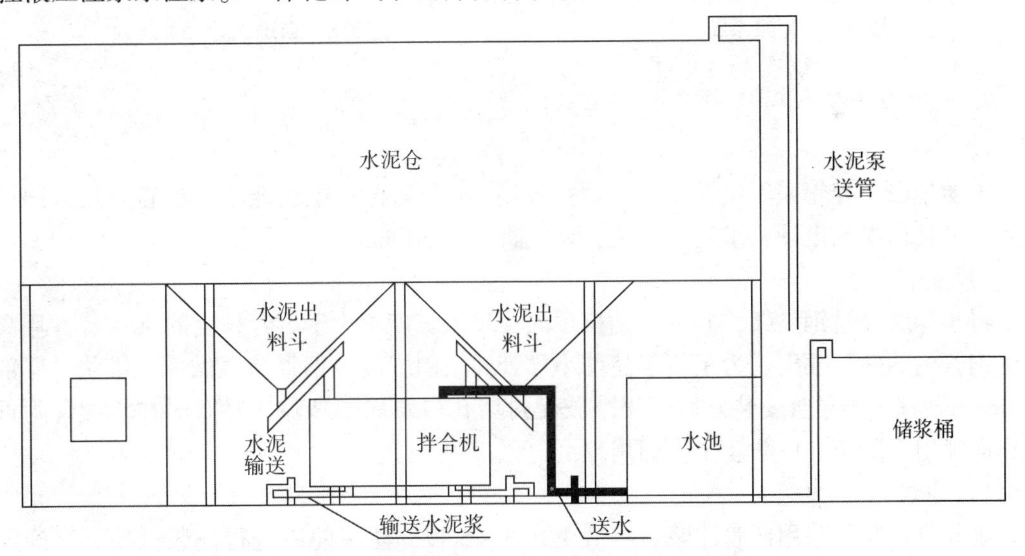

图 9.3　一体化卧式水泥自动制浆系统工作原理

注浆前应进行现场注浆试验，注浆前将管棚口间隙用速凝水泥或其他材料堵塞严密，以防浆液冒出。堵塞时设置排气孔。单孔灌浆量计算为（根据隧道施工规范中的注浆量计算公式）

$$V = \pi R^2 H\eta\alpha\beta$$

式中：V 为注浆量（m^3）；R 为扩散半径（m），取 2 m；H 为注浆管有效长度（m），取

15 m；η 为地层孔隙率，取 0.01；α 为注浆系数 0.7～0.9，取 0.7；β 为浆液损耗系数 1.1～1.4，取 1.1。

代入数据可得

$$V = \pi R^2 H\eta\alpha\beta = (3.14\times2^2\times15\times0.01\times0.7\times1.1)\ \text{m}^3 = 1.451\ \text{m}^3\ (V\text{取}1.5\ \text{m}^3)$$

注浆系统工作时，通过计算机操作台严格控制水灰比、单次制浆量及外加剂掺量，需要注浆时使用数控液压注浆泵实现控制注浆，限制注浆速度及注浆量，根据需要实时调整，保证注浆达到预期效果的同时也保证注浆不影响既有线安全，制浆系统如图 9.4 所示，自进式管棚灌满浆如图 9.5 所示。

图 9.4 制浆系统

图 9.5 自进式管棚灌满浆

9. 超前小导管施工

1）钻孔

岩质地段小导管采用钻孔安设，钻孔采用 YT28 风枪；土质地段小导管直接采用风枪顶入。钻孔前根据设计要求定出孔位，钻孔直径为 50 mm。

2）安装

将小导管穿过钢拱架，并采用钻机顶入，顶入长度不小于钢管长度的 90%，并用高压风将钢管内的砂石吹出。为了便于超前小导管插入围岩内，钢管前端做成尖锥状，尾部焊加 ϕ6 加劲箍，小导管安装好后，用塑胶泥封堵孔口及周围裂隙，必要时在小导管附近及工作面喷射混凝土，以防止工作面坍塌。

3）注浆

小导管注浆可采用群管注浆，一般 1 次 3～5 根，注浆前应进行注浆试验，以确定合适的注浆参数。浆液采用水泥浆液（添加 5% 水玻璃），水泥浆液的水灰比为 1∶1，注浆量以灌满小导管为准。

9.3.3 局部限量定位爆破开挖及双层衬砌综合施工技术

1. 开挖方式

主要采用小型挖机开挖（见图 9.6），局部孤石钻孔爆破，尽量减少开挖对既有隧道的影响。孤石爆破应先确定炮孔位置、炮孔深度及装药量。

图 9.6　小型挖机开挖

爆破前通过前期实际探测勘察确定溶腔内块石体积、形状及位置，根据不同体积的块石采用不同的炮孔数量、炮眼深度、炸药量等。参照以往类似工程施工经验，结合考虑既有线行车安全，针对体积大于 30 m^3 的孤石，其爆破装药量控制在 0.2 kg/m^3。炮孔采用梅花形布置，间距 80 cm，孔数根据装药量控制；体积为 10 ~ 30 m^3 的孤石，其爆破装药量控制在 0.15 kg/m^3。炮孔采用单排布置，间距 80 cm，孔数根据装药量控制；体积小于 10 m^3 的孤石，其爆破装药量控制在 0.05 kg/m^3，炮孔在重心处布置 1 孔。

孤石爆破采用局部限量定位爆破法，孔径 42 mm，孤石爆破参数如表 9.1 所示。

表 9.1　孤石爆破参数

孤石体积/m^3	孔深/m	最小抵抗线/m	孔间距/m	堵塞长度/m	备注
30 以上	1.2 以上	0.8 ~ 1.0	0.8	全部封堵	
10 ~ 30	0.8 ~ 1.2	0.5 ~ 0.8	0.8	0.6 ~ 1.2	
10 以下	0.5 ~ 0.8	等于孔深	0	孔深的 2/3 以上	

施工以“岩变我变”为施工原则，根据围岩情况采取适宜的开挖施工工法。开挖每循环进尺一榀拱架间距，采用电动扒碴机和自卸车出碴。

2. 振速监测

爆破时需要在既有隧道对应爆破点位置对爆破振速进行实时监测，将爆破振速限制在 2.5 cm/s 以内逐个爆破。如遇振速偏高时，应及时调整爆破参数或开挖方式，有效防止因爆破开挖而影响既有线运营安全。爆破振速监测如图 9.7 所示。

图 9.7　爆破振速监测

3. 台阶+临时仰拱法

施工工序步进图、施工工序立面图及其具体含义同图 8.21、图 8.22。临时仰拱如图 9.8 所示。

图 9.8　临时仰拱

4. 双层钢拱架安装

1）双层钢拱架的制作与拼装

钢架按设计要求预先在洞外结构件厂家加工成型，经过预拼装满足设计及规范要求后，运输至掌子面采用螺栓连接成整体。钢架加工后进行试拼，允许误差为：沿隧道周边轮廓误差不大于 3 cm；螺栓孔眼中心间误差不超过±0.5 cm；钢架平放时，平面翘曲范围为±2 cm。

2）测量定位

按设计位置现场测量定位。首先，测定出隧道中线，确定高程；然后，再测定钢拱架的纵向位置；确保钢拱架平面与隧道中线垂直。

3）钢拱架的安设

钢架应在初喷混凝土后及时架设，每榀拱架组合时，其间的连接板要对齐密贴，沿钢架外缘每隔 1 m 采用混凝土预制块楔紧。为确保钢架的整体受力和稳定，并防止拱架下沉，在施工时，除使用纵向连接钢筋将各榀钢架连成一体外，同时还要将拱架脚焊在锁脚锚杆上，并与径向锚杆焊为一体。架立钢构件时，要使其与混凝土喷射面密贴，在拱脚底部设托板，以增大其受力面积，控制拱架下沉量。第一层拱架施工完毕后，按照第一层拱架作业内容和施工顺序，立即进行第二层拱架施工。第二层拱架如图 9.9 所示。

图 9.9　第二层拱架

5. 二衬施工及排水孔施作

1）仰拱和仰拱填充施工

仰拱距离掌子面不超过 3 m，达到 3 m 时及时施作仰拱，起到“早闭合，防坍方”的作用。填充混凝土在仰拱混凝土达到一定强度后整幅灌注。

2）边墙、拱顶衬砌施工

施作时间满足下列条件：

①隧道水平净空变化速度及拱顶或底板垂直位移速度明显下降；

②隧道位移相对值已达到总相对位移量的 90% 以上。

在满足上述条件后尽快进行二次衬砌的施作。对于自稳性很差的围岩，可能长时间达不到基本稳定条件。当初次支护的混凝土发生大量明显裂缝，而支护能力又难以加强，变形无收敛趋势时，应提前施作仰拱及二次衬砌，采取增设钢筋和提高混凝土强度等级的措施。

3）$\phi150$ 排水孔施工

待仰拱二衬施工完毕后，在二衬边墙上施钻多个 $\phi150$ 排水孔，并在孔口安装精密压力表及限流限压球阀进行泄水降压，控制水压在 0.2 MPa 以下，保证二衬安全的前提下进行控制排水。通过高位泄水支洞将水引至下穿隧道底部的排水通道，进而引入新建泄水洞排至洞外，将溶腔与隧道分割开进行独立排水，最大限度地保障后期隧道运营安全。

9.4 本章小结

邻近既有线穿越富水大体量充填型溶腔综合施工技术，有效地解决了溶洞施工隧道工程对既有线的安全影响问题，很好地协调处理了溶洞施工与平导扩挖作业平行施工的问题；大大提高了机具、设备、劳动力的使用效率；降低了工程造价，加快了工程进展，经济、社会效益显著，具有较高的推广、应用价值，发展前景广阔。

第十章

岩溶灾害数值预测模型研究与应用

隧道涌水是隧道工程施工中围岩含水层克服了阻力快速涌入隧道的现象，因而又称之为突水；倘若地下水携带有大量的泥沙，或饱水的泥沙突然涌入隧道，则称之为突泥。突泥可以看成是突水的伴生现象，突泥的关键是隧道涌水。隧道涌水给隧道施工及运营带来了极大的危害，其有可能掩埋设备、堵塞坑道、影响施工进度，使工程建设蒙受巨大的损失，甚至造成严重的人员伤亡。因此，研究隧道涌水对于防灾减灾是非常关键的。

10.1 DDA 方法应用简介

随着计算机技术的高速发展，数值分析方法得到了越来越广泛的发展及应用，其在隧道工程的计算分析中也体现了巨大的优势。其中，非连续变形分析（Discontinuous Deformation Analysis，DDA）方法是一种强大的数值分析方法，非常适用于分析非连续固体系统的静态和动态问题。DDA 方法基于块体理论，通过最小化势能原理建立平衡方程，块体的几何形状可以是任意的凸状形或凹状形，甚至可以是带孔的多边形。块体系统的每一个块体均可以独立移动和变形，块体之间能够实现相互接触与分离，其相互作用是通过接触弹簧来实现的，且严格遵守“不嵌入、不张拉”的原则。在过去的几十年里，DDA 方法已经得到了大量的改进与扩展，并广泛应用于滑坡、落石等领域。

DDA 方法在隧道工程中也得到了广泛的应用，为隧道的稳定性分析等方面提供了非常重要的信息。例如，利用 DDA 方法进行了参数化研究，以探索节理属性（隧道深度、节理方向、节理间距和节理摩擦角）因素对隧道稳定性的影响；模拟隧道施工中对倾斜节理岩体的力学特性进行了模拟；耦合三维摄影测量和 DDA 方法，使得隧道的三维建模更为有效与精确；应用 DDA 方法研究锚杆设置对锚杆与水泥浆界面性质的影响，并通过评估关键参数的影响以便更好地理解推荐的参数值及其对破坏机制的影响。

然而，传统的DDA方法主要是用来模拟固体系统的力学行为，而没有考虑到流体系统的影响。为了克服这种限制，许多学者试图在DDA方法中考虑流体的作用。例如采用有限元方法求解自由表面流动，通过Navier-Stokes方程求解速度和压力，并与DDA方法进行耦合，以评估水动力荷载作用下防波堤向海坡面的稳定性问题；采用耦合分析模型，考虑裂隙岩体中流体流动的水力响应，采用有限差分法研究沿裂缝的稳定流。

光滑粒子流体动力学（Smoothed Particle Hydrodynamics，SPH）方法是一种拉格朗日形式的无网格粒子法，适用于对流体系统进行计算及分析。在三维情况下，DDA方法与SPH方法的耦合方法已经被提出，并在流固耦合问题上表现出良好的性能，如应用耦合的DDA-SPH方法模拟滑坡坝的形成过程。很明显，DDA方法在模拟大变形破坏过程中具有显著的优势，并且由于SPH方法非常适合于自由表面流动问题，因此，利用这两种数值方法的耦合模型来模拟流固耦合问题是非常有效的。隧道涌水问题的本质属于两相流问题，即固体相和流体相。对于两相流问题，为了模拟流固耦合作用，可通过DDA-SPH耦合方法进行分析。

10.2 岩溶分类及灾害诱因

岩溶水是赋存并运移于可溶性岩层中的地下水，常导致隧道岩溶发生突水、突泥灾害，给隧道工程的安全建设和运营造成严重隐患。岩溶类致灾系统突水、突泥逐渐成为制约岩溶区隧道工程发展的主要地质灾害，在施工过程中必须提高警惕并加以防范。受地形地貌、地质构造、地层岩性、岩层产状等众多因素的控制，岩溶发育复杂多变、大小不定、形态各异，根据岩溶发育形态和规模的不同，岩溶类致灾系统可分为3种形式，即溶蚀裂隙型、溶洞溶腔型、管道及地下河型。

10.2.1 岩溶分类

1. 溶蚀裂隙型

溶蚀裂隙是岩石裂隙、节理、层面等结构面在地下水运动过程中溶蚀扩大形成的，较原始裂隙宽大，连通性更好，导水能力和含水性增强。单个溶蚀裂隙的规模较小，但其广泛分布在可溶性岩层中，溶蚀裂隙型致灾系统示意如图10.1所示。当岩溶呈高角度裂缝产状，且岩溶裂隙被充填时，往往形成一种常见的致灾性极强却极易被忽视的致灾系统形式，即高陡倾充填型岩溶裂隙，如三峡翻坝高速公路季家坡隧道。

溶蚀裂隙的特征与岩石的性质密切相关。一般而言，在质纯的石灰岩、白云岩、大理岩等易被溶蚀的可溶岩层中，可形成近似溶洞的溶蚀裂隙，裂隙通道较宽畅；在硅质灰岩等溶解度低的非纯灰岩中，地下水溶蚀作用弱，溶蚀通道变化不大，溶蚀裂隙特征与成岩裂隙相似。

在高压岩溶水作用下，溶蚀裂隙发育、扩展，进而形成广泛而连通的溶蚀裂隙网络，同时与主管道、储水溶腔等水源连通。隧道开挖后，溶蚀裂隙连通岩体内水源（如地下河水、溶腔水等岩溶水）充当导水通道，为隧道涌突水提供源源不断的地下水源。因此，溶蚀裂隙致灾系统以持续疏干型涌水为主要特征，其致灾程度相对较低，但持续时间久，通常为地下水疏干时间。另外，溶蚀裂隙的存在降低了围岩的完整性和强度，对围岩的稳定性产生影响。

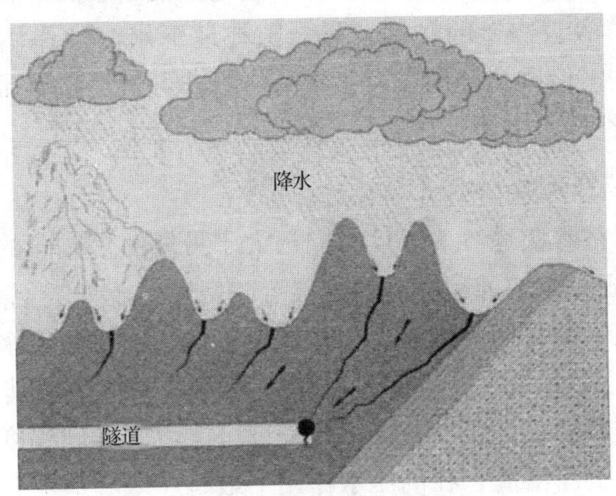

图 10.1　溶蚀裂隙型致灾系统示意

2. 溶洞溶腔型

溶洞溶腔型致灾系统，指地下水沿可溶岩的各种不连续面（断层、节理、层面、裂隙等结构面）进行化学溶蚀和机械侵蚀形成的较大空洞，是溶蚀裂隙的进一步发育和扩展的结果，其各个方向空间结构与管道及地下河型相比尺寸相当，溶洞溶腔型致灾系统示意如图 10.2 所示。

图 10.2　溶洞溶腔型致灾系统示意

溶洞溶腔大小不一，形态复杂多变，充填性质多样。当隧道开挖至溶洞溶腔附近时，直接揭露或是隧道与溶洞溶腔之间的厚度小于最小安全厚度，则会发生突水、突泥灾害。与溶蚀裂隙相比，溶洞溶腔型致灾系统以瞬间疏干型突水、突泥为主要特征，其突发性强，致灾程度较高，但致灾时间较短，通常为溶洞溶腔水疏干时间。如宜万铁路马鹿箐隧道施工过程中揭露溶洞，发生大规模突水、突泥灾害，造成巨大的经济损失、人员伤亡和工期延误。

溶洞溶腔型赋存特征：一般而言，质纯且厚度较大的灰岩利于溶洞溶腔发育，白云质灰岩和白云岩内溶洞发育次之，硅质灰岩和泥质灰岩一般发育较弱。碳酸盐岩溶解度越大，岩层越厚，则岩溶越发育。断层破碎带，尤其是张性断层破碎带，在断层交叉部位常常发育大型溶洞溶腔；褶皱构造的轴部，张裂隙在地下水溶蚀作用下扩展，易发育成溶洞；在饱水带中，溶洞多沿顺层走向发育；可溶岩与非可溶岩接触带、地下水活动强烈地带利于大型溶洞溶腔发育。

3. 管道及地下河型

管道及地下河型岩溶致灾系统为长度方向远大于另外两个方向的岩溶类致灾系统，如图 10.3 所示，其发育规律与溶蚀裂隙型和溶洞溶腔型发育规律类似。在隧道施工过程中，如果揭露岩溶管道或改变地下河的水流方向，将会造成隧道大型突水、突泥灾害。管道及地下河型致灾系统以气候性瞬间排泄型突水、突泥为主要特征，其突发性强、致灾程度高、致灾时间长、致灾频次高，每一个降雨过程都可能引发不同程度的涌水。如宜万铁路野三关隧道施工过程中揭露溶腔，在高压水作用下最终连通隧道上方的岩溶管道，并袭夺了 3 号地下河，发生大规模突水、突泥灾害，造成了巨大的经济损失和人员伤亡。

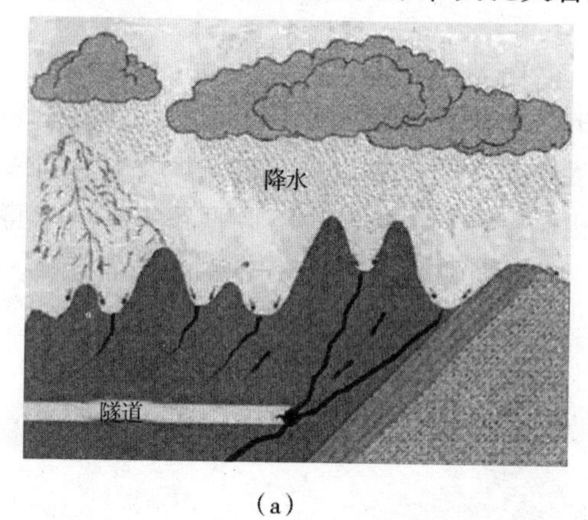

(a)

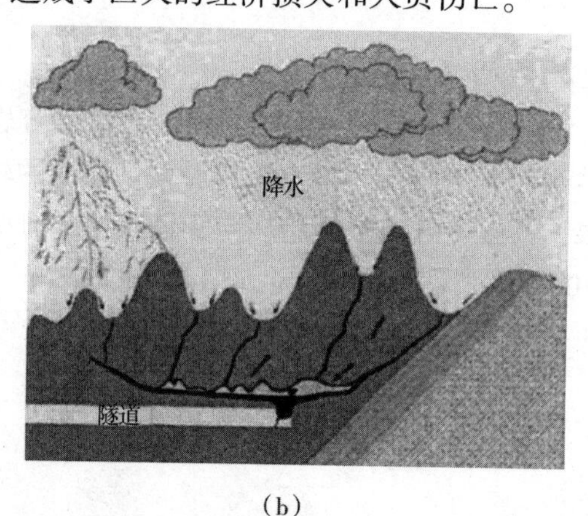

(b)

图 10.3　管道及地下河型致灾系统示意图

(a) 管道型；(b) 地下河型

岩溶管道常常发育在岩溶洼地、落水洞、岩溶漏斗等岩溶地貌下方，也易发育于较强蓄水性地表沉积层下方的可溶性岩层中。陡倾产状可溶性岩层易发育大规模岩溶管道网，地质构造运动强和高富水性带有利于岩溶管道发育。在岩溶水动力带中，岩溶管道在垂直循环带以竖向发育为主，在季节交替带发育为管道网络，水平循环带内以水平发育为主，后两者中的岩溶管道多呈富水状态。

地下河的发育程度与该地区的水动力条件和地质构造密切相关。一般而言，地下河在地表出露有不同的岩溶形态，如条形洼地、串珠状洼地、溶井、落水洞等，据此可进行地下河的识别，采用示踪试验等方法，可分析地下河的水力联系及畅通性。从平面展布上看，常见地下河形式有单线状地下河、分叉状地下河、侧羽状地下河、树枝状地下河和网络状地下河。

10.2.2　岩溶灾害诱因

岩溶发育程度主要受地层岩性、岩层产状、岩性组合、地质构造、地形地貌等因素的影响，因此，岩溶类致灾系统的地质判识也应从这5个方面开展。

（1）地层岩性。地层岩性是岩溶发育的基础，一般而言，可溶岩的溶解度越大，溶蚀速度越快，岩溶的发育程度越高，更易发育出溶洞溶腔及地下河等大型岩溶。在常见的碳酸盐类岩石中，石灰岩、白云岩、硅质灰岩、泥灰岩的岩溶化程度依次降低。

（2）岩层产状。岩层产状对岩溶发育程度的影响是通过岩层渗透率的各向异性特征和影响岩层补、径、排和入渗条件来体现的。一般而言，水平产出的岩层渗透率小，入渗条件差，直立产出的岩层渗透率大，入渗条件好。因此，水平产状岩层岩溶发育程度弱，直立产出的岩层岩溶发育程度强。但直立产出的岩层因地表汇水面积小，溶蚀作用差，对形成大型岩溶不利。因此，厚层可溶岩岩层倾角为25°～65°时，降雨入渗条件和汇水条件最为有利，岩溶也最为发育。

（3）岩性组合。可溶岩与非可溶岩的组合关系是影响岩溶发育的重要因素。非可溶岩往往是地下水侵蚀基准面，控制着地下岩溶的发育方向和深度。特别是当灰岩等透水层位于页岩等隔水岩层之上时，地下水在透水层内部下渗并汇集在非可溶岩层顶板，其在接近非可溶岩层顶板处极易发育大型岩溶系统，而横张断裂带是可溶岩地块中洞穴发育概率最高的部位。当可溶岩层位于非可溶岩层之下时，在非可溶岩层底板与可溶岩层顶板的接触部位往往发育顺层岩溶；当可溶岩层与非可溶岩层互层时，常发育层间岩溶，随着非可溶岩层数量的增多，岩溶发育程度逐渐减弱。

（4）地质构造。地质构造在岩溶的发育过程中占主导地位，控制着岩溶发展方向和发育规模。褶皱不同部位发育纵向张性裂隙的程度不同，一般情况，岩溶在褶皱核部位置发育强于翼部，核部易发育溶洞溶腔。同样，在向斜扬起端、背斜倾伏端，以及褶皱构造的转折端，构造裂隙相对发育较快，其岩溶发育也较明显。张性断层为地下水提供良好运移空间，岩溶发育较强烈，但也极易被黏土充填，从而影响岩溶发育。压性断层则相对较弱，但极个别断层由于挤压导致断层带较破碎的情况下也可能出现强烈的岩溶化现象。扭性断层次生构造裂隙极易发育，岩溶作用的深度一般较大，在密集的张扭性断层带附近，往往发育规模较大的溶洞和廊道。

（5）地形地貌。地形地貌直接反映岩溶水动力条件，地表汇水面积越大，地表溶沟、溶槽发育越深，则岩溶水更易下渗，促进深部岩溶发育。

除上述因素外，在隧道掘进过程中，一些地质现象的出现，也有助于对溶蚀裂隙进行判识，尤其是大型溶洞溶腔、管道及地下河的判识：①频繁出现铁锈染、夹黏土裂隙或溶蚀裂隙；②岩层湿化、软化现象明显，有水滴附着或出现滴水、淋水现象；③小溶洞频频出现，且多有水流、河沙或水流痕迹；④钻孔中涌水量出现剧烈增加，呈喷射状，且夹有泥沙或磨圆度好的砾石等充填物；⑤钻孔中有冷风冒出，或听到明显的水流声；⑥岩层渗水或涌水时清时浊或出现冒泥现象；⑦空气温度明显降低，阴冷潮湿，出现雾气。

10.3　突水、突泥数值模型理论分析

以岩体非连续变形理论为基础，自主开发 DDA-SPH 方法，该方法可以同时考虑块体、水及砂土之间的相互作用，且该方法可有效模拟岩溶突水、突泥等工程问题，对解决相关工程问题提供了理论基础。

1. 基础理论

DDA 方法是一种强大的数值分析方法，非常适用于分析非连续的固体系统的静态和动态问题；而 SPH 方法则是一种拉格朗日形式的无网格粒子法，适用于对流体系统进行计算及分析。然而，在这两种数值方法中，流固相互作用的考虑有待进一步研究。对于两相流问题，为了模拟流固耦合作用，这里采用一种耦合的 DDA-SPH 方法进行分析。

2. DDA 方法

DDA 方法是一种平行于有限单元方法的数值离散方法。DDA 方法基于块体理论建立平衡方程，块体的几何形状可以是任意的凸状形或凹状形，甚至可以是带孔的多边形。块体系统的每一个块体均可以独立移动和变形，块体之间能够实现相互接触与分离，其相互作用是通过接触弹簧来实现的，且严格遵守“不嵌入、不张拉”的原则。DDA 方法可以用来解决静力学和动力学问题，其唯一差别是静力学计算假定每一时间步初始速度为零，而动力学计算则继承前一时间步的速度。

对于一个三维问题，任意形状的每一块体具有 12 个自由度，可以表示为

$$\boldsymbol{D}_i = [(u_0,\ v_0,\ w_0)\ (r_x,\ r_y,\ r_z)\ (\varepsilon_x,\ \varepsilon_y,\ \varepsilon_z)\ (\gamma_{yz},\ \gamma_{zx},\ \gamma_{xy})]^{\mathrm{T}} \tag{10.1}$$

式中：$(u_0,\ v_0,\ w_0)$ 为块体形心处的刚体位移；$(r_x,\ r_y,\ r_z)$ 为沿 x-、y-和 z-轴的块体转角；$(\varepsilon_x,\ \varepsilon_y,\ \varepsilon_z)$ 为块体的 3 个常正应变；$(\gamma_{yz},\ \gamma_{zx},\ \gamma_{xy})$ 为块体的 3 个常剪应变。

采用块体变形的全一阶近似，块体中任意一点 $P(x,\ y,\ z)$ 的位移$(u,\ v,\ w)$ 可表示为

$$\begin{bmatrix} u \\ v \\ w \end{bmatrix}^{\mathrm{T}} = T_i(x,\ y,\ z) \cdot D_i \tag{10.2}$$

式中：$\boldsymbol{T}^i(x,\ y,\ z)$ 为块体某点$(x,\ y,\ z)$ 的位移变形矩阵。其可以表示为

$$\boldsymbol{T}_i(x,\ y,\ z) = \begin{bmatrix} 1 & 0 & 0 & 0 & Z & -Y & X & 0 & 0 & 0 & Z/2 & Y/2 \\ 0 & 1 & 0 & -Z & 0 & X & 0 & Y & 0 & Z/2 & 0 & X/2 \\ 0 & 0 & 1 & Y & -X & 0 & 0 & 0 & Z & Y/2 & X/2 & 0 \end{bmatrix} \tag{10.3}$$

式中：$X = x - x_c$；$Y = y - y_c$；$Z = z - z_c$；$(x_c,\ y_c,\ z_c)$ 为块体形心处的坐标。

DDA 方法中，各个块体是连接的，并通过块体间的接触和部分块体的位移约束形成一个块体系统。对于由 n 个独立块体连接的块体系统，采用最小总势能原理，总体平衡方程可以表示为

$$\begin{bmatrix} \boldsymbol{K}_{11} & \boldsymbol{K}_{12} & \cdots & \boldsymbol{K}_{1n} \\ \boldsymbol{K}_{21} & \boldsymbol{K}_{22} & \cdots & \boldsymbol{K}_{2n} \\ \vdots & \vdots & \vdots & \vdots \\ \boldsymbol{K}_{n1} & \boldsymbol{K}_{n2} & \cdots & \boldsymbol{K}_{nn} \end{bmatrix} \begin{bmatrix} \boldsymbol{D}_1 \\ \boldsymbol{D}_2 \\ \vdots \\ \boldsymbol{D}_n \end{bmatrix} = \begin{bmatrix} \boldsymbol{F}_1 \\ \boldsymbol{F}_2 \\ \vdots \\ \boldsymbol{F}_n \end{bmatrix} \tag{10.4}$$

式中：$\boldsymbol{K}_{ij}(i, j = 1, 2, \cdots, n)$ 为 12 × 12 的刚度子矩阵，其中 $\boldsymbol{K}_{ii}(i = j)$ 取决于块体材料性质，$\boldsymbol{K}_{ij}(i \neq j)$ 取决于块体 i 和 j 的相互作用，比如相互接触和块体间的锚杆作用；$\boldsymbol{D}_i$ 为块体 i 的 12 × 1 的位移子矩阵，其具体表达式见式(10.1)；$\boldsymbol{F}_i$ 为块体 i 的 12 × 1 的荷载子矩阵。

刚度矩阵和荷载矩阵可以通过势能最小化来进行建立，能量来源于：①弹性应力；②初始常应力；③体积荷载；④点荷载；⑤惯性力；⑥固定点；⑦锚杆连接；⑧接触弹簧。

3. SPH 方法

SPH 方法是一种拉格朗日形式的无网格粒子法。在 SPH 方法中，系统的状态采用一系列的粒子来描述，这些粒子包含着各自的材料性质，比如密度、速度、压强等，并且按照守恒控制方程的规律进行运动。SPH 方法已被广泛应用与扩展，比如具有材料强度的动态响应问题和具有大变形的流体动力学问题。不同的本构模型可以很容易地在 SPH 算法中实现。SPH 方程的构造通常包含两个关键步骤：（1）积分表示法，又称函数核近似法；（2）粒子近似法。

函数以及其导数的积分可表示为

$$\langle f(x) \rangle = \int_{\Omega} f(x') W(x - x', h) \mathrm{d}x' \tag{10.5}$$

$$\langle \nabla \cdot f(x) \rangle = -\int_{\Omega} f(x') \cdot \nabla W(x - x', h) \mathrm{d}x' \tag{10.6}$$

式中：〈 〉为核近似算子；积分域 Ω 为由光滑长度决定的支持域；h 为光滑长度，定义了光滑函数 $W(x - x', h)$ 的影响域；采用的光滑函数需要满足一定的限制条件，如正则化条件和紧支性条件。许多学者已经尝试了使用不同的光滑函数，这里采用 Wendland 核函数，即

$$W(x - x', h) = \alpha_D \left(1 - \frac{R}{2}\right)^4 (2R + 1), \quad 0 \leqslant R \leqslant 2 \tag{10.7}$$

式中：R 为两个粒子之间的相对距离，$R = |x - x'|/h$；α_D 为正则化系数，在二维和三维空间中分别为 $7/(4\pi h^2)$ 和 $21/(16\pi h^3)$。

粒子近似法需要将整个连续系统离散成具有独立质量、占有独立空间的有限个粒子表示。积分表示式（10.5）和式（10.6）可转化为支持域内所有粒子叠加求和的离散化形式，即

$$\langle f(x_i) \rangle = \sum_{j=1}^{N} \frac{m_j}{\rho_j} f(x_j) W_{ij} \tag{10.8}$$

$$\langle \nabla \cdot f(x_i) \rangle = \sum_{j=1}^{N} \frac{m_j}{\rho_j} f(x_j) \cdot \nabla W_{ij} \tag{10.9}$$

又有

$$W_{ij} = W(x_i - x_j, h) = W(|x_i - x_j|, h) \tag{10.10}$$

$$\nabla W_{ij} = \nabla_i W_{ij} = -\nabla_j W_{ij} = \frac{x_i - x_j}{r_{ij}} \frac{\partial W_{ij}}{\partial r_{ij}} = \frac{x_{ij}}{r_{ij}} \frac{\partial W_{ij}}{\partial r_{ij}} \tag{10.11}$$

式中：m_j 和 ρ_j 分别为粒子 j 的质量和密度；N 为支持域中的粒子总数；x_i 和 x_j 分别为粒子 i 和 j 的位置；r_{ij} 为粒子 i 和 j 的距离。

粒子近似法示意如图 10.4 所示。

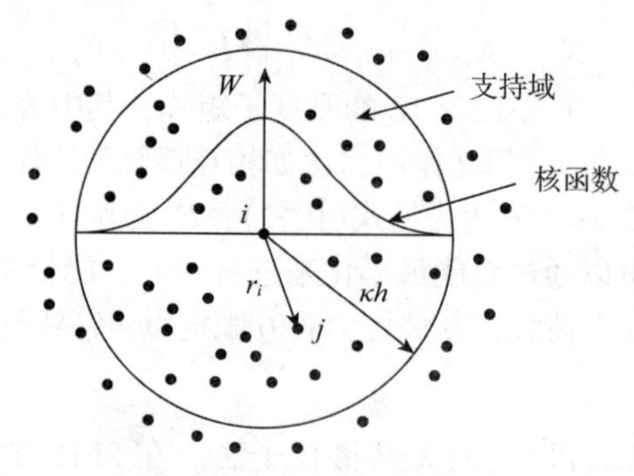

图 10.4　粒子近似法示意

应用上述所示的核近似与粒子近似，三维问题中，支持域是以 κh 为半径的球，并结合一定的数值技术，可以对流体动力学问题的偏微分方程进行离散化。对于流体动力学问题，拉格朗日格式下的 Navier-Stokes 方程可表示为

$$\frac{\mathrm{d}\rho}{\mathrm{d}t} = -\rho \frac{\partial v^{\alpha}}{\partial x^{\alpha}} \tag{10.12}$$

$$\frac{\mathrm{d}v^{\alpha}}{\mathrm{d}t} = \frac{1}{\rho}\frac{\partial \sigma^{\alpha\beta}}{\partial x^{\beta}} + f^{\alpha} \tag{10.13}$$

式中：上标 α 和 β 分别为坐标方向，可用指标法来表示方程的叠加；ρ 和 v 分别为密度和速度向量；$\sigma^{\alpha\beta}$ 为总应力张量，由各向同性压力和黏性应力两部分组成；f^{α} 为由外力导致的加速度成分，比如重力加速度。

式（10.12）、（10.13）分别为连续性方程和动量方程。采用 SPH 公式表示函数及其导数，Navier-Stokes 方程可推导为

$$\frac{\mathrm{d}\rho_i}{\mathrm{d}t} = \rho_i \sum_{j=1}^{N} \frac{m_j}{\rho_j}(v_i^{\alpha} - v_j^{\alpha}) \frac{\partial W_{ij}}{\partial x_i^{\alpha}} \tag{10.14}$$

$$\frac{\mathrm{d}v_i^{\alpha}}{\mathrm{d}t} = -\sum_{j=1}^{N} m_j\left(\frac{p_i}{\rho_i^2} + \frac{p_j}{\rho_j^2} + \Pi_{ij}\right) \frac{\partial W_{ij}}{\partial x_i^{\alpha}} + f^{\alpha} \tag{10.15}$$

式中：Π_{ij} 为人工黏度，用于防止粒子相互接近时的非物理穿透和提高数值稳定性，其中，Monaghan 型的人工黏度是最为广泛使用的人工黏度，具体表达式为

$$\Pi_{ij} = \begin{cases} \dfrac{-\alpha_{\Pi}\bar{c}_{ij}\xi_{ij} + \beta_{\Pi}\xi_{ij}^2}{\bar{\rho}_{ij}} & (v_i^{\alpha} - v_j^{\alpha})(x_i^{\alpha} - x_j^{\alpha}) < 0 \\ 0 & (v_i^{\alpha} - v_j^{\alpha})(x_i^{\alpha} - x_j^{\alpha}) \geq 0 \end{cases} \tag{10.16}$$

式中：

$$\xi_{ij} = \frac{h(v_i^{\alpha} - v_j^{\alpha})(x_i^{\alpha} - x_j^{\alpha})}{(x_i^{\alpha} - x_j^{\alpha})^2 + \varphi^2} \tag{10.17}$$

$$\bar{c}_{ij} = \frac{1}{2}(c_i + c_j) \tag{10.18}$$

$$\bar{\rho}_{ij} = \frac{1}{2}(\rho_i + \rho_j) \tag{10.19}$$

式中：因子 $\varphi = 0.1\,h$ 用于防止粒子相互靠近时产生的数值发散；α_{Π} 和 β_{Π} 为标准常数，一般取值在 1.0 左右，其中，与前者相关的项是体积黏度，而与后者相关的项是用于防止在高马赫数时粒子的相互穿透；c 和 v 分别为声速和粒子的速度。

另外，由于理论上不可压缩流体实际上是可压缩的，故可采用人工压缩率。Monaghan 应用了水的状态方程来计算压力项，且压强可通过局部密度来求解：

$$p = \frac{c_0^2 \rho_0}{\gamma}\left[\left(\frac{\rho}{\rho_0}\right)^{\gamma} - 1\right] \tag{10.20}$$

式中：ρ_0 为参照密度，水取为 1 000 kg/m^3；γ 为常数，在许多情况下取为 7；c_0 为数值声速。

式（10.20）中减去 1 能消除自由表面流动的边缘效应。

4. 耦合的 DDA-SPH 方法

在耦合的 DDA-SPH 方法中，DDA 块体表现为 SPH 粒子的移动边界。对于 SPH 方法，边界通常由一系列虚粒子或边界粒子组成，在计算内部粒子的场变量时考虑这些粒子的贡献，以此来缓解边界缺陷带来的影响。这些边界粒子要么是固定的，要么采取预定义的位移函数移动。然而，建立所有相邻的 DDA 块体相关联的边界粒子是一件非常麻烦和困难的事情，尤其是对于三维复杂边界情况。这种基于粒子的边界也会降低计算效率，因为需要对边界粒子进行特殊处理来分配合适的场量。因此，需要采用一种不同的策略。在耦合的 DDA-SPH 方法中，流体颗粒与块体相互作用的框架示意如图 10.5 所示。

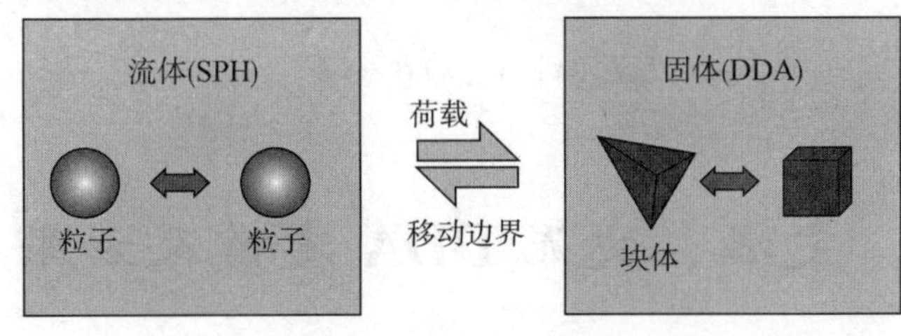

图 10.5　流体颗粒与块体相互作用的框架示意

流体颗粒与相邻的块体之间的相互作用力计算，在耦合的 DDA-SPH 方法中至关重要。首先，需要确定它们之间的接触类型。为了满足精度要求，流体颗粒尺寸通常被设置为一个非常小的数值，因为其比块体小得多，所以大部分颗粒都是在表面与块体接触。因此，耦合的 DDA-SPH 方法将流体颗粒与块体之间的接触类型视为球对面的接触类型，更确切地说，为点对面的基本接触类型。然后，采用惩罚函数法计算 DDA 块体与 SPH 粒子的相互作用力。在这种方法中，DDA 块体与 SPH 粒子的相互作用力可以分解成相对于接触面的法向分量和切向分量。SPH 粒子与 DDA 块体相互作用的示意如图 10.6 所示。

当 SPH 粒子接近 DDA 块体接触面时，其所受的力可以表示为

$$\boldsymbol{F} = \boldsymbol{F}_n + \boldsymbol{F}_\tau \tag{10.21}$$

式中：作用力 $\boldsymbol{F}$ 的法向和切向分量分别为

$$\boldsymbol{F}_n = [k_s d_{sf} - k_d(\boldsymbol{v} \cdot \boldsymbol{n})] \cdot \boldsymbol{n} \tag{10.22}$$

$$\boldsymbol{F}_\tau = -k_f |\boldsymbol{F}_n| \cdot \boldsymbol{\tau} \tag{10.23}$$

式中：k_s 和 k_d 分别为惩罚弹簧刚度和阻尼系数；d_{sf} 为垂直于接触面的穿透距离；$\boldsymbol{v}$ 为 SPH

粒子与 DDA 块体相应接触点的相对速度矢量；$\boldsymbol{n}$ 为接触面的法向单位向量；k_f 为摩擦因数；$\boldsymbol{\tau}$ 为相对速度矢量沿着接触面的切向单位向量。

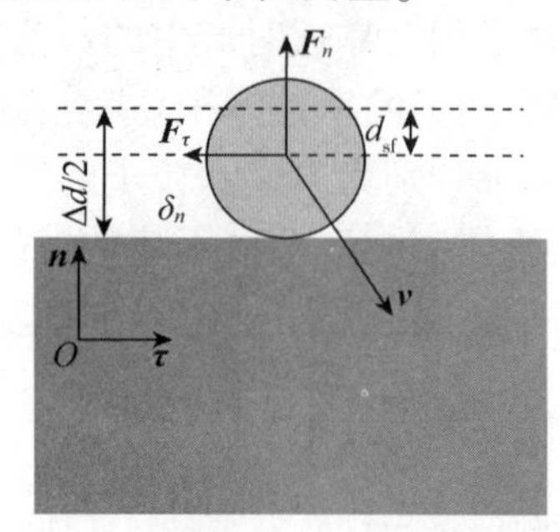

图 10.6　SPH 粒子与 DDA 块体相互作用的示意

δ_n 指粒子中心到块体的距离

由图 10.6 可以看出，为了防止 SPH 粒子与 DDA 块体之间的相互渗透，两者之间采用了容差距离（即取为初始 SPH 粒子间距的 1/2）。当 SPH 粒子与 DDA 块体之间的距离小于 $\Delta d/2$ 时，将施加排斥力以防止相互穿透。

将施加在接触块体的反作用力视为作用在相应接触点 $P(x, y, z)$ 的瞬态点荷载，则由点荷载 $-\boldsymbol{F}$ 提供的势能可推导为

$$\Pi_p = -[u \quad v \quad w][-\boldsymbol{F}] = \boldsymbol{D}_i^{\mathrm{T}}\boldsymbol{T}_i^{\mathrm{T}}(x, y, z)\boldsymbol{F} \tag{10.24}$$

通过采用最小化势能原理，可得到此项点荷载的贡献，并将其集成到式中的子矩阵 $\boldsymbol{F}_i$ 中。

$$\boldsymbol{T}_i^{\mathrm{T}}(x, y, z)\boldsymbol{F} \rightarrow \boldsymbol{F}_i \tag{10.25}$$

10.4　突水、突泥 DDA 建模及效果分析

经过前面的理论分析，可通过在 DDA 数值模拟平台上嵌入模块的方法，对高水压作用下岩溶隧道进行突水、突泥分析，模拟突水、突泥的路径、规模及对隧道安全性的影响。

1. 应用算例

隧道的建设在世界各地都是至关重要的。在隧道开挖过程中，采取加固、支护开挖前沿等防护措施，避免可能发生的危险是十分重要的。其中，涌水是隧道等地下工程中较为典型和常见的危害之一，其不仅恶化作业环境，影响隧道的正常施工，还会降低掌子面围岩的强度与稳定性，甚至还会导致人员的伤亡。因此，对隧道水流诱发的地质灾害进行模拟具有重要意义，也能够为防灾减灾工作提供指导性的建议。

2. 掌子面正面突水模拟

1）模型设置

根据隧道涌水灾害调查，建立了图 10.7 所示的隧道掌子面正面突水模拟的 DDA-SPH 模型。图 10.7（a）为简化 DDA-SPH 数值模型对掌子面正面突水现象进行模拟的实体图。

模型中，流体部分和固体部分分别采用 SPH 粒子和 DDA 块体进行表示。水域部分采用 SPH 进行模拟，其初始所占空间大小为 10 m×10 m×12 m（长×宽×高）。水域部分的上覆岩体由 99 个 DDA 块体组成，隧道开挖前沿的掌子面采用 28 个 DDA 块体进行模拟。为了更清晰地对所建立的模型进行阐述，固定部分的 DDA 块体改用线框进行绘制，如图 10.7（b）所示。计算模型中，假设 DDA 块体之间的摩擦角均为 5°，且不考虑接触面之间的黏聚力与抗拉强度。除了模拟隧道前沿部分及水域部分上覆岩体的 DDA 块体可自由变形及运动外，其他 DDA 块体都设置了相应的固定点。重力加速度设为 9.8 m/s^2。

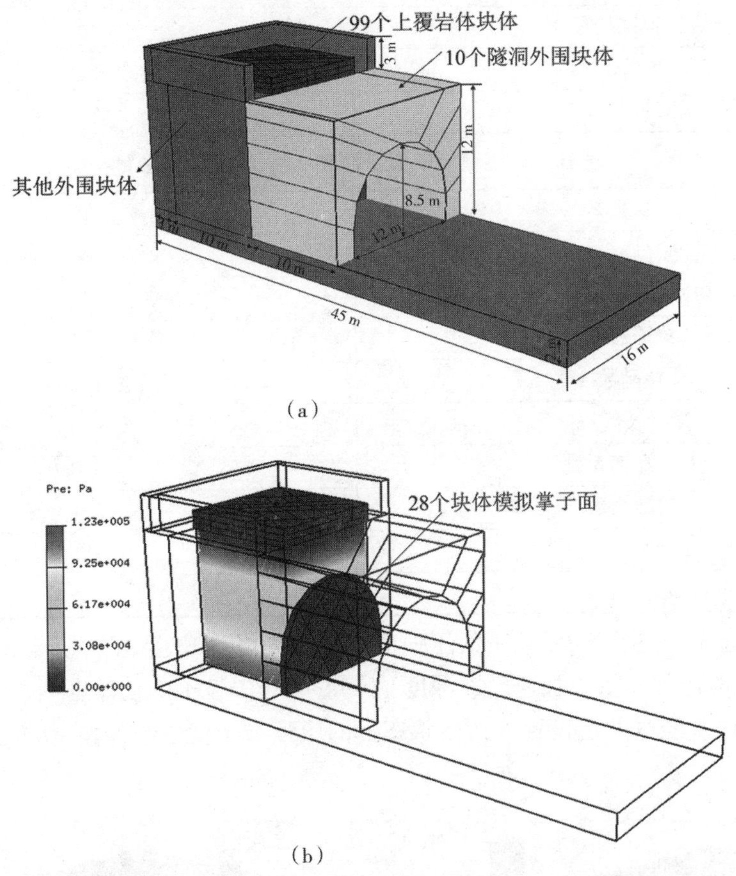

图 10.7 隧道掌子面正面突水模拟的 DDA-SPH 模型

（a）实体图；（b）细节图

隧道掌子面正面突水模拟的 DDA 参数如表 10.1 所示，隧道掌子面正面突水模拟的 SPH 参数如表 10.2 所示。对于 DDA 块体，密度、泊松比和弹性模量分别为 2 500 kg/m^3、0.2、20 GPa。法向弹簧刚度为 20 GPa（等于弹性模量），切向弹簧刚度为法向弹簧刚度的 0.4 倍，容许最大位移率设为 0.005。对于 SPH 粒子，密度为 1 000 kg/m^3、初始粒子间距为 0.2 m，采用 Wendland 核函数，光滑长度为初始粒子间距的 1.5 倍。流体与固体系统的时间步长均为 0.000 02 s。

表 10.1 隧道掌子面正面突水模拟的 DDA 参数

参数	值
密度/(kg·m^{-3})	2 500
泊松比	0.2
弹性模量/GPa	20
摩擦角/(°)	5
弹簧刚度/GPa	20
最大容许位移率	0.005
时间步长/s	0.000 02
物理时长/s	2.4

表 10.2 隧道掌子面正面突水模拟的 SPH 参数

参数	值
密度/(kg·m^{-3})	1 000
初始粒子间距/m	0.2
粒子数量	150 000
核函数	Wendland
光滑长度/m	0.3
人工黏度系数	0.5/0.0
耗散系数	0.1
时间步长/s	0.000 02
物理时长/s	2.4

在初始状态下，各个 SPH 粒子的压强值与深度及参考密度相关（$p=\rho gh$，其中，ρ、g、h 分别为参考密度、重力加速度、深度）。每个 SPH 粒子的初始密度由式（10.20）进行反推计算而得。经过上述设置，初始状态下的压强与密度分布如图 10.8 所示。

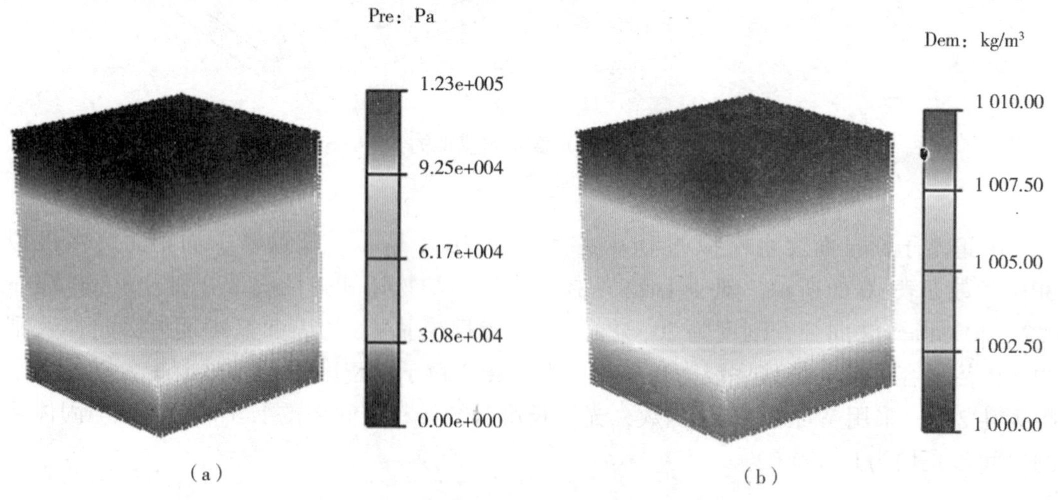

图 10.8 初始状态下的压强与密度分布

（a）压强分布；（b）密度分布

2）计算结果及分析

采用耦合的 DDA-SPH 方法对上述建立的 DDA-SPH 数值模型进行计算。隧道掌子面正面突水灾害模拟的破坏过程如图 10.9 所示。

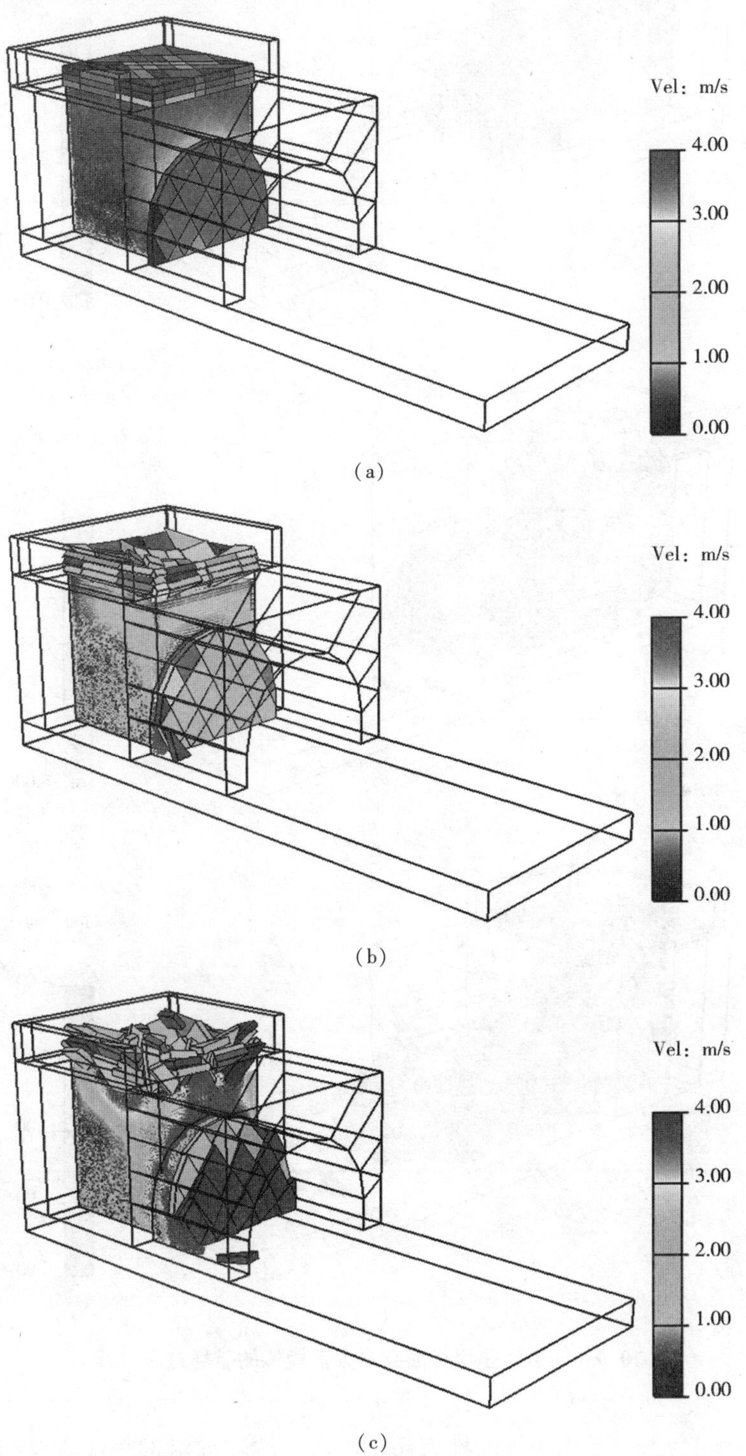

图 10.9　隧道掌子面正面突水灾害模拟的破坏过程

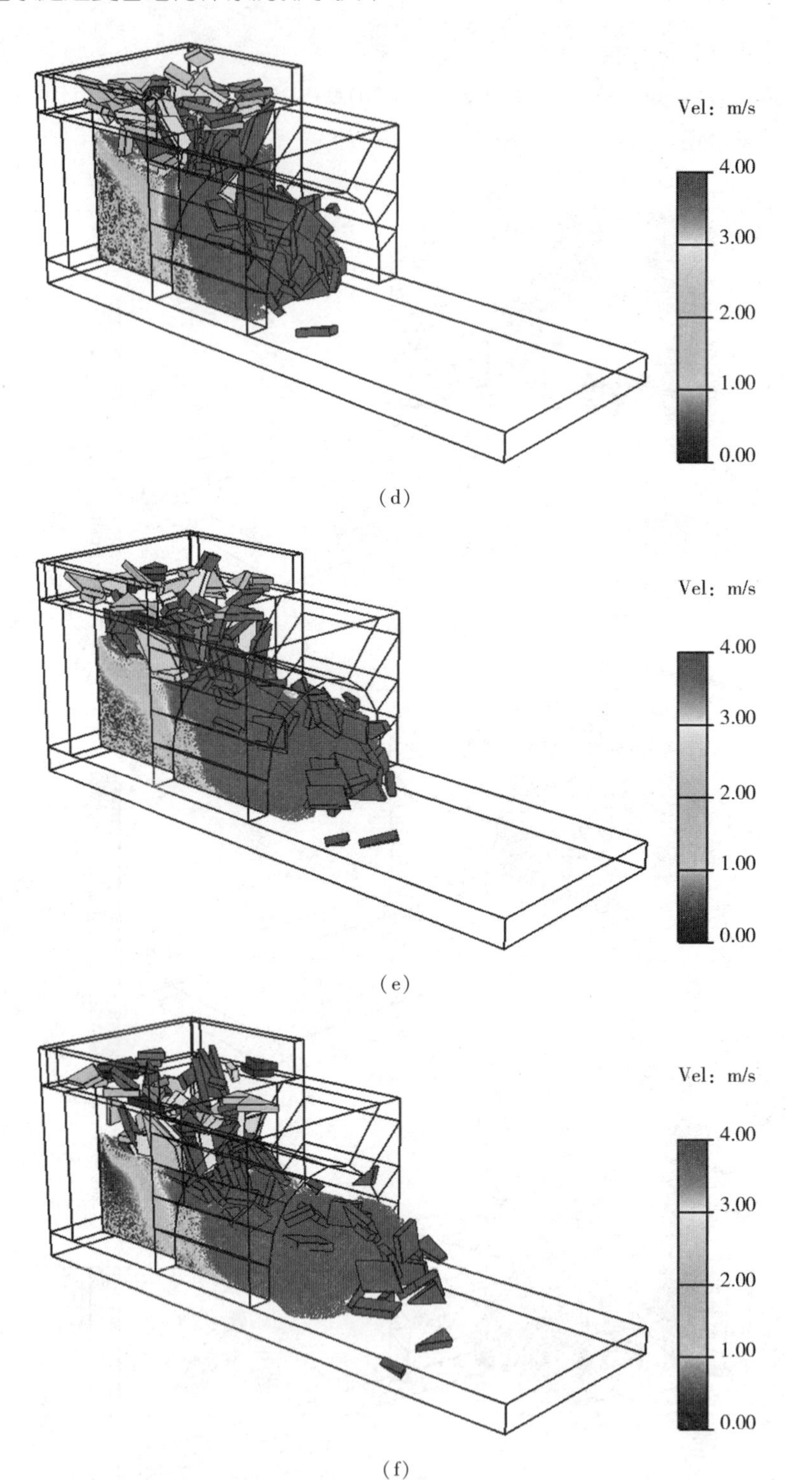

(d)

(e)

(f)

图 10.9　隧道掌子面正面突水灾害模拟的破坏过程（续）

(a) 0.1 s；(b) 0.5 s；(c) 1.0 s；(d) 1.5 s；(e) 2.0 s；(f) 2.4 s

从图 10.9 中可以看出，由于水的推力作用超过了隧道前沿部分块体与相邻块体之间的抗力，隧道前沿部分块体的稳定状态被破坏，并在水的推力作用下发生了较大的位移。由于水大量地往外流走，水域部分的水慢慢减少，故而对其上覆岩体的承压作用也逐渐减弱，导致其上覆岩体发生了严重的坍塌现象，部分坍塌下来的岩体由于水流的作用也向外移动。当水流到隧道外的开放区域时，由于没有侧向的限制，水流向两侧扩展，增大了破坏范围。

为了防止隧道掌子面正面突水的发生，可以考虑采取加固、支护开挖前沿等防护措施来增大隧道前沿部分的抗力，进而采取适当的排水措施。

3. 侧边墙突水模拟

1）模型设置

建立如图 10.10 所示的隧道侧边墙突水模拟的 DDA-SPH 模型。图 10.10（a）的模型中，流体部分和固体部分分别采用 SPH 粒子和 DDA 块体进行表示。水域部分采用 SPH 进行模拟，其初始所占空间大小为 10 m×10 m×12 m（长×宽×高）。水域部分的上覆岩体由 99 个 DDA 块体组成。隧道开挖前沿的掌子面采用 9 个 DDA 块体进行模拟。为了更清晰地对所建立的模型进行阐述，固定部分的 DDA 块体改用线框进行绘制，如图 10.10（b）所示。计算模型中，假设 DDA 块体之间的摩擦角均为 5°，且不考虑接触面之间的黏聚力与抗拉强度。除了模拟隧道前沿部分及水域部分上覆岩体的 DDA 块体可自由变形及运动外，其他 DDA 块体都设置了相应的固定点。重力加速度设为 9.8 m/s^2。可以看出，侧边墙突水模型与掌子面正面突水模型的主要区别在于水域部分及其上覆岩体的几何位置。

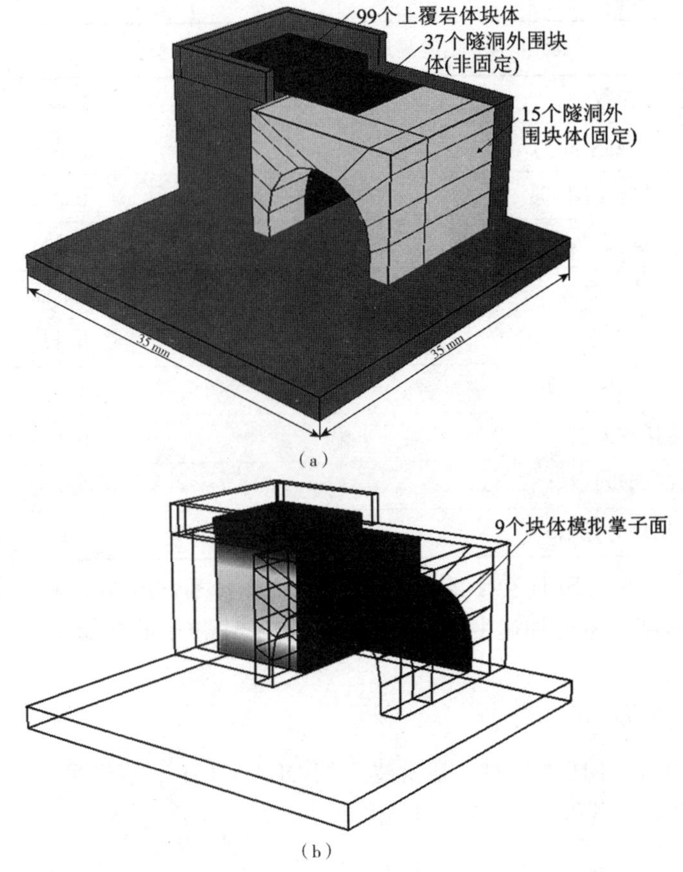

图 10.10　隧道侧边墙突水模拟的 DDA-SPH 模型

（a）实体图；（b）细节图

隧道侧边墙突水模拟的 DDA 参数如表 10.3 所示，隧道侧边墙突水模拟的 SPH 参数如表 10.4 所示。法向弹簧刚度为 20 GPa（等于弹性模量），切向弹簧刚度为法向弹簧刚度的 0.4 倍，容许最大位移率设为 0.005。对于 SPH 粒子，密度为 1 000 kg/m^3、初始粒子间距为 0.2 m，采用 Wendland 核函数，光滑长度为初始粒子间距的 1.5 倍。流体与固体系统的时间步长均为 0.000 02 s。

表 10.3　隧道侧边墙突水模拟的 DDA 参数

参数	数值
密度/($kg \cdot m^{-3}$)	2 500
泊松比	0.2
弹性模量/GPa	20
摩擦角/(°)	5
弹簧刚度/GPa	20
最大容许位移率	0.005
时间步长/s	0.000 02
物理时长/s	3.0

表 10.4　隧道侧边墙突水模拟的 SPH 参数

参数	数值
密度/($kg \cdot m^{-3}$)	1 000
初始粒子间距/m	0.2
粒子数量	150 000
核函数	Wendland
光滑长度/m	0.3
人工黏度系数	0.5/0.0
耗散系数	0.1
时间步长/s	0.000 02
物理时长/s	3.0

在初始状态下，各个 SPH 粒子的压强值与深度及参考密度相关（$p = \rho g h$，其中，ρ、g、h 分别为参考密度、重力加速度、深度）。每个 SPH 粒子的初始密度由式（10.20）进行反推计算而得。

2. 计算结果及分析

采用耦合的 DDA-SPH 方法对上述所建立的 DDA-SPH 数值模型进行计算。隧道侧边墙突水灾害模拟的破坏过程如图 10.11 所示。

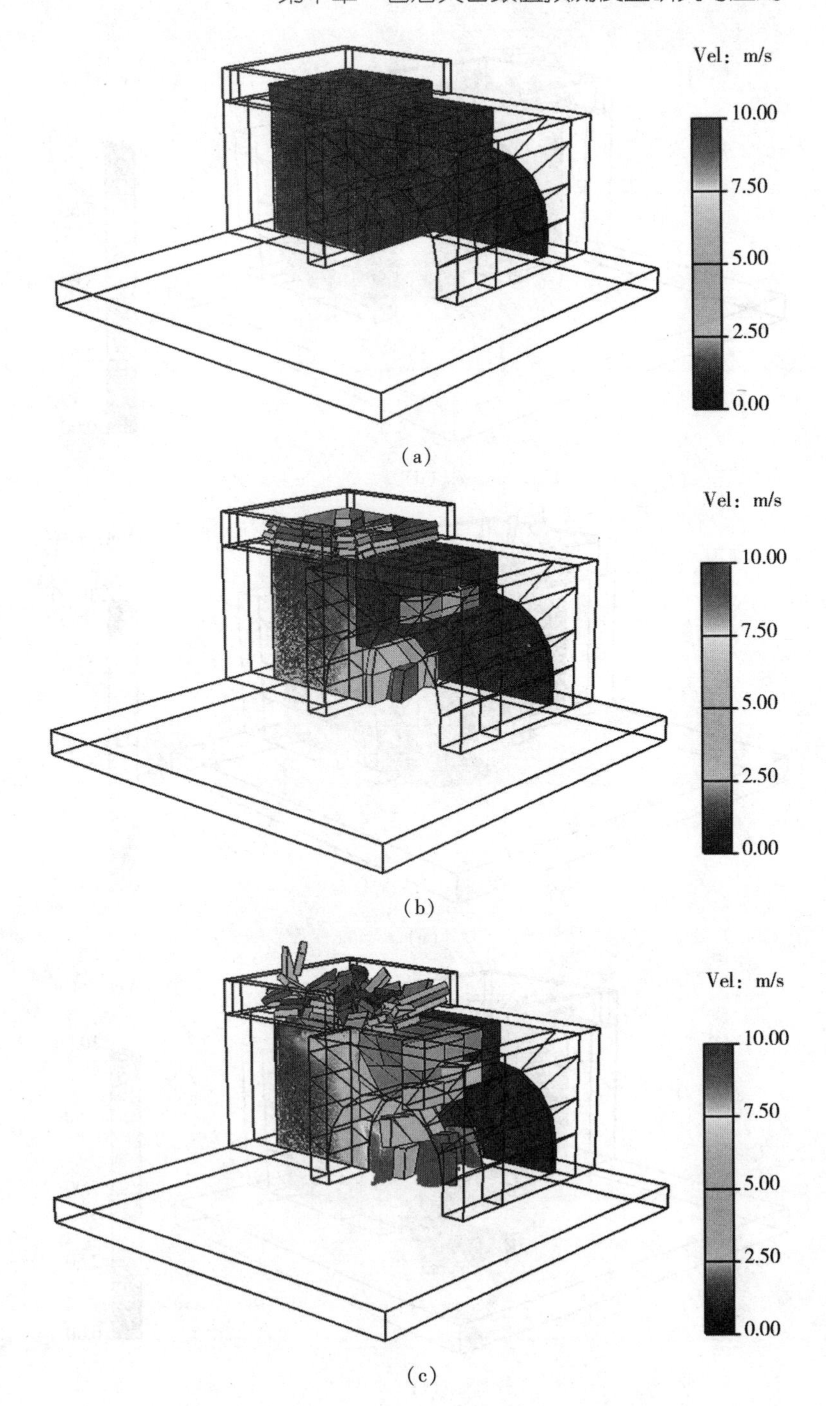

图 10.11　隧道侧边墙突水灾害模拟的破坏过程

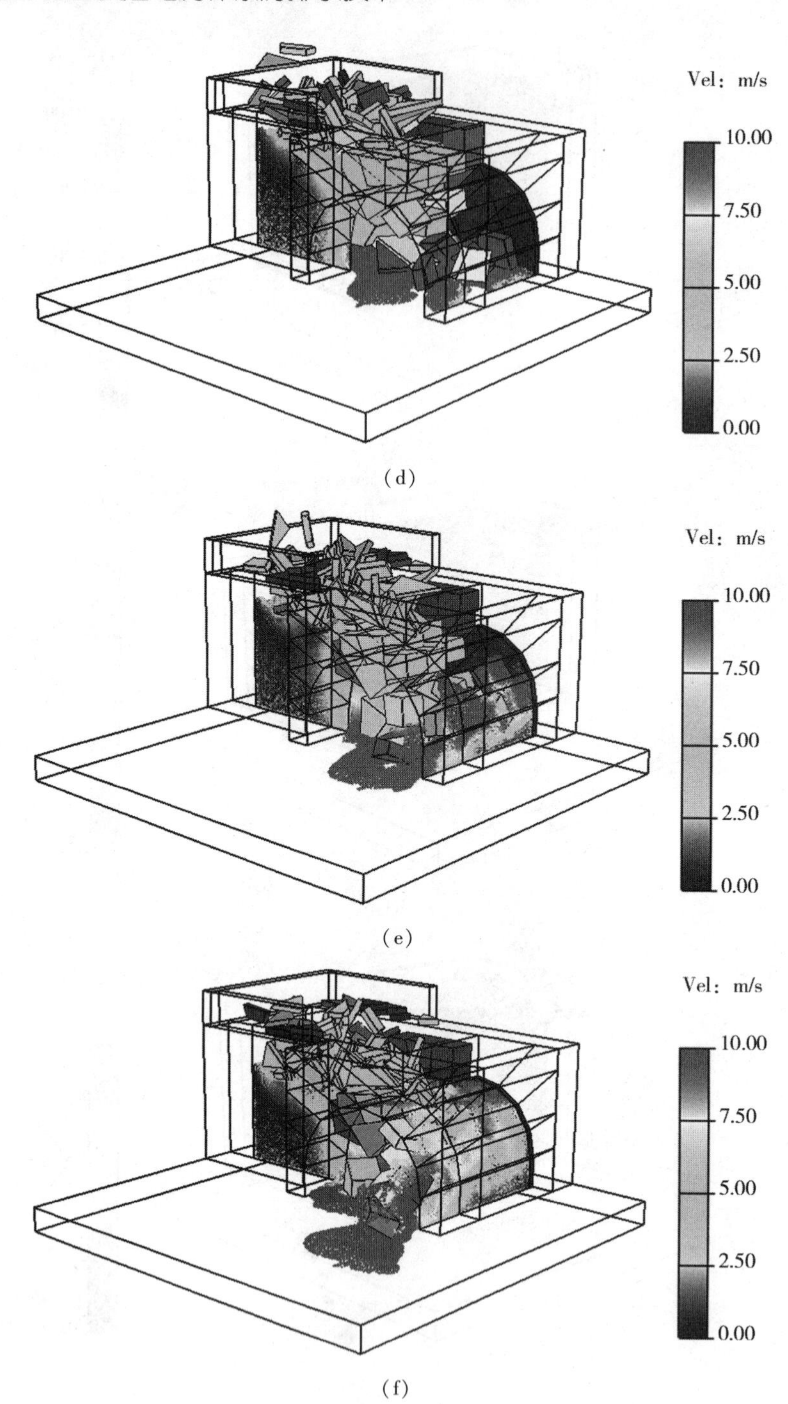

图 10.11　隧道侧边墙突水灾害模拟的破坏过程（续）

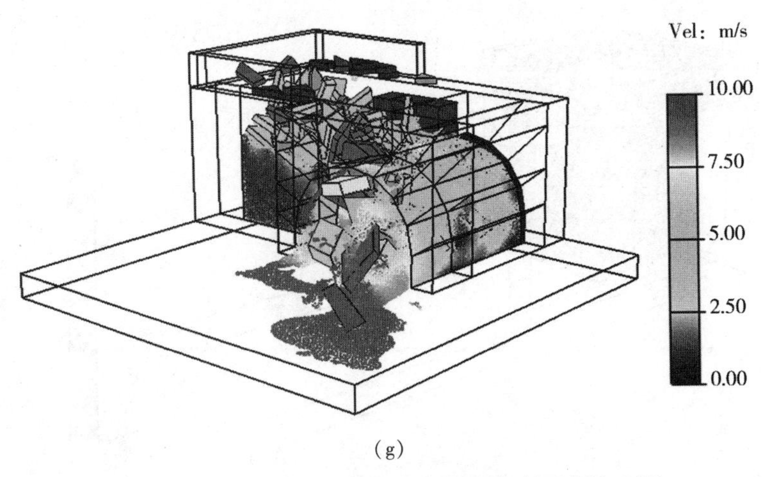

(g)

图 10.11 隧道侧边墙突水灾害模拟的破坏过程（续）

(a) 0.0 s；(b) 0.5 s；(c) 1.0 s；(d) 1.5 s；(e) 2.0 s；(f) 5.5 s；(g) 3.0 s

从图 10.11 可以看出，由于水的推力作用超过了隧道侧边墙部分块体与相邻块体之间的抗力，隧道侧边墙部分块体的稳定状态被破坏，并在水的推力作用下发生了较大的位移。由于水大量地往外流走，水域部分的水慢慢减少，故而对其上覆岩体的承压作用也逐渐减弱，导致其上覆岩体发生严重的坍塌现象，部分坍塌下来的岩体由于水流的作用也向外移动。

为了防止隧道侧边墙突水的发生，可以考虑采取加固侧边墙等防护措施来增大隧道侧边墙部分的抗力，进而采取适当的排水措施。

本章采用耦合 DDA-SPH 方法对隧道涌水过程进行了模拟分析，采用该耦合方法，可进一步对隧道突泥涌水灾害进行预测及判断。通过分析可知，岩石块体之间的节理强度对隧道涌水现象的发生与否起着重要作用。假设存在一个潜在的涌水隧道，考虑界面摩擦角大小对涌水灾害的影响。其他参数同前述掌子面突水算例的相应参数。此处逐渐增大 DDA 块体之间的摩擦角（8°和 9°），摩擦角大小对隧道涌水与否产生的影响如图 10.12 所示。

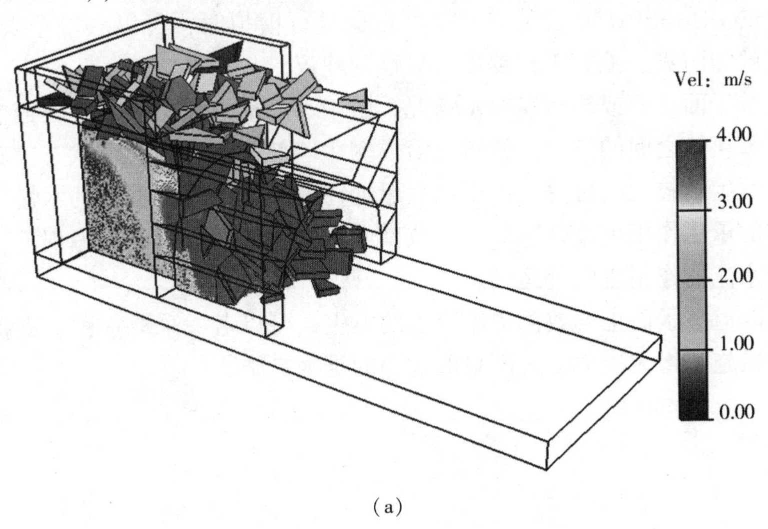

(a)

图 10.12 摩擦角大小对隧道涌水与否产生的影响

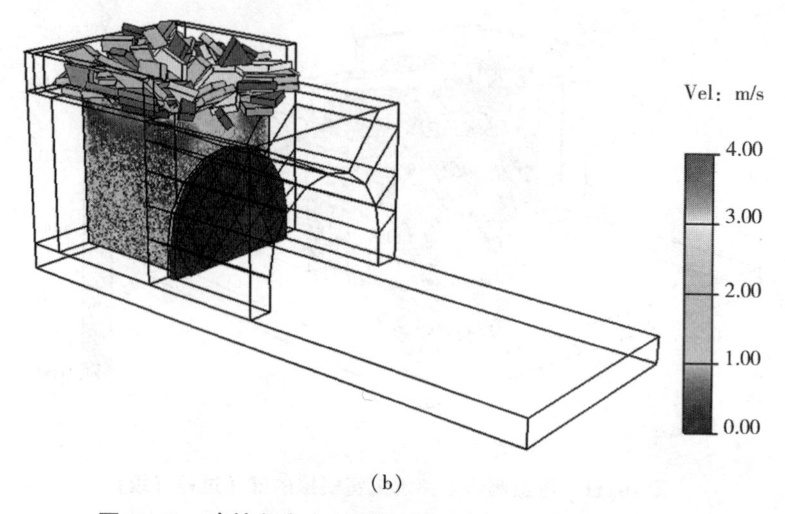

(b)

图 10.12　摩擦角大小对隧道涌水与否产生的影响（续）

(a) 摩擦角为 8°；(b) 摩擦角为 9°

从图 10.12 可以看出，对于该模型，当 DDA 块体之间的摩擦角为 8°时，假设没有任何防护措施，隧道将发生掌子面正面突水灾害。然而，当 DDA 块体之间的摩擦角为 9°时，假设没有任何防护措施，隧道掌子面将整体地向前移动但不会发生掌子面正面突水灾害。假设实际工程中 DDA 块体之间的摩擦角为 15°，则该模型的安全性系数为 15/8 =1.875。

10.5　本章小结

采用耦合的 DDA-SPH 方法对隧道涌水现象进行模拟时，可以获得令人满意的结果，其模拟结果能够为防灾、减灾工作提供指导性的建议。

对于隧道掌子面正面或侧边墙突水情况，由于水的推力作用超过了隧道前沿或侧边墙部分块体与相邻块体之间的抗力，隧道前沿或侧边墙部分块体的稳定状态被破坏，并在水的推力作用下发生了较大的位移。由于水大量地往外流走，水域部分的水慢慢减少，故而对其上覆岩体的承压作用也逐渐减弱，导致其上覆岩体发生严重的坍塌现象，部分坍塌下来的岩体由于水流的作用也向外运动。

为了防止隧道掌子面正面或侧边墙突水的发生，可以考虑采取加固、支护开挖前沿及侧边墙等防护措施来增大抗力，进而采取适当的排水措施。

参考文献

[1] 孙毅. 隧道支护体系的承载特性及协同作用原理 [D]. 北京：北京交通大学，2016.

[2] 林春金. 运营隧道衬砌渗漏水机理及注浆治理研究 [D]. 济南：山东大学，2017.

[3] 杨启航. 隧道工程衬砌灾害机理与评价方法研究 [D]. 淮南：安徽理工大学，2019.

[4] 李东苑. 整体式模板台车在水工隧洞衬砌中的应用 [J]. 河南水利与南水北调，2017 (3)：93-94.

[5] 江帅，宋丹，赵振威，等. 新型装配式衬砌技术在地铁隧道的应用研究 [J]. 隧道建设（中英文），2019，39 (6)：1014-1020.

[6] 王涛，张文礼. 海底隧道防渗新技术 [J]. 价值工程，2014，33 (14)：117-118.

[7] 张旭. 连拱隧道衬砌背后空洞及衬砌厚度不足对结构安全性影响研究 [D]. 北京：北京交通大学，2018.

[8] 王昌祥. 采空区空隙分布规律及注浆加固治理 [D]. 青岛：山东科技大学，2017.

[9] 汪子涛，刘启蒙，刘瑜. 淮南煤田地下水水化学空间分布及其形成作用 [J]. 煤田地质与勘探，2019，47 (5)：40-47.

[10] 乔菲. 黄土毛细水运动模型及关键参数测试 [D]. 西安：长安大学，2019.

[11] 吕全标. 桂林毛村流域岩溶含水层水力特性的研究 [D]. 北京：中国地质大学（北京），2017.

[12] 李勇. 公路隧道渗水处治探讨 [J]. 交通世界，2019 (21)：74-75.

[13] 杨兴旺. 隧道渗漏水灾害产生的原因及处理措施分析 [J]. 科技视界，2019 (29)：198-199.

[14] 付钢. 盐类侵蚀对隧道衬砌结构耐久性的影响 [J]. 山西建筑，2018，44 (32)：189-190.

[15] 黄冬. 不同机制下混凝土内 SO_4^{2-} 传输—劣化机理研究 [D]. 徐州：中国矿业大学，2019.

[16] 杨蓝蓝. 结构混凝土钢筋腐蚀评价方法及防腐技术研究 [D]. 兰州：兰州理工大学，2019.

[17] 肖薇薇，张纪刚，张君博，等. 碳化与氯盐共同作用下混凝土劣化的研究综述

[J]. 混凝土与水泥制品，2019（12）：24-28.
[18] 赵卫全，张金接，解登科，等. 联合灌浆法在隧道涌水处理中的研究与实践［J］. 中国建筑防水，2017（4）：21-25.
[19] 马国栋. 透水混凝土路面渗流与堵塞数值模拟［D］. 济南：山东大学，2019.